정치적 안목으로 성경 읽기

성경과 제국 시리즈를 간행하며

기독교계 안팎에서 "신은 죽었다", "성경은 죽었다", "기독교는 죽었다"는 주장이 대두되었다. 포스트모던 시대를 맞이하여 세상은 급변하는데 기독교는 달라지지 않는다는 것을 빗대어 하는 비평으로 들린다. 사실, 이러한 비평은 매우 심각하고 치명적인 지적들이다. 신학자 존 쉘비 스퐁은『기독교, 변하지 않으면 죽는다』는 책을 출간한 적이 있다. 철학자 슬라보예 지젝은 '기독교는 무신론이다' 라고까지 말했다. 사태는 그만큼 엄중하다. 하지만 한국교계의 주류는 변화에 그리 큰 관심을 가지고 있지 않다. 아직까지는 한국 교회의 정사와 권세는 건재하다고 믿기 때문일 것이다. 그러나 한국 교회가 이대로 가다가는 자동 소멸할 것이라는 걱정도 허투루 다룰 전망은 아니다. 한국 교회에 종교개혁이 절실한 사정은 부지기수이다.

2017년 10월이 종교개혁 500주년이다. 종교개혁을 우려먹는 일도 반 천년에 이르렀다. 이제 500년 동안 종교개혁을 기념해온 일을 그치고 종교개혁을 비판해야 할 때이다. 종교개혁에 관한 낡은 이야기를 기계적으로 반복하는 일은 삼가야 할 시점에 도달했다. 종교개혁은 근대의 역사적 사건이었고 지금은 탈근대 사회, 포스트휴먼 시대이기에 종교개혁은 그 현재적 의미를 우리 시대에 다시 고쳐 쓰지 않는 이상 기념할 가치가 더는 없을 것이다. 뿐만 아니라 지금은 생태적 혁명도 동시에 이루어가야 하는 시대이다.

현대 기독교는 이집트 제국을 위시한 로마 제국의 예속과 억압과 불의에 대해 반역하고 저항할 수 있는 본원적 야성의 신앙을 회복하지 않으면 현대의 콘스탄티누스주의와 미국 패권의 새로운 세계 제국의 질서에 굴복하고 말 것이다. 팍스 아메리카나의 제국적 질서가 전지구화하는 현대 세계 상황에서 기독교는 저항과 반역의 기독교를 복직하게 하는 과업에 복무해야 하는 사명과 소명을 가지고 있다.

이러한 기독교는 성경 즉 텍스트와 상황 즉 콘텍스트를 분리하지 않는다. 하나님이 남긴 텍스트는 항상 세계 제국의 지배와 질서를 근원적 실재로 보고 이 콘텍스트와 관련해서 역사한다. 텍스트는 항상 세계 제국의 지배와 질서를 실재계로 파악하고 이와 대결의식을 벌이는 가운데서 그 생명력을 발휘한다. 따라서 하나님은 성경의 문자 속에서 갇혀 있는 분이 아니다.

이러한 시각에서 성경과 제국 시리즈가 기획되었다. 이 시리즈는 일반학계의 제국연구와 성경학계의 수용과 적용의 최근 성과를 널리 공유하는 목적에서 간행된다. 그러나 그 근본 취지는 한국 사회에 기독교의 혁명적 성격의 회복을 촉진하고 자본주의 제국의 현실을 콘텍스트로 하는 성경 연구의 변혁과 성경 읽기의 혁신을 꾀하고자 하는 것이다.

The Bible in Politics

Richard Bauckham

성경과 정치

지은이 리처드 보쿰
옮긴이 민종기
초판발행 2024년 5월 20일

펴낸이 배용하
책임편집 배용하
편집부 윤찬란 박민서 최지우

등록 제364-2008-000013호
펴낸 곳 도서출판 대장간
www.daejanggan.org
등록한 곳 충청남도 논산시 가야곡면 매죽헌로1176번길 8-54
편집부 전화 (041) 742-1424
영업부 전화 (041) 742-1424 · 전송 0303 0959-1424
ISBN 978-89-7071-674-9 94230
978-89-7071-411-0 세트

분류 기독교 | 성경 | 정치

값 20,000원

성경과 정치

지은이 리처드 보쿰

옮긴이 민종기

목차

옮긴이 글

친구 살리는 카톡방

2022년 여름, 고국을 방문할 때마다 만나던 풀러 목회학 박사원 부원장이던 친구 김태석 목사가 병원에 입원했다는 소식을 들었다. 통화만 한 후 곧 회복되리라 생각하고 도미하였다. 그러나 얼마 있지 않아 위독하다는 소식을 듣게 되었다. 수술을 앞두고 몇몇 동문 교수들이 친구를 위한 기도 카톡방을 열었다. 사모님이 급한 소식을 기도방에 계속 전했다. 병세는 요동쳤다.

함께 기도하던 오형국 목사가 리처드 보컴Richard Bauckham 교수의 이 책 『성경과 정치』*The Bible in Politics*를 올렸다. 나에게는 너무도 익숙한 책, 좋아하는 책이었다. 정치신학을 위한 해석학적 기반을 성경 본문의 해석과 함께 제시하는 좋은 자료이다. 더구나 저자가 견고한 성경신학 배경을 가진 분일 뿐 아니라, 성경의 통찰력으로 시작하여 그 깨달음을 윤리학, 조직신학과 정치철학의 분야까지 상승시키는 저명한 학자이기 때문에 나에게는 필독서 중의 하나였다. 더구나 이 책은 환우 김태석 목사를 위한 우리 기도의 지평을 넓혀주는 책이었다. 그 책 4장이 "눌린 자를 위한 노래: 시편 10편과 126편"이라는 기도와 직결된 장이었다. 부르짖는 자,

학대받은 자 그리고 생명의 위험에 처해 있는 사람을 위한 정치의 쇄신을 가르치는 내용인지라, 나에게는 아주 매력적인 책이었다.

그 기도의 카톡방에서 오형국 교수가 내게 '그 책을 번역해보라' 했을 때, 담임 목회를 마무리하는 분주한 마음이었으므로, '가능하지 않다' 말했다. 그러나 2022년 말, 김 목사가 대수술을 받으러 들어갈 때, 나는 전화로 통화를 하면서 "내 친구를 살려 달라"는 눈물의 기도를 드렸다. 나는 내 죄를 회개하면서 간절히 기도했고, 수술 후 친구는 혼수상태에 빠졌다. 다급한 나는 생사의 기로에 선 친구를 위해 무시로 기도하기로 마음먹고 책을 번역하기로 결정했다. 번역하려고 짬짬이 책을 펼 때마다 친구를 위해 기도하리라 굳게 마음을 먹었다. 카톡방의 친구 목사들이 간절히 기도하는 중에, 나도 기도하기 위해 '보쿰의 책을 번역하고 있다' 는 소식을 올렸다. 내 기억으로는 2개월이 차지 않아 혼수상태의 목사님이 깨어났다는 소식을 듣게 되었다. 책을 마무리할 때까지 기도는 계속되었다. 친구는 사경을 넘어섰고, 번역을 마무리하며 친구는 서서히 회복되어 통화가 가능해졌다. 오랜 혼수상태에서 깨어난 목사는 '내 기도를 마지막으로 기억하신다' 고 했다.

목사님이 퇴원하며, 그렇게 카톡 기도방은 끝나게 되었다. 2023년 퇴임 후 후임 담임목사와 함께 한국을 다시 방문했을 때, 카톡 방장 권문상 교수와 같이 건강한 김 목사님 부부와 같이 만나 식사하며 즐거워했다. 우리의 기도에 자비하심으로 응답하시는 하나님을 찬양하며, 즐거이 하나님께 영광을 돌렸다. 그리고 기도하면서 번역한 보쿰 교수의 『성경과 정치』의 초고가 내게는 또 다른 하나님의 선물이 되어 주어졌음을 비로소 김태석 목사님께 알렸다.

살리는 정치, 섬기는 정치, 말씀의 정치

작은 카톡방이라도 2명 이상이 되면 공동체가 된다. 그 작은 카톡방 공동체의 결성은 사랑하는 사람을 살리기 위한 모임이었다. 이처럼 길게 내가 이 책을 번역한 배경을 설명한 이유는 이 책을 통해서 제시하려는 보쿰 교수의 성경적 정치가 '사람을 살리는 정치' 를 드러내고 있기 때문이다. "성경과 정치" 라는 이 책에서 보여주는 정치의 첫 번째 범주는 '살리는 정치와 죽이는 정치' 의 구별이다. 작은 모임에서 공동체, 단체와 국가에 이르기까지 한 제도가 세워지고 그 제도가 관철하려는 정치적 의도는 대략 두 가지로 나눌 수 있다. 하나는 인간의 유익을 위한, 인간을 널리 사랑하기 위한, 그리고 약한 자를 보호하는 정의의 실현을 위한 '사람을 살리는 정치' 가 있다. 반대로 왕도에 맞서는 패도, 지배자의 욕심과 탐욕을 위해 사람을 수단으로 사용하는 '사람을 죽이는 정치' 도 있다. 정치적 해석을 위한 1장의 방법론적 논의에 이어서 레위기 19장과 잠언 31장 1-9절을 중심으로 하는 2장 "하나님 백성의 거룩함" 과 3장 "권력자를 위한 지혜: 잠언 31:1-9" 는 하나님이 의도하신 사람을 살리는 정치에 대한 설명이다. 가난한 사람과 노예를 살리고, 고아와 여성과 나그네를 살리는 정치가 성경이 우리에게 가르치는 정치이다. 그러나 계시록 18장에 나타나는 제6장 "타락한 도시" 에 대한 논의는 죽이는 정치, 인권을 손상하는 정치, 우상숭배를 통하여 인간을 도구화하는 타락한 정치의 모습을 우리에게 보여준다.

보쿰이 말하려고 하는 정치의 두 번째 포인트는 역사 속에 팽배했던 '군림의 정치' 에 대한 성경의 대안으로 제시되는 '섬김의 정치' 이다. 구약이나 신약을 관통하는 지도자는 결코 지배자가 아니다. 성경의 지도자는 높은 자리에 군림하며 백성들을 수단화、도구화시키는 존재가 아니라, 보좌를 버리고 진토 가운데 내려오셔서 함께하시는 하나님과 그의 대리자 아들 예수 그리스도를 통해 '섬김의 정치' the politics of servanthood를 구현함을 보여준다. 5장 "납세의 문제"에서 드러난 예수의 가르침과 7장 "출애굽과 섬김"이라는 모세를 통해서 보여주는 리더십은 하나님의 사랑과 정의를 보여주는, 하나님의 자비과 공의를 드러내는 '섬김의 정치'를 위한 위대한 통찰을 우리에게 설명하고 있다. 하나님 아버지의 통치는 기본적으로 우리를 위한 사랑의 다스림, 그 사랑의 통치를 위한 정의의 실천에 있다. 이를 위하여 하나님은 위대한 카리스마적 지도자인 모세를 사용하였고, 신약시대에는 다른 선지자The Other Prophet 예수를 통해 온유한 지도자의 모습을 보여주었다. 그 다스림의 핵심이 섬김이다. 유대인의 왕 예수는 폭력적인 질서의 정점에 선 군림하는 황제가 아니라, 백성을 위하여 십자가를 지는 '평강의 정치인' The Politician of Peace이다. 그러므로 성경이 가르치는 정치지도자는 하나님의 종God' s servant이며 섬김의 지도자servant leader이다.

아울러 "성경과 정치"의 전체를 흐르는 위대한 통치자의 기준은 '채찍의 정치' 대신에 '말씀의 정치'를 실천하는 지도자이다. '정치는 바르게 함' 政者正也이며, 적절한 수단을 통해 바로잡는 것이다. 그 바르게 함을 위한 수단이 전통적으로는 채찍이나 매였다. 오랫동안의 정치에서 가장 기본적인 수단은 물리적 강제력 혹은 폭력이었다. 그러나 성경을 관통하여 흐르는 정치의 수단의 채찍이 아니라 말씀이요 언어이다. 우리는 성경책이 말씀일 뿐만이 아니라 하나님의 대리자로 오신 예수 그리스도가 "말씀"이라는 별명을 가지고 있다는 사실을 알고 있다. 하나님은 선지자를 통하여 먼저 모세 5경이라는 말씀을 주셨으며, 마지막에는 사랑과 정의의 화신化身으로서 육화된 말씀이신 예수를 지도자로 부여받았다. 그의 왕권은 진리와 자유이며, 그의 기반은 사랑과 정의이다. 그러므로 성경을 관통하는 정치는 "칠 복"攴의 채찍이 아니라 소통의 "글월 문"文을 통한 정치, 곧 말씀의 정치이다.

우리가 맞이한 21세기 역사는 암울한 전쟁의 먹구름이 일어나기 시작하는 때를 보내고 있다. 우크라이나와 러시아 전쟁에 이어, 이스라엘과 하마스, 예멘의 후티 반군과 서방세계의 전쟁이 지속되는 상황을 맞이하고 있다. 북한의 핵실험과 한국의 핵 개발의 가능성은 핵 홀로코스트의 구름을 더욱 짙게 만들고 있는 것은 아닌지 우려스럽다.

더구나 2024년에는 대한민국과 미국의 대선을 비롯하여 세계 40여 개국에서 크고 작은 선거가 있는 해이다. 유대인 홀로코스트의 역사, 전체 아메리카에서의 원주민에 대한 홀로코스트를 역사를 보여준 계몽주의적 진보progress의 신화가 인류의 해결책이 아니었음을 우리는 체험으로 알고 있다. 이때 절망의 신학, 해체의 철학이라는 포스트모더니즘의 화두에 묶여 주저하는 것이 아니라, 원래 인류를 창조하시고 번성하게 하시며 생존만 아니라 평화의 방법을 제공하는 자원을 성경에서 찾아야 하지 않을까?

책의 내용에 대한 안내

리처드 보쿰 교수가 쓴 이 책의 가장 중요한 논점은 정치를 묵상하기 위한 빼놓을 수 없는 중요한 자료 중의 하나로서 성경이라는 최고의 고전이자 지혜서인 성경의 몇 부분을 연구하려는 것이다. 보쿰의 전체 책 중에서 2판 서문과 1장 정치적 해석을 위한 주요 논점은 해석학적인 문제를 다루었는데, 이는 정치에 접근하기 위한 중요한 해석학적 경로를 제시한다. 전문성을 요구하는 학자나 목회자들은 반드시 정독하여야 할 부분이며, 방법론적인 길잡이라 할 수 있다.

2장 "하나님 백성의 거룩함: 레위기 19장"에서는 정치에 대한 성경의 언급이 모든 사례를 망라한 법전이라기보다는 원리와 함께 실제 현장에서 발견하는 사례 혹은 몇 가지 실례를 들어서 설명하는 성격을 가진다는 주장이다. 따라서 구약성경의 현대적인 적용을 위하여 숙고해야 할 것은 문자적인 적용이 아니라, 심오한 원리에 대한 가르침을 포착하여 적용에 반영하려는 노력이 필요하다는 점이다. 특히 레위기 19장의 이웃 사랑의 계명은 전후의 맥락에서 거론하는 실례를 참고할 뿐만이 아니라 예수님의 가르침과 적용을 통하여 신약시대의 변화도 참고하여야 한다.

3장 "권력자를 위한 지혜: 잠언 31장 1-9절"은 이스라엘과 공존하던 주변 국가의 지혜 중에서 하나님의 계시와 조화를 이루는 것을 수집한 것으로서 그 독특성을 가진다. 만유의 하나님께서는 모든 인류에게 자비와 긍휼을 베푸시고 선한 지혜를 주시는 분으로서, 하나님의 사랑과 공의에 부응하는 이방의 지혜도 제공하신다. 이는 이스라엘의 군주는 물론이고 기독론적인 성찰을 통하여 국가의 군주들이 그리스도의 통치와 어떻게 동심원을 이룰 수 있는지를 알려준다.

4장 "눌린 자를 위한 노래: 시편 10편과 126편"은 깊은 시련에 빠진 자들의 부르짖음이 탄식과 고뇌 그리고 질문의 형태를 통하여 어떻게 하나님의 응답에 이르게 되는지 그 경로를 밝혀준다. 시편 기자의 기도는 영혼의 해부학적 내용을 밝혀주며, 나미비아를 비롯한 저개발국가와 미국의 노예들이 어떻게 영적 부르짖음을 통하여 하나님의 해방이라는 위대한 일을 성취하게 되는지를 알려준다. 이 기도는 억압받는 약자를 위한 영원하신 정치가요 왕이신 하나님의 자비를 경험하고 그의 도우심을 체험하는 귀중한 기회이다.

5장 "납세에 대한 예수의 가르침"은 교회와 국가의 관련성에 대한 핵심적 표준구절이다. 예수께서 성전세에 대하여 가지신 태도는 기본적으로 신민에게 재정적 부담을 지우는 것으로써, 이를 부정적으로 보았다는 점이다. 그러나 가이사에게 내는 세금에 대하여는 어느 정도의 몫을 인정함으로 하나님의 자비로운 통치와는 구별되는 로마의 통치에 대한 제한적 인정을 보이신다. 예수는 성전세이든 국세이든 신정적 위상을 가지는 것으로 하나님을 대신한다는 주장에 대하여 거부하지만, 현실 정치가 가진 최소한의 위상을 인정하고 하나님의 종으로서 정의를 실천하는 정부를 위한 의무를 용납하셨다. 납세의 문제에 대한 함의는 그러므로 국가의 잠정적 성격과 상대적 역할만을 인정하고 그것의 역할을 부분적으로 인정한 것이다.

6장 "무너진 도시: 계시록 18장"은 국가의 긍정적인 역할을 하는 로마서 13장의 관원의 상징과 대조되는 가장 부정적인 모습으로 나타난 음녀의 모습을 가진 국가이다. 이러한 국가는 이미 계시록 13장에서 짐승의 모습으로 나타난 바 있다. 음녀의 모습으로 나타난 로마는 팍스 로마나의 선전을 하지만, 실제로는 타락한 문명을 구가하는 나라로서 많은 사치품과 찬란한 상품으로 열방을 미혹하는 국가이다. 이 국가는 급작스럽게 무너지고 심판을 받으므로 사람들의 슬픔이 된다. 그 이유는 바벨론으로 지칭된 로마제국이 빈익빈 부익부의 양극화뿐만 아니라, 억압과 폭력에 의한 비인간화로 점철된 폭력적 피에 취한 도시, 정치와 경제의 타락으로 미화된 특정계층에게 이익을 보장한 체제이기 때문이다. 이는 탐욕적 시장경제에 대한 선지자적 비판이다.

7장 "출애굽과 섬김: 성경이 말하는 자유"라는 부분은 하나님이 세우시는 나라의 특성을 보여주는 부분이다. 이집트에서 해방된 노예는 경제적 독립을 유지하는 자영농으로서 이루어진 나라로서 노예 상태에서 벗어난 자유민의 나라이다. 자유를 획득한 하나님의 백성은 다시 다른 사람을 복속하는 억압적 위상을 가진 자유민이 아니라, 스스로 하나님과 그리스도의 종이 되어 섬기려는 자발적 종의 공동체를 이룬다. 따라서 출애굽 공동체나 신약의 예수 공동체인 교회는 노예에서 압제자로 변화되는 존재가 아니라, 하나님의 종이 되어 자유로이 서로를 섬기는 새로운 사랑의 나라, 평등한 언약 백성의 모임이다.

8장의 "에스더서와 유대인 홀로코스트" 그리고 9장의 "창세기의 홍수와 핵 홀로코스트"는 한 민족인 유대인과 열방의 모든 민족이 당할 수 있는 대학살holocaust이라는 가장 큰 위기 상황에서 어떻게 벗어날 수 있는가를 제시하는 원대한 거시적 담론과 호방한 지평을 가진 통찰력을 제공한다. 8장은 하나님의 침묵 속에서 나타나는 유대인을 향한 도우심을 문학적인 필치로 그려준 에스더서의 궁중 정치, 민족을 살리는 정치를 조망한다. 그러나 페르시아의 아하수에로 왕의 시절에 유대인 대학살을 피했던 그 민족은 20세기 들어 유대인 홀로코스트의 아픔을 피하지 못했던 것을 어떻게 설명할 수 있는지 통찰을 부여하지는 않는다.

9장은 핵전쟁의 암울한 가능성을 맞은 인류가 노아의 홍수와 같은 비극을 경험하지 않아야 한다는 당위성을 보여주고 있다. 유대인의 비극을 타산지석으로 삼아서 앞으로 핵전쟁의 무서운 종말적 파국으로 모든 민족이 흘러 들어갈 수 있는 대파멸을 피하는 지혜를 얻는 기회를 삼아야 한다. 이러한 정치신학적 과제는 유대인의 홀로코스트를 헛되이 간과하지 않고, 그 경험을 통해 주어지는 가치와 지혜를 얻음으로 시행착오를 피하려는 것이다. '홍수로 멸하지 않겠다' 는 언약의 무지개가 스스로 선택하여 파멸을 추구하는 인류를 구할 수는 없는 것 아닌가?

10장 "정치적 그리스도"라는 제목으로 쓰인 결론은 모든 성경과 정치의 관련성에서 가장 핵심이라 할 수 있는 심장학, 그리스도에 대한 정치적 해석으로 집약된다. 그리스도는 누구인가? 그는 유대인의 왕이다. 그의 사역은 무차별적이다. 영적 존재들에 대한 정복, 지위를 막론하고 죄에 대한 날카로운 지적과 폭로, 질병에 관련된 치유, 축사, 양식의 나눔과 영적、심리적 포용과 확실한 길과 생명으로의 인도는 왕의 다차원적 사역으로써 하나님 나라의 다차원성을 예시한다. 그의 사역은 정치적이고 그 이상이다. 그의 왕권의 독특성은 십자가와 부활을 통해서 연약한 백성을 살리며, 새로운 의미를 가진 인간, 천국 시민으로 완성시키려는 것이다. 그는 모든 "나라와 족속과 백성과 방언"의 차별을 뛰어넘는 만왕의 왕이요 만주의 주로서 계시된다. 그의 왕권은 보이는 세계와 보이지 않는 세계를 망라하는 권세이며, 그는 악을 심판하시고 구원으로 완성된 하나님 나라, 완성된 교회를 통치하시고, 모든 나라를 자신의 나라로 삼는다. 우리는 예수의 사역 안에서 미래의 놀라운 소망과 영원한 나라를 발견한다. 그는 진정 영원한 생명의 왕이시다. 그는 살리는 왕이며, 섬기는 왕이며, 창조의 말씀으로 재창조하시는 왕이시다.

감사의 말

사실 책을 출판하려면 먼저 번역을 위하여 출판사의 허락을 받는 것이 일반적인 상식이다. 그런데 출판사를 찾기 전에 벌써 책의 초고는 다 번역되었고, 교정하면서 출판사를 찾게 되었다. 특별히 '성경과 정치'라는 좀 쉽지 않은 주제의 책을 출판하는 것은 쉬운 일이 아님을 알고 있다. 그러나 개혁적이면서도 복음주의적인 입장을 견지하는 대장간의 배용하 사장님은 쉽지 않은 결단을 내리고 책을 출판하기로 결심하였다.

깊이 감사할 뿐이다.

하나님의 기도 응답의 은혜로 나는 친구도 얻었고 또 번역서를 얻었다. 독서를 성경 공부로 연결하실 분들을 위하여 각 장의 토의 문제를 만들어 익힘을 위한 도움을 주려 했다. 또한 이해를 위한 도움을 위해 역자주를 달아보았다. 참고가 되었으면 좋겠다. 번역을 하는데, 4, 5장의 초벌 번역을 해주시고, 전체 내용을 다시 읽으시면서 토의 문제를 미리 만들어 주신 최천용 선교사님께 깊은 감사를 드린다. 또 수개월을 같이 기도하신 동기 목사님, 교수님들의 우정과 사랑에 감사할 뿐이다. 또한 미국에서도 부족한 나의 사역에 깊은 관심을 가지고 원려遠慮를 마다하지 아니하시는 박문규 박사님께 감사를 드린다.

기도 응답은 나에게 사람과 작은 일의 성취를 함께 주셨다. 책의 내용에 들어있는 여러 어려움과 환란을 당한 사람들을 치유하시고 살리시는 하나님의 정치God's politics가 우리말로 읽는 독자들에게, 그리고 특히 우리나라의 정치권에도 나타나는 즐거운 일이 있으면 좋으리라 기도하면서, 미래 한국 정치의 개혁과 소망을 기원해 본다.

재미한인기독선교재단KCMUSA LA 사무실에서

민종기

감사의 글

저자와 출판사는 다음과 같이 저작권이 있는 자료를 사용하도록 허락해주신 각 출판사에 대하여 감사를 드립니다.

요하네스버그의 레이반 출판사에서 나온 월터 늘라포의 '오라, 자유여 오라' 는 제목의 시를 사용하였습니다.

스바냐 카메타Zephania Kameeta가 지은 몇 편의 시를 세계교회협의회의 간행물에서 사용하였음을 밝힙니다.

제9장은 『교인』*Churchman*이라는 책에 게재했던 원고를 수정하여 실었습니다.

성경 인용문은 개정표준역RSV을 사용하였는데, 이는 미국의 그리스도의 교회협의회 산하 기독교 교육국에서 1946년, 1952년, 1971년 및 1973년 판권을 소유한 것으로 그 기관의 허가를 받아 사용했습니다. 신개역표준역NRSV은 영국식 영어로 표현된 판본을 사용하였는데, 이는 1989, 1995년 미국 그리스도의 교회협의회 산하 기독교 교육국이 저작권을 가지고 있는 것을 허락받아 사용하였습니다.

JB로 표시된 성경 인용문은 예루살렘성경The Jerusalen Bible에서 가져 왔습니다. 이는 랜덤하우스의 지사인 다튼, 롱맨, 토드와 더블데이 출판사의 1966, 1967년 및 1968년 판본을 저작권 사용 허가를 받아 실었습니다. NEB로 표시된 인용문은 새영어본NEV을 사용하였는데, 이는 옥스퍼드대학과 케임브리지대학 출판사의 평의회가 가진 1961, 1970년 저작권의 허가를 받아 사용하였습니다.

이 책에서 판권이 있는 모든 출판물의 사용은 허가받고 사용하기 위해 최대한의 노력을 하였음을 알립니다. 혹 이러한 노력에도 불구하고 허가상의 미흡한 점이 발견된다면, 정중한 사과와 함께 공식적인 허가를 받도록 신속한 기회를 찾으려 노력할 것임을 밝힙니다.

초판 서문

최근 들어 많은 그리스도인이 성경 메시지의 정치적 차원을 재발견하고 있다. 이것은 사실상 정상적인 모습으로의 회귀인데, 성경적 기독교가 정치와 아무 관련이 없다는 개념은 현대 서구 기독교의 일탈에 지나지 않으며, 교회 역사 대부분의 시기와 장소에서 교회가 이를 기뻐하지 않았기 때문이다. 그러나 성경에 대한 정치적 해석은 부주의한 사람들에게 많은 함정을 제공하고 있다. 성경 시대의 정치적 사회와 오늘날의 매우 다른 사회 사이를 시대착오 없이 지성적으로 넘나드는 것은 너무도 힘이 드는 일이기 때문에, 우리가 자신의 편견을 가지고 성경을 읽어내는 사례는 너무나 비일비재하다. 이 책의 목적은 성경의 정치적 적실성을 읽어내려는 독자들에게 도움을 주어, 현재 성경을 정치적으로 읽으려는 어떤 사람들보다 더욱 훈련되고 상상력이 풍부한 독해를 진행하도록 인도하려는 것이다. 이 책은 성경의 정치적 가르침에 대한 요약도 아니고, 기독교의 정치적 행동을 위한 프로그램을 제공하지도 않는다. 그러나 이는 그러한 작업의 선행 과목으로서 정치적 해석학의 한 코스로 준비되었다. 달리 말하면, 이 책은 해석학이라는 단어로 일부 사람들을 화나게 하지 않도록 하면서, 성경을 어떻게 정치적으로 해석하는가를 알고자 하는 사람들을 위한 것이다. 그 과정에서 우리는 성경이 가르치는 것과 그것의 현대 정치문제에 대한 관련성에 해당하는 많은 독특한 결론에 도달하게 될 것이다. 그러나 이것들은 본질적으로 독자들이 스스로 성경의 의미를 추구하도록 권장하는 하나의 방법론적 예시가 된다. 비록 이 연구가 꽤 많은 성경적, 정치적 근거를 다루고 있지만, 아직도 그것은 완전한 연구가 아니라 대표적인 표본의 제시라 하겠다.

첫째 장은 방법론적인 것으로, 해석학적인 문제와 원리에 대한 소개인데, 이는 책의 나머지 부분에서 실제로 설명될 것이다. 성경 해석은 정확한 과학이라기보다는 오히려 예술에 가깝다. 모든 예술과 마찬가지로 해석에는 규칙이 있고 상당한 훈련이 필요하지만, 좋은 해석에 이르는 것은 미리 배울 수 있는 규칙을 따르는 문제 그 이상의 차원에 속한다. 따라서 1장 이후에 이 책은 독자를 해석학 실습에 실제로 참여시켜 가르치는 것을 목표로 할 것이다. 2장에서 6장에 이르는 5개 장은 구체적이며 상대적으로 짧은 성경 본문에 대한 정치적 주해의 예를 제공한다. 이 표본 본문은 그 다양성 때문에 선택되었다. 그들은 각기 다른 성경 문헌의 양식을 나타내며, 동시에 정치적 사안이 상당히 광범위함을 보여 준다. 아울러 이 장들에서 추구하는 해석학적 접근은 본문을 따로따로 해석하는 것이 아니라 성경의 나머지 부분과 관련하여 해석하는 것이므로, 종종 그들의 범주는 해석의 대상이 되는 설정된 구절보다 훨씬 더 광범위하게 미칠 것이다. 그러나 이 장들에서의 초점은 특정 본문의 상세한 주해에 있는데, 그것이 없다면 어떤 성경적 해석도 조잡하고 불안정할 수밖에 없기 때문이다.

성경의 자료를 연구함에 있어 상이하면서도 동등하게 필요한 접근 방식이 7장에 설명되어 있는데, 여기에서는 특정한 주제가 성경 전체를 통해 추적되고 있으며 성경에서 다루어진 광범위한 윤곽이 묘사되고 그 발전이 추적된다. 8장과 9장은 가장 특징적으로 현대적인 정치적 사실 중

두 가지와 관련되어 있는데, 이들은 현대 정치적 관련성을 가질 것으로 기대하는 독자가 거의 없는 성경 일부를 가져다가 그 의미를 살핀다. 목표는 성경 본문과 현대적 상황 사이의 창의적인 만남이 어떻게 신선한 통찰력을 생성할 수 있는지, 그래서 성경이 어떻게 상당히 새롭고 잘 시도된 방식으로 현대적 관련성을 증명할 수 있는지를 보여 주는 것이다. 왜냐하면 정치적 해석학이 현대 세계에서 정치적 실천의 필요에 조금이라도 적합하게 될 수 있으려면, 그렇게 하는 것이 매우 필수적이기 때문이다. 마지막으로 결론적 성찰은 주해를 넘어 성경을 통합시키는 중심이신 예수와 그의 구원 활동에 대한 신학적, 정치적 함의의 발견으로 나아간다.

이 책을 순서대로 읽어야 할 이유는 없다. 실제로 본문을 먼저 관찰한 후에 방법론을 나중에 성찰하는 것을 선호하는 사람들은 첫 번째 장도 먼저 읽을 필요가 없다. 다른 장은 독자의 관심사가 제안하는 순서대로 읽을 수 있다. 나의 유일한 요청은 독자들이 성경 여러 부분의 정치적 관련성을 미리 판단하지 않도록 노력하라는 것이다. 열린 마음으로 성경을 읽는 사람들은 항상 도전적이고 고무적인 놀라움이 그들을 위해 준비되고 있음을 체험할 것이다.

이 책의 기능을 균형 있게 유지하려면 욥기를 이해하는 것에 대해 찰스 윌리엄스가 한 말을 상기할 가치가 있을 것이다. 그는 이용할 수 있는 많은 주석과 주해적 연구가 있으며, 그것들이 없으면 욥기 자체도 참고로 삼을 수 있다고 지적했다.[1] 나는 다음 장들이 독자들로 하여금 성경 본문에서 멀어지지 않고, 계속해서 성경 본문으로 돌아가서, 성경 본문에 더 가까이 다가가도록 인도하기를 바란다.

---

1) 다음의 인용을 참고하기 바람. R. McAfee Brown, *Unexpected News: Reading the Bible with Third World Eyes* (Philadelphia: Westminster Press, 1984), p. 163.

2판 서문

정치에서 일주일이란 매우 긴 시간이다. 그런 이유로 이 책이 먼저 나온 1989년 이후로 다양한 정치의 많은 격류가 이미 다리 아래로 흘러갔다고 하겠다. 그 당시 공산주의를 표방하는 동방과 서방 사이의 핵 대치는 큰 반향을 일으켰고, 남아공의 인종 격리 정책은 완강하게 유지되었다. 지금은 서방과 급진적인 이슬람 사이의 충돌이 역사의 중심 무대에서 펼쳐지고 있으며, 그동안 파괴적인 기후 변화의 위협이 점차 전 세계의 많은 정부와 시민의 관심을 더욱 사로잡아 가고 있다. 그러나 이 책은 변화하는 세상 속에서 어떻게 성경을 정치적인 관점으로 읽을 것인가를 보여 주기 위한 입문서로 고안되었기 때문에, 세상과의 관련성을 되도록 많이 유지하려고 했다. 그러므로 책의 초점은 해석학적인 것에 맞추어져 있고, 특정 정치적 주제에 대한 취급은 예시적이거나 모범적인 사례로 취급된 것이다. 이로써 독자들이 성경을 정치적으로 해석하도록 훈련하려는 것이다.

초판 서문에서는 이 책의 구성을 미리 설명하였다. 첫 번째 장은 방법론에 관한 해설인데, 책의 나머지 부분에서 실행될 해석상의 여러 문제와 원칙을 설명한다. 제1장은 특히 해석학의 적절한 두 가지 측면에 초점을 맞춘다. 그것은 우리가 개인윤리와 정치윤리를 구분하거나 교회에서 해야 할 일과 정치에서 해야 할 일 사이를 구분할 때, 성경 자료의 정치적인 관련성을 의도적으로 제한하려는 것에 대한 반대이다. 또한 본문의 의미는 항상 문맥과 관련이 있으며, 지금 여기에서 우리에게 메시지를 전하는 성경으로 읽으려 할 때 다양한 문맥의 차이를 고려해야 한다고 말하려는 것이다. 그러므로 본문의 고유한 역사적 맥락과 인접한 문맥의 맥락을 고려하는 것이 필요하지만, 이 본문이 성경 곧 전체 정경에서 의미하는 것과 우리가 찾으려고 하는 현대적인 맥락에 관련된 의미를 찾는 것 또한 매우 중요한 일이다.

여기서 나는 책의 다른 부분, 특히 제7장에서 전개할 해석학적인 접근에 대한 논의를 추가하려고 하였다. 첫 장에서는 이를 소개도 하지 않았고 깊숙이 논의하지도 않았지만, 내가 믿기로는 성경을 현대 문제와 연관시키는 작업은 매우 유용한 것이다. 나는 이를 성경적 가르침의 방향direction에 대한 분별이라고 부른다.

방향 찾기

우리가 성경에 묻고자 하는 수많은 문제에, 성경은 명확하고 직접적인 답을 제시하지 않는 때가 많다. 관련 자료가 부족한 것이 아닌데도, 외견상 일관성이 없어 보이거나, 문제를 명확하게 요약하고 해결하여주는 본문이 없다. 이것은 성경 안의 다양성이라는 친숙한 문제인데, 성경이 하나의 목소리가 아니라 너무 다양한 목소리로 말한다는 점이다. 그래서 기독교인들은 전통적으로 추구해 온 문제를 성경이 권위 있게 인도하지 못한다고 종종 주장하곤 한다. 그러나 나는 이것이 불가피한 결론은 아니라고 생각한다.

여기에서 성경이 하나의 이야기를 들려준다는 사실을 기억하는 것이 중요하다. 그 이야기는 많은 지점에 있는 다양한 자료를 포함하지만, 모든 것을 하나로 묶는 전체적인 특징이 있다는 점 또한 잊으면 안 된다. 그것은 하나님의 목적에 대한 큰 이야기, 즉 '거대 담론' meta-narrative 인데, 이는 태초에 이루어진 창조부터 세상의 미래, 곧 종말에 이루어질 하나님 나라의 도래까지 포함한다. 이것은 복잡한 이야기로서, 모든 종류의 전개, 플롯의 우여곡절과 역전, 그 안에 포함된 많은 작은 이야기 속에 들어 있다. 성경의 전반적인 형태가 보여 주는 이러한 역동적 특성은 이 다양성을 설명하는데, 우리가 인간의 삶과 하나님의 목적에 관한 수많은 의문을 다룰 때 이것을 발견하게 된다. 이야기의 한 시점에서 명확하지 않던 일이 이야기가 진행되면서 더 명확해지기도 하고 문제에 관한 다양한 통찰력을 발견할 수도 있다. 어떤 것이 다른 것보다 더욱 적절해 보이기도 하지만, 전체 이야기 속에서 해당 문제가 의미하는 바를 묻고 그 대답을 고려할 수도 있다. 성경은 논쟁의 여지가 있는 문제에 관해 우리가 찾는 해답을 곧바로 접시 위에 친절하게 올려놓지 않을 수도 있다. 하지만, 이야기의 여러 국면에 묘사된 다양하고 구체적인 상황과 관점에 우리를 참여시켜, 하나님의 뜻이 가리키는 방향으로 우리를 인도할 수 있다.

전반적인 성경 이야기 속에는 하나의 목표가 있다. 미래에 도래할 목표에 관한 것이다. 그 이야기는 모든 피조물 안에 이루어질 하나님 나라의 최종 성취인데, 달리 말하면 모든 만물의 새로운 창조이다. 아직 이 이야기는 완벽하게 이루어지지 않았지만, 성경은 이 궁극적인 목표를 투영하고 독자를 인도한다. 그러므로 하나님의 뜻은 하나님의 나라를 향하여 변함없이 나아가도록 그 이야기의 내용을 발전시키고 변혁시키는 역동적인 요소이다. 하나님의 뜻이 가진 방향성은 반드시 우리가 따라야 할 방향이며, 하나님 나라에 투신한 사람이 찾고 여행해야 할 길이다.

정치의 잘 알려진 특징은 이상과 현실적 타협 사이의 긴장이다. 이상과 타협, 둘 다 확보하지 않으면, 훌륭하고 효과적인 통치를 이룰 수 없다. 어떤 상황에서든 가능한 목표에는 심각한 제한이 드리워져 있다. 따라서 정치의 과제는 어떤 상황에서 성취할 수 있는 이상에 가장 가까운 근사치를 찾는 것이다. 상황에 따라 이상을 실현하거나 원칙을 구현하는 가능성이 달라진다. 이런 의미에서 타협은 나쁜 것이 아니라 좋은 것이다. 타협이야말로 우리를 단순히 유토피아에 머물지 않고, 그 이상이 실질적인 효과 내도록 만들기 때문이다. 그러나 이상이 없으면 타협은 원칙 없는 실용주의로 해체되기 때문에, 이상에 대한 명확한 시각을 유지함도 중요하다. 현실주의와 결합된 유토피아는 구체적인 정책, 목표 및 성과로 실현될 수 있는 방향을 설정해줄 수 있다. 또한 그 유토피아는 구체적인 상황에서 끊임없이 발생하는 새로운 대안이나, 다른 개선의 가능성을 지속해서 탐색할 생기를 준다.

하나님 나라에 대한 그리스도인의 소망은 단지 유토피아일 뿐이다. 그 소망이 순전히 인간의 활동으로 이루어지는 것이 아니라, 인간 행동을 가능하게 하고 영감을 주는 하나님의 활동으로 이루어지는 것이라고 해도 그 소망은 완성될 수 없다. 하나님의 나라를 이루는 역사에서 하나님이 목표한 방향이 그분의 왕국이라고 말할 때, 단순히 진보주의progressivism를 의도하는 것이 아니라는 점을 강조하는 것이 중요하다. 나는 하나님의 목적이 이상을 향해 한 걸음씩 진보하고 있음을 주장하려는 것이 아니다. 성경 내에서 역사의 방향이 이전 본문보다 후기 본문에서 더 명확하게 나타나는 것은 결코 아니다. 성경의 가르침이 안내하는 방향을 찾을 때, 우리는 연대순으로 진행되는 진보를 보려는 것이 아니라, 관련 자료가 전체적으로 지시하고 모든 다양성을 통해 가리키는 방향을 찾으려고 한다. 우리는 성경의 모든 부분에 동등한 비중을 두지 않는데, 실제로 그것이 가능하지 않기 때문이다. 그러나 동시에 성경의 모든 것을 고려하고 설명하려는 하나의 해석학적 접근방법을 따르는 것이다.[2]

성경의 어려운 내용이 새로운 이해의 빛 속에서 드러나게 되는 때가 있다. 그것은 성취된 상황이라기보다는 항상 각기 다른 상황에서 각기 다르게 움직이고 있는 역동적인 방향으로 볼 때 드러나며, 하나님 나라의 이상을 향하여 나가는 타협에서 발견된다. 바로 이것이 내가 성경의 자료를 다루려는 방법인데, 예를 들자면 7장에서 노예 제도에 관한 내용을 논의하는 부분이다. 신구약 성경은 공통으로 노예 제도를 수용하는 것처럼 보이는데, 어떤 경우에는 하나님의 백성을 위한 하나님의 법으로 인정하는 것 같고, 또 어떤 경우는 하나님의 백성들이 삶의 터전을 두고 있는 이교적 사회 구조의 한 부분으로 여겨지기도 한다. 그런데 여기서 노예 제도에 대한 외견상의 인정에도 불구하고, 그 제도가 실제로 작동하는 방식에서 발생하는 고통을 완화하고 인간화하는 원리들이 제도와 함께 공존함을 본다. 다시 말하지만, 신구약 성경은 사건의 연속성 없이 전개되는데, 그것은 두 성경에서 관련된 본문이 각기 다른 구체적인 상황을 다루고 있기 때문이다. 그러므로 구약에서 신약으로의 단순한 발전은 없으며, 각 성서 내의 초기 자료에서 후기 자료로의 진행도 더욱 찾아보기 힘들다. 그러나 매우 진지하게 성경을 살피면, 노예 제도를 완전히

2) 이러한 해석학적 전략에 대한 자세한 설명은 다음에 소개되었다. Richard Bauckham, 'Egalitarianism and Hierarchy in the Biblical Tradition', in A.N.S. Lane, ed., *The Interpretation of the Bible* (Leicester: Apollos, 1997), pp. 259-73; 이후 다시 출판되어 나왔다. 'Egalitarianism and Hierarchy in the Bible' in Richard Bauckham, *God and the Crisis of Freedom*(Louisville, KY.: Westminster John Knox, 2002), pp. 116-27.

전복시키는 원칙이 존재한다. 19세기에 노예 제도의 폐지를 개척한 선구자들은, 노예 제도가 구약이나 신약에 나오는 것과 결코 동일하지 않은 상황에서, 그 너머에 있는 성경이 가리키는 사랑의 방향을 따르고 있었다. 이 경우에 개혁의 방향은 성경이 형성되던 구체적인 사회에서 실제로 달성된 것을 넘어서는 전향적인 이상을 가리키고 있었다.

간략하게 표시된 몇 가지 병렬적 사례는 다음과 같다.

- 구약성서에서 전쟁이 엄청나게 강조되고, 이 전쟁이 거룩한 전쟁 곧 성전聖戰, holy war으로 승격됨에도 불구하고, 하나님의 뜻은 심지어 일부 구약 자체에서조차 그렇다. 평화를 지향하고 있음이 분명하다.
- 성경에 등장하는 지배적인 가부장적 사회에서 여성이 종속되고 심지어 특정 성경이 교육하는 바가 가부장제와 타협하고 있지만, 하나님이 뜻하는 방향은 인간 상호 간의 완전한 평등을 향하고 있다.
- 구약의 일부분이 편협한 민족주의를 만들어내는 경향이 있지만, 하나님께서 모든 민족을 위해 자기 백성을 선택하셨고, 신구약에서 그 뜻의 방향이 국제적이라는 것이 분명하다.

내가 여기서 사용하는 해석학적 점근 방법은 다른 성경 자료는 무시하고 일부만 선택하는 것과는 다르다. 나는 모든 성경 자료를 설명하면서, 어떤 자료는 다른 자료보다 더 중요하게 다루어야 한다는 요구를 반영하려고 한다. 이러한 해석은 결코 쉬운 일이 아니며, 가나안 사람들의 살육 같은 참으로 어려운 문제는 계속해서 우리를 괴롭힐 수 있다. 그러나 내가 여기서 제안하려는 해석학은 성경 전체가 무엇을 말하는지 계속 참고하게 한다. 그럴 때, 우리가 무시할 뻔했던 자료에서도 무엇인가를 배우고 우리의 시야를 개방시킨다는 점에 착안한다.

내가 책을 다시 쓴다면, 우리의 현대적 맥락과 우리가 다루는 문제를 부지런히 통찰하고 이해해야 한다는 점을 전보다 더 강조했을 것이다. 우리는 우리가 살아가면 감당해야 할 현실을 제대로 이해하지 못해서, 오해의 소지가 있는 성경적 슬로건을 너무도 성급하게 내세우기 쉽다. 여기서는 간략하게 다룰 수밖에 없지만, 특정한 경우에 이 해석학이 어떻게 작용하는지 세계화에 대한 몇 가지 논평과 그것에 대한 적절한 성경적 비평의 예로 보여주고자 한다.[3]

세계화: 현실과 이데올로기

이 책이 처음 출간된 거의 거의 모든 사람의 의식에 들어와 새겨진 단어는 '세계화' 이다. 그것이 명명하는 현상이 진정으로 얼마나 새로운지는 그 단어가 가진 정의에 크게 의존한다. 확실히 세계의 경제적 상호의존성이 증가한 것은 전혀 새로운 현상이 아니다. 그러나 냉전이 종식된 지난 20년 동안 그 속도는 기하급수적으로 빨라졌다. 그 이유는 즉각적인 전자 통신을 가능하게 한 통신 및 정보 기술혁명으로 시간 공간이 압축되었기 때문이다. 실상 이러한 발전은 냉전을 종식시켰다고 할 수 있

---

3) 세계화에 대한 기독교적 평가의 유용한 최근 수집물로는 다음을 보라. Michael W. Goheen and Erin G. Glanville, eds., *The Gospel and Globalization: Exploring the Religious Roots of a Globalized World* (Vancouver: Regent College Publishing, 2009).

는데, 이는 소련의 경제가 새로운 전자 경제와 경쟁할 수 없을 뿐 아니라, 서구 라디오와 텔레비전을 통해서 서구의 민주적 사상의 흐름이 구동구권 국가를 향해 흘러 들어가는 것을 막을 수 없었기 때문이다. 인터넷의 부상은 그러한 프로세스를 크게 강화했다.

자유 시장 자본주의의 확산은 주로 금융 시장에서 기술적 변화의 강력한 영향력 아래 형성되는데, 보통 이 제도를 현대의 세계화를 결정하는 특징으로 여긴다. 물론 그것이 유일한 측면은 아니다. 서구 소비주의의 세계적 확산은 의심의 여지 없이 자유 시장의 지배적 확산과 불가분의 관계에 있지만, 이는 세계화가 어느 정도 세계의 문화적 다양성을 허물고 있는지 아니면 적어도 그것을 변혁시키고 있는지를 분명히 보여 준다. 세계화를 세계의 미국화, 심지어는 세계의 맥도날드화라고 보는 것은 어렵지 않다. 세계화는 정치와 군대의 지원 없이 직업을 관리할 수도 없고 자유 시장의 지배를 확보할 수도 없지만, 이런 도움보다 경제에 훨씬 더욱 의존하는 서구적 지배의 새로운 형태일 뿐이라는 강한 의구심이 해외에 퍼지고 있다.

하지만 서구의 경제적 지배와 문화적 동질화라는 제목 아래, 이전에는 포함될 수 없던 세계의 모든 부분이 서로 점점 더 가까워지는 측면이 있다. 아이디어, 정보의 신속한 흐름, 그리고 그 정도에는 미치지 못하지만, 사람의 빠른 왕래는 세계의 동질화뿐만 아니라 국제적인 문화 교류를 가능하게 한다. 서양 도시에 다민족 식당이라는 다양성이 존재하는 것이 그 좋은 예이다. 서구의 소비자들이 자유무역을 통해 경제적 혜택을 얻는다면, 새로운 미디어는 그들이 세계 다른 곳에서 일어나는 인도주의적 차원의 재난에 대해 알고 신속하게 대응할 수 있도록 한다. 그렇게 행동하는 데 관심 있는 사람들은 자신의 소비 패턴이 세계 빈곤, 환경

파괴, 기후 변화에 미치는 영향에 대해 배우고, 그러면서 19세기 유럽인은 할 수 없었던 방식으로 그들의 행동을 바꿀 수 있게 되었다. 인터넷은 또한 이슬람 테러리즘과 반자본주의 시위 운동 모두에 도움이 되었다.

그러나 세계화는 진행 중인 과정일 뿐 아니라, 동시에 현재 진행 중인 상황을 적극적으로 촉진하는 이데올로기이기도 하다. 이를테면, 그것은 계몽주의적 거대 담론인 진보progress라는 개념의 최신 단계로 가장 잘 예시되고 있다. 세계의 한 거대한 이야기로서 진보는 유토피아에 이르는 고유한 나름의 길을 제시하는데, 이는 시장의 마법에 대한 교조적 믿음에서 끝나지 않는다. 또한 진보는 완전히 자유로운 자유 시장 자본주의의 거침없는 확산의 여파로, 서구 문명의 또 다른 위대한 선물인 경제적 번영과 민주주의를 세계에 가져올 것이라는 확신이다. 더 심각한 것은 자유 시장을 일종의 보편적인 만병통치약으로 여기다보니 더 심각한 것은 자유 시장을 일종의 보편적인 만병통치약으로 여기다 보니, 세계화의 신봉자들이 세계화의 단점으로 보일 만한 문제를 심각한 후유증으로 보지 않고, 지나치게 사소한 증상으로 경시한다는 것이다. 그들은 자유무역이 더 많아지면 그 자체로 세계에서 가장 가난한 사람들의 빈곤 증가 같은 문제를 해결할 수 있다고 여긴다.

우리는 2008년 금융 위기에 대한 반응에서 이데올로기의 힘을 볼 수 있다. 당시 세계 최대 은행 일부는 붕괴 직전에서 크게 흔들렸고, 납세자의 돈으로 정부에게 구제금융을 얻어야 했다. 이것은 시장이 모든 정치적 간섭에서 완전히 자유로울 때만 모두의 보편적 이익을 위해 가장 잘 기능한다는 자유주의적 경제 신조에 대한 노골적인 모순이었다. 그러나 1년이 지난 후에도 그 교리는 적어도 은행가들에게 영감을 주는 힘을 조금도 잃지 않은 것처럼 보였는데, 그들은 정부가 구사하는 금융 시장의 어떤 규제도 따르지 않았고, 일말의 공적 책임감도 없이 사적 재산을 추구하려는 지속적인 주장을 해왔기 때문이다. 공익을 위한 필수 경로로 사적 탐욕을 조장하는 이데올로기는 확실히 많은 사람과 일부 서방 정부의 눈에도 얄팍한 것으로 드러났다. 이처럼 냉소적인 자기 정당화를 추구하는 세계화의 본질은 적어도 이번 사건으로 노출되고 말았다. 장기적인 영향이 얼마나 중요한지 그 여부는 두고 봐야 하겠지만, 세계화의 광채가 소규모로 약간 퇴색되었다는 징후가 발견된다. 세계화의 거대 담론은 아직도 그 힘을 유지하고 있으며, 기후 변화라는 긴급함으로 새로이 충전을 받아 더욱 심각한 도전을 제기하고 그 보폭을 매우 넓히고 있다.

세계화: 성경적 평가

세계화가 현대의 거대 담론이라는 것을 인식할 때, 우리는 그것을 성경적 거대 담론과 비교하거나 혹은 그것에 상응하는 적실성의 측면을 비교하는 개방적 방식을 선택해야 한다.[4] 성경은 그 전망에 있어서 놀라울 정도로 보편적이다. 물론 성경의 지리적 지평은 지금 우리 지식의 관점에서 볼 때 상당히 제한적이지만, 그것은 중동과 지중해의 고대 문명에서 살아가는 사람들이 인류가 거주하는 온 세상이라고 생각한 그 세계를 모두 포함한다. 지리적 범위는 동서 축선으로는 스페인에서 인도까지 이르고, 남북 축선으로는 러시아의 대초원에서 에티오피아까지 이른다. 이 네 장소는 고대의 관점과 성경적 용어로 볼 때 전형적인 땅끝을 의미했다. 성경 역사의 대부분이 이 지리적 세계의 아주 작은 부분에서 발생

4) 더 자세한 내용은 나의 논문을 참조하라. 'The Bible and Globalization', in Goheen and Glanville, eds., *The Gospel and Globalization*, pp. 27-48; 또한 다음을 참조하라. Richard Bauckham, *Bible and Mission: Christian Witness in a Postmodern World* (Carlisle: Paternoster/Grand Rapids, Mich.: Baker, 2003), chapter 4.

하지만, 성경의 독자들은 세계 전체를 아주 강력하게 인식하였다. 예를 들어 그들은 세계 전체를 땅끝이라는 언급과 모든 열방이라는 말로 표현했다.

성경은 많은 다양한 민족과 문화에 관한 지리적 관점과 연결하여 세계화에 대한 두 가지 이야기 즉, 부정적인 것과 긍정적인 것을 들려준다. 먼저 부정적 형태로, 우상 숭배적인 초강대국이 세계를 통합한 상황이다. 사람들을 정치적으로나 경제적으로 또는 두 가지 모두로 억압하고, 너무 강해져서 누구도 감히 대항할 수 없다고 생각하며, 결국 하나님의 힘을 존중하지 않고 신처럼 행동할 때 가능해지는 상황을 설명한다. 창세기 1-11장의 원 역사에 따르면 그러한 초강대국은 바벨탑 사건에서 기원하여 승계되었다. 홍수 이후 인류는 '스스로 이름을 내기 위해', 즉 '스스로'를 하나님을 대치하는 대안으로 세우기 위해 연합했다.[창 11:1-9] 바벨의 모델을 따라, 이스라엘의 오랜 경험을 이룬 것은 초강대국인 이집트, 앗시리아와 바벨론인데, 히브리어로 바벨론은 바벨과 같은 단어이다. 아울러 그 전통은 페르시아에 이르는데, 페르시아는 피지배 민족에 대한 상대적으로 자유롭고 관용적인 정책 때문에 구약성서에서 등장하는 모든 제국 중 가장 관대한 대우를 받았다. 특히 다니엘 7-8장을 참조하면, 이런 초강대국은 이스라엘의 경험 속에서 마케도니아와 로마를 섬기며 추억하게 한다. 이들은 모두 주로 정치적 권력의 구조로서 군사력에 의존하지만, 구약성경에는 순전히 경제적인 제국도 있었다. 이는 두로라는 제국으로서, 당시의 국제 무역에서 중개자의 역할을 이용하여 부유해진 국가이다.[겔 26-28장]

일련의 압제적인 제국은 이 책 6장에서 다루는 요한계시록의 큰 바벨론에서 절정에 이른다. 요한계시록의 바벨론은 로마라는 도시인데, 이 도시는 짐승을 타고 있다. 이 짐승은 정치적, 군사적 힘으로 무장한 황제이다. 그러므로 로마라는 도시는 제국 주변부의 모든 부를 탐욕스럽게 삼키는 만족할 줄 모르는 제국의 중심지가 되고, 그는 자신의 경제적 억압으로 고발당한다. 계시록은 완벽할 정도로 보편적인 권세가 있다고 과장하는 바벨론을 묘사한다. 실제로 로마제국은 바벨론보다 더욱 엄청난 권세가 있으나, 실제로 그것을 바벨론처럼 과장하여자신을 주장하지는 않았다. 그러나 바빌론은 구약성경의 모든 악한 제국을 합쳐 놓은 것으로서, 선지자가 반복적으로 성토했으며, 이는 로마를 비판하는 방향성을 암시적으로 드러낸 상징적 표현이다. 동시에 이러한 나라는 하나님을 대항하는 자처럼 행동하는 세계 초강대국을 통해 발생할 수 있는 세상을 착취하는 최악의 통치를 묘사한다.

따라서 바벨에서 큰 바벨론에 이르기까지, 성경은 압제로 표현된 세계화 이야기를 들려준다. 그러나 이 부정적인 이야기와 상응하는 긍정적인 대안으로서 축복의 세계화라는 이야기 또한 들려준다. 창세기 이야기, 특히 창세기 10장에서, 바벨탑 사건 이후 흩어진 인류가 곧 땅에 거하는 70 족속이 되는 축복을 받는다. 하나님은 아브라함을 부르시며 약속하시되, 그의 후손을 통하여 천하 만민에게 복이 임하도록 하겠다고 말씀하신다.[창 12:1-3] 이스라엘과 함께하신 하나님의 역사가 축복이 되어 땅끝까지 미치도록 하려는 하나님의 목적은 결국 신약성경에서 지배적인 주제가 될 때까지 구약성경의 중요한 부분을 통해 되풀이된다. 이스라엘의 하나님은 그러므로 온 피조물의 하나님이시며, 예수 그리스도 안에서 결정적으로 모든 사람의 하나님이 되신다. 그리고 모든 민족이 그 하나님을 알고 복을 받게 되며, 그는 결국 인류를 통일시키는 과정에 계신다. 하나님은 사람들 사이의 모든 적개심과 장벽을 극복하는 복된 하나님이 되신다.

성경의 이야기는 인간 사회와 역사가 전 세계적인 것을 향한 고유의 방향을 가지고 있음을 시사하는데, 이 세계적이라는 것은 인류의 근본적인 통일성과 지구를 보편적 거주지로 제한하는 데서 비롯된 것이다. 그러나 이 세계화의 충동은 인간의 원죄, 즉 하나님의 신성을 찬탈하고 인간을 위한 일종의 궁극적인 힘과 지위를 확보하려는 욕망, 결국 인간의 유한성에서 탈출하려는 욕망으로 다소 쉽게 왜곡되는 것 같다. 이것이 우상숭배이다. 필연적으로 그 결과는 공동선이 아니라 사람들 일부, 곧 권력자가 타인을 지배하는 형태로 귀결된다. 현대의 세계화 속에서도 그러한 우상숭배는 완전히 자유로운 자유 시장이라는 경제적 목표가 다른 모든 고려 사항보다 우선할 때 발생하므로 우리가 인식할 수 있다. 특히 하나님의 복된 세계화를 위한 대항 운동에 속한 하나님의 백성은 그것을 인식하고 비판해야 한다. 이 반대 운동에서 모든 인류에 대한 하나님의 사랑과 가장 불행한 사람들에 대한 그분의 특별한 관심이 우선적으로 고려되어야 한다.

가난한 자는 성경적 관심의 척도

성경이 경제적인 것에 깊은 관심을 둔다면, 그것은 가장 가난한 사람들, 진정으로 궁핍한 사람들, 생계의 위기에 처한 사람들의 곤경에 대한 것이며, 이는 종종 성경에서 상투적으로 표현하는 과부, 고아, 나그네와 불구를 가진 걸인과 날품팔이들이다. 다음 예를 참조하라. 신 10:17-18; 슥 7:10; 눅 14:13; 약2:5 모든 사람을 향한 하나님의 사랑은 가장 궁핍한 사람들에게 특별한 관심을 쏟기 때문에, 이것이 성경의 하나님이 마음에 둔 우선순위이다. 따라서 모든 지구적 개발을 평가할 때, 기독교의 핵심 기준은 다음과 같아야 한다. 그것은 바로 세상에서 가장 가난한 사람들에게 이익이 되는가 아니면 불리한가를 따지는 것이다. 대다수의 사람을 더 잘 살게 하더라도, 극빈층의 처지를 근본적으로 개선하지 못하는 경제 체제는 그리스도인이 분명코 만족할 수 없는 것이다. 현재의 세계화는 이 테스트를 통과하지 못한다. 그것이 전 세계적으로 더 많은 부의 총량을 창출했을지 모르지만, 부자는 더 부자가 되고 가장 가난한 사람은 더 가난해졌다. 이것은 가난한 사람을 희생하여 만든 경제 성장인데, 이는 또한 사회적 유대, 환경 및 상업화되기 이전의 문화적 다양성을 희생시킨 결과로 얻은 것이다. 나중에 환경문제에 관한 관심을 나눌 것이기 때문에, 여기서 나는 문화적 다양성에 관한 성경적 태도를 설명함으로 세계화에 대한 고찰을 마무리하려고 한다.

성경에 나타난 문화적 다양성

성경은 인류가 하나의 공통된 혈통[창 10; 행 17:26]에서 파생된 통일체라는 것을 분명히 보여주며, 그 인류가 역사 속에서 악 때문에 아무리 많이 왜곡되었더라도 민족의 다양성은 하나님이 주신 것임을 분명히 보여 주고 있다. 창세기 11장은 땅 위의 사람들이 흩어진 것이 바벨에서 자기 자신을 신성화하려는 모의의 결과라고 지적하지만, 그것은 또한 위장된 축복이기도 했다. 흩어짐은 땅을 가득 채우라는 명령을 이행하며[창 1:28], 창세기 10장에 있는 열국의 큰 표에서 보듯이 민족의 번성과 이주는 모든 면에서 긍정적으로 묘사된다. 여기서 우리는 70개 민족에게 자기 땅과 언어와 연속되는 족보가 있다는 것을 보는데, 이것은 반복되는 항목 '각기 종족과 언어와 지방과 나라대로 머물렀더라' 는 구절에 표현된다.[창 10:5, 20, 31; 참조 단 4:1; 계 5:9; 7:9; 10:11; 11:9; 13:7; 14:6; 17:15] 이것들이 우리가 소위 문화적 정체성이라고 부르는 것을 결정한다.

창세기 10-11장을 함께 사용함으로 우리는 사도행전 2장의 오순절 성령 강림의 이야기를 유용하게 비교할 수 있다. 여기에서는 알려진 세계 모든 곳에서 예루살렘을 방문하는 유대인들이 예수 그리스도의 복음을 그들의 지역 언어로 듣는다. 이 기적은 인간 언어의 다양성을 초월하는 상징적인 사건이며, 이제는 바벨의 이야기에서 나타난 것처럼, 다양한 언어가 더 이상 사람들을 분열시키거나 이해를 방해하지 않는다. 바벨에서 일어난 하나님의 심판은 이제 역전되었다. 그러나 언어의 다양성은 폐지되지 않는다. 모든 사람은 자신의 언어로 복음을 듣는다. 엄격하게 실용적인 관점에서 본다면 이제 기적은 불필요하게 되었는데, 그 이유는 거기 있는 모든 사람이 그리스어 아람어와 라틴어를 이해할 수 있었기 때문이다. 모든 언어로 힘들게 소통하는 것은 이제 실용적인 면에서 필요하지 않게 되었다. 그러나 많은 언어는 인간의 문화적 다양성의 가치를 확인하는 데 확실히 기여하고 있으니, 이는 하나님께서 그러한 다양성이 만들어낸 문화적 장벽을 제거하려고 행동하시는 때까지만 존속되었다.

마지막으로 우리는 예수 그리스도 안에서 인류의 무차별적 연합에 관한 바울의 잘 알려진 공식을 상기할 수 있다. 이는 바울의 편지에서 다양한 형태로 발견되지만, 고전 12:13; 갈 3:28; 골 3:11 골로새서의 역본은 그리스도 안에 있는 새로운 인간성 안에는 '이제 더 이상 헬라인이나 유대인이나 할례받은 자와 할례받지 않은 자, 야만인 스구디아인이나, 종이나 자유인의 차별이 없고, 오직 그리스도는 만유시요 만유 안에 계신다' NRSV 고 말하고 있다. 다른 역본에서는 '남성과 여성' 도 목록에 포함된다. 이 쌍으로 표현된 단어의 요점은 바울이 살던 문화적 세계의 전통적인 인간을 구분하는 방법으로 특권적 위치의 비교로 보인다는 것이다. 이방인보다 유대인이 되는 것이 낫고, 유일하게 소개된 야만인 스구디아인보다 헬라인이 되는 것이 낫고, 여자보다 남자가 낫다. 이것은 인간의 차별적인 구분이다. 바울의 요점은 사람들이 더 이상 그리스인이나 유대인, 야만인이나 스키타이인, 남자나 여자가 되기를 그치는 것이 아니라, 이들이 더 이상 특권, 권력 또는 착취로 구별되지 않는다는 것이다. 다양성 그 자체는 그리스도 안에서 새로운 일치를 가져올 수 있으며, 이로써 모순이 생기지 않고 오히려 풍성해진다.

문화적 다양성이 좋다는 이러한 성경의 암시는 현대 세계화에 대한 우리의 평가에 반영될 수 있다. 우리가 본 바와 같이 세계화는 복잡하고 논쟁의 여지가 있는 현상이며, 세계 문화의 광범위한 미국화라는 명제만이 유일한 요인은 아니라는 것이다. 새로운 기술은 다양한 방식으로 사용될 수 있다. 의심할 여지 없이 그것은 복음이 선물하는 화해의 힘을 전하는 통로가 될 수 있으며, 이를 통해 얻은 통일성 속의 다양성이 호전적 민족주의와 문화적 오만함을 대체할 수 있다. 우리는 분별력을 가져야 한다.

기후 변화의 도전

이 책이 처음 출판되었을 때, 생태학적 관심이 내게 없었던 것은 아니었지만, 나의 해석학적 사례로 소개할 정도로 급박한 필요가 있던 영역은 아니었다. 물론 지금은 문제가 된다.[5] 주장컨대 지금은 기후 변화보다 더 중요한 정치적인 사안은 없는데, 이것이 유일한 문제는 아니더라도 지금 세계가 당면한 다수의 생태학적 위기 속에서 가장 긴급한 부분이기

5) 환경문제에 대한 성경 자료를 전적으로 취급한 것은 다음을 참고하라. Richard Bauckham, *Bible and Ecology: Rediscovering the Community of Creation* (London: Darton, Longman & Todd/Waco, TX.: Baylor University Press, 2010).

때문이다. 기후 변화의 문제는 모든 중요한 정치적 문제와 마찬가지로 중요하지만, 그 이상이다. 강력한 정치 문화적 세력이 기후 변화의 정치를 형성하고 제한하며 아울러 정부들이 변화시키려는 것 이상을 주장하기 때문이다.

사람이 만드는 인간-발생적anthropogenic 기후 변화에 관한 기본적인 사실과 과학적 예측은 이미 잘 알려져 있으므로 여기서 반복하지 않겠다. 그러나 나는 문화적 진단으로, 우리의 위험한 상황이 근대 서구의 진보주의적 문화에서 비롯되었으며 그 문화가 방치의 문화이자 과잉의 문화로서 발전해 왔다는 점을 지적한다. 방치의 문화란 우리의 미래가 나머지 피조물의 복지에 달려 있다는 사실을 최근에서야 깨달을 정도로 우리가 다른 나머지 피조물의 복지를 오만하게 등한시해왔다는 의미이다. 과잉의 문화란 우리가 계속해서 경제 성장을 과도하게 추구하므로, 피조물이 회복되지 않을 만큼 지속 불가능한 방식으로 그 자원을 약탈했다는 것을 의미한다.

방치의 문화와 관련하여 볼 때, 지난 20년 동안 나머지 피조물에 대한 기독교인의 태도를 변화시킨 '청지기 직분' 이라는 개념의 회복을 인식하지 못한 채로 이 책을 읽는 독자는 거의 없을 것이다. 창세에 인간에게 주어진 다른 피조물에 대한 '지배권' 창 1:26-28은 착취할 수 있는 허가가 아니라, 돌보는 책임에 대한 역할을 의미한다는 것이 널리 받아들여졌다. 일부 '심층 생태학자' deep ecologists에게는 인간의 지배권이 여전히 너무 인간 중심적인 것처럼 보일 수 있지만, 실제로 이는 인간이 이 행성의 나머지 대부분의 피조물에 영향을 미칠 수 있는 예외적인 힘을 가졌다는 사실에 관한 현실적인 인식을 포함한다.

그러나 나는 우리가 '지배권' 을 적절하게 이해하고 이를 행사하려면, 우리의 생각이 창세기 1장 26-28절을 넘어 나머지 성경의 문맥에 대한 더 넓은 관점으로 나아가야 한다고 믿는다. 청지기 직분의 이미지는 인간 중심주의 때문이 아니라, 다른 피조물과 인간의 관계를 순전히 수직적인 관계로 묘사하여, 결국 인간이 다른 피조물 위에 군림한다고 생각하는 사실 때문에 그 실효성이 제한된다. 역사적으로 이러한 생각은 인간이 자신을 지상의 신으로 여기도록 유혹하고, 하나님을 모델로 한 초월적 주권자로 나머지 피조물과 관계를 맺으며, 결국 피조물을 우리 인간의 설계에 맞게 개조하기 위해 창의력을 행사할 수 있다고 여기는 위험한 사고방식임이 입증되었다. 그런 그림은 현대 서구의 기술적 오만을 키웠고, 결국 생태적으로 재앙적 결과를 가져왔다.

우리는 청지기 직분의 수직적 관계보다 훨씬 더 근본적인 동료 피조물과의 수평적 관계에 대한 온전한 감각을 회복하는 것이 시급하다. 첫째로 그리고 우선적으로, 우리는 창세기 1-2장의 창조 이야기가 다른 해석 방식을 분명히 밝히는 것처럼, 다른 피조물과 지구를 공유하는 피조물임을 확인해야 한다. 우리는 시편 104편에 아름답게 묘사된 것과 같이, 창조된 공동체에서 다른 생물과 동역자라는 것이다. 이 위대한 생태학적 시편에서 말하듯이, 세상은 다양한 종류의 생물이 함께 사는 주거, 즉 하나님이 각자에게 주셔서 인간도 그중 한 곳을 차지하여 살아가는 모든 생물에게 공유된 주거이다. 창세기 9장 8-17절에서, 하나님은 홍수 후에 노아와 그의 후손뿐 아니라 모든 생물과도 언약을 맺는데, 하나님이 약속하신 것은 바로 그들의 공동의 집을 다시는 전 지구적인 홍수로 파괴하지 않는다는 것이다. 정확히 말하면, 세계 내적 존재being-in-the-world인 인간은 다른 피조물과 친족 관계 및 공동체적 관계를 충분히 고려해야 한다. 그러므로 우리는 지구의 모든 거주자와 동료 피조물과의 상호의존성을 인식해야만 우리의 '지배권' 을 적절하게 행사할 수 있으며, 우리는 그것을 피조물에 대한 군림이 아니라 피조물과 함께하며 책임 있는 역할을 감당하는 것이라 부르는 것이 현명할 것이다.

우리의 위치를 피조물 위에 두지 않고 피조물 가운데 두어야 한다는 성경의 가장 중요한 가르침은 피조물이 하나님을 경배한다는 주제로부터 나온다. 예: 시 19:1-3; 97:6; 98:7-8; 빌 2:10; 계 5:13 생물과 무생물을 막론하고 모든 피조물이 하나님을 경배한다. 이것은 현대의 성서 해석가들이 너무도 쉽게 추측하듯이, 단순히 시적인 환상이나 일종의 원시적 정령 숭배의 결과물이 아니다. 피조물은 하나님이 만드신 그대로 하나님을 경배하며, 하나님의 영광을 위하여 존재한다. 오직 인간만이 하나님을 경배하기를 그만둔다. 다른 피조물은 찬송의 여부에 대해 생각할 필요 없이, 항상 하나님을 찬송한다. 성경에는 우리가 다른 피조물을 칭찬 할 필요가 있다는 암시가 전혀 없다. 시편은 오히려 나머지 피조물이 우리의 예배를 돕는다는 견해를 시사한다. 그러나 핵심적인 가르침은 모든 피조물의 내재적 가치는 피조물이 드리는 예배라는 묘사 속에 함축되어 있는데, 이는 신 중심적 의미에서 볼 때 창조주가 그들을 찬양하도록 창조했고, 찬양으로 그에게 다시 영광을 돌리도록 만들었다는 것이다. 이런 맥락에서, 우리 인간의 위치는 동료 예배자로서 동료 피조물 옆에 있다. 하나님의 피조물임을 감사하는 마음으로 고백하는 찬양에는 위계질서가 설 자리가 없다. 피조물 됨은 창조주의 타자성 앞에서 우리 모두를 평준화하는 원리이다.

나는 현대적 방치의 문화를 치유하기 위해 몇 가지 방법을 묘사하려고 했다. 그리고 창세기가 인간의 위치를 묘사하는 '지배' 라는 관념을 바르게 이해하기 위하여 우리가 속한 피조물에 공동체에 관한 성경적 묘사의 더 넓은 맥락으로 인식을 확장해야 함을 알았다. 이것은 과잉 문화의 방향을 바꾸는 데도 도움이 될 수 있다. 하나님이 모든 살아있는 피조물에게 필요한 것을 공급하신다고 말하는 성경 구절시 147:9, 14–16; 욥 38:19–41; 마 6:26을 통해, 하나님이 피조물에게 주신 한계 속에서 살아가는 것을 전제로 땅의 자원이 모든 피조물에게 충분하다는 함의를 제공한다. 예수께서 하나님이 공급하시는 경륜 안에서 인간을 새와 들꽃에 비유하셨을 때마 6:25–34, 바로 이러한 신학을 전제로 하셨다. 물질적 소유에 대한 예수의 급진적인 가르침은 특히 우리가 받아들이기 심히 어렵다. 현대의 소비주의가 하나님이 창조한 세계의 한계라는 관념과 그 안에 사는 선함이라는 관념에서 멀리 떨어져 있기 때문이다. 피조물의 충분함이라는 생각은 과잉의 문화와는 거리가 멀다. 이러한 생각은 실제로 성장 위주의 경제에 파괴되기 쉽다. 그러나 그것은 지구에게 필요로 하는 것이며, 좋든 나쁘든 분명 우리가 지구상의 나머지 피조물과 함께 공유하여야 할 미래의 핵심이다.

소비주의는 우리가 가진 획득 본능이 자연스러운 한도 이상으로 소비하며 그것의 지속적인 유지가 가능하도록 강제하는 시스템이다. 그것은 경제를 유지하기 위해서만 필요한 욕구를 만드는 한편, 그 증가하는 욕구를 충족시키기 위해 경제를 끊임없이 돌려야 한다. 이것이 악순환임을 알기 위해서, 우리는, '생명이 그 소유의 넉넉함에 달려있지 않다' 눅 12:15는 말씀의 의미를 예수와 함께 인식하도록 눈을 떠야 한다. 그렇지 않으면, 이미 언급한 것처럼, 점점 더 많은 것을 지속적으로 소비하는 상황에 처하게 된다. 소비의 악순환 속에서 우리는 하나님의 관대함을 깨닫지 못할 뿐 아니라, 그분이 창조하신 피조물의 경이로움을 목도하고 즐기기 위해 반드시 소유해야만 할 필요가 없다는 사실을 깨닫는 안목을 상실하게 된다.

우리는 한계 내에서 사는 것을 답답하게 느낀다. 이 한계 속의 삶이 제한적 상황에 만족하지 않고 탐험하고 확장하려는 인류의 자연스러운 경향을 방해하지는 않는가? 그러나 제한은 오직 소비와 소유에 한정된 것이다. 성경이 묘사하는 인간 본성을 훨씬 더 충만하게 하는 것은 경이로움과 사랑인데, 이는 우리가 소비하거나 소유하지 않고도 끊임없이 한계를 초월하게 만드는 것이다. 예술에 대한 수많은 정보 제공과 같은 경이로움과 칭찬 속에서, 돈이나 이익으로 조정되지 않는 사랑의 관계 속에서, 우리는 비로소 자신을 초월하는 성취의 단계에 이르게 되며, 이곳에서 타인과의 관계, 피조물과의 관계, 하나님과의 관계가 회복된다. 이 세 가지 관계의 조화 속에서 우리는 예수께서 가져오신 풍성한 생명을 결국 찾게 된다.[요 10:10] 그러한 관계 안에서, 현대의 과잉 문화에서 우리를 떼어 놓을 수밖에 없는 과분한 관대함으로 가득한 신성한 문화가 발견된다.

1. 정치적 해석을 위한 주요 논점

이번 장에서 우리는 성경을 정치에 적용할 때 발생하는 가장 중요한 해석학적 문제를 논의하고, 또한 성경을 정치적으로 읽는데 필요한 몇 가지 원칙을 공식화할 것이다. 그런 후에 이어지는 장들에서 펼쳐지는 주해의 상세한 예를 통해, 이러한 원칙을 실례를 들어 해석할 것이다. 우리는 가장 중요한 해석학적 문제 중의 하나로 시작하려고 한다. 그것은 구약과 신약의 관계인데, 이는 정치적인 문제를 해석할 때 그리스도인들 사이에 많은 차이를 보이는 이유가 된다.

성경적 정치의 다양성

대부분의 성경 독자들은 정치문제를 다루는 데 있어서 구약과 신약 사이에 분명한 차이점이 있음을 발견하게 된다. 피상적으로 보면, 적어도 구약성경은 정치에 대해 할 말이 많은 것 같고 신약성경은 오히려 별로 할 말이 없는 것 같다. 그러나 이것은 명백히 신·구약의 차이를 오해하도록 만드는 방법일 수 있는데, 그 이유는 외견상 정치적이지 않은 신약성경 자료임에도 불구하고 정치적 함의를 가질 수 있다는 넓은 외연을 무시하기 때문이다. 일부 사람들이 생각하는 것처럼 '비정치적으로 된다'는 것은 그리 쉬운 일이 아니다. 신·구약 성경의 차이는 정치적 맥락의 차이로 이해하는 것이 더 좋은 표현이 될 수 있다. 그 이유는 구약성경의 많은 부분은 정치적 실체를 구성하고 있는 하나님 백성을 향해 주어진 말씀이었으며, 그들은 역사의 많은 부분에서 적어도 어느 정도의 정치적 자율성을 지닌 백성이었기 때문이다. 그러므로 구약은 이스라엘의 정치적 삶의 질서와 직접 관련되어 있었으며, 정치적 업무의 수행, 정책의 입안, 통치자와 신민臣民의 책임 등과도 직결되어 있었다. 신약성경은 그러나 로마제국에서 정치적으로 무력한 소수파를 대상으로 전해졌다. 따라서 노출된 정치적인 문서는 대부분 시민과 신민의 책임을 상기시키는 것이었다. 그들이 때때로 예언적 증언을 통해 통치 당국에 깊은 인상을 주기를 희망할 수 있지만, 마 10:18 일반적으로 그들은 정치적 영향력을 행사할 수 있는 일상적 수단이 없었다. 거의 실용성은 없지만, 그들이 유일하게 생각할 수 있는 수단은 정치권력을 획득하는 방법으로서의 무장 반란이었으나, 그들은 그 가능성도 거부한 것으로 보인다.

신·구약성서 간의 이러한 차이는, 결국 콘스탄틴 시대 이후로 기독교인의 정치적 상황이 그들로 하여금 더 직접적인 정치적 영향력과 책임을 행사하도록 움직일 때마다, 구약이 신약보다 더 기독교의 정치적 사고에 큰 역할을 하는 경향이 있었던 이유를 설명한다. 구약의 선호는 서구 기독교 역사의 가장 고전적인 '기독교 왕국'의 상황, 즉 신앙 고백적인 기독교 사회가 정치적인 차원에서 이스라엘과 확실히 닮아있는 상황에서만 볼 수 있는 것은 아니다. 구약을 좋아하는 경향은 또한 기독교인들이 혁명적 운동을 지원하는 상황이나 현대의 다원적 민주주의를 지지하는 상황에서도 역시 자주 볼 수 있다. 기독교 역사의 과정에서, 구약의 법과 선례는 지극히 다양한 정치 제도와 정책을 지지하기 위한 수단으로 사용되었는데, 그 실례로 신권 군주제,神權 君主制, divine-right monarchy 십자군 전쟁, 부의 재분배, 사형집행, 제3세계 원조, 국교회에 대한 수장권 등이 바로 그것이다. 구약성경은 여성 통치자, 노예 제도, 정치적 암살의 허용 여부를 논하는 데에도 사용되었다.

편의적 선택의 문제

기독교 정치의 역사에서 구약을 사용할 때 현저하게 드러난 문제 중의 하나는 편의적 선택selectivity의 문제이다. 분명히 기독교인들은 항상 당시의 정치와 관련성이 있다고 생각하는 구약의 가르침의 요소들을 선택해 왔으며, 서로 다른 시대와 장소에서 서로 다른 성경의 요소들을 선택했다. 여기서 문제가 된 것은 이 선택이 해석학적 원리보다는 편의주의便宜主義, expedience에 의해 너무 자주 좌우되었으며, 따라서 해당 시대의 원칙과 프로그램을 지원하기 위해 성경을 이데올로기적으로 조작하는 위험에 처하게 되었다. 현대 기독교인들은 자신들이 구약성경의 자료를 선택적으로 사용하는 것에 대해 그들의 선조들의 경험과 비교해 보는 것이 긴요하고, 그 후에 하나의 해석에 반대하여 다른 해석을 정당화할 수 있는 어떠한 원리가 있는지 묻는 것이 매우 유용할 수 있다. 예를 들어, 가난하고 억압받는 사람들을 위한 선지자의 사회 정의에 대한 요구를 자유롭게 인용하는 사람들이, 때로는 같은 맥락에서겔 22:7-8; 암 8:4-6 안식일 준수를 위하여 외치는 예언자들의 요구를 무시하면서 선택적인 해석을 할 때, 과연 어떤 해석학적 원리에 비추어 그렇게 하는가? 19세기 안식일 준수자들에게 국가적인 안식일 준수를 강제하는 법안에 대한 지지는 동일한 중대성을 가진 사안이었는데, 이는 많은 신자가 오늘날 실업과 제3세계에 대한 관심을 가진 것처럼, 당시의 정치계에서는 그리스도인의 복종을 요구하는 중대 사안이었다. 그들은 구약성경에 등장하는 용어 중에서 어쨌든 한 논점에 대한 관심을 가졌다.

시대적 차이

구약의 정치적 규정provision이 담긴 본문이 오늘날의 정치적 상황에 그대로 적용되어서는 안 되는 이유를 기독교인들이 설명하도록 요청받았을 때, 그들은 대부분 두 가지 유형 중 하나로 대답한다. 하나는 문화적 맥락의 차이에 의거한 호소인데, 고대 이스라엘 사회에서 정치적으로 의미가 있었던 것이 현대 기술 사회에서는 그렇지 않을 수도 있다는 이유에서다. 이것은 신약의 가르침을 정치적 관련성이 있는 사안에 적용할 때 동일하게 고려하는 사항이며, 이 장의 뒷부분에서도 논의할 것이다. 그런데 둘째로 고려할 요소는 '시대적' 맥락의 차이로서, 다른 말로 하면 구약이라는 기독교 이전의 특성에 호소하면서 성경 사용의 난점을 제기하는 문제이다. 여기서 신약과 구약의 관계가 중요한 쟁점이 된다. 사실, 이 호소 자체는 다음의 두 가지 다른 형태를 취할 수 있다.

1. 산상설교에서 말하는 것처럼, 신약의 윤리는 구약의 윤리적 가르침에 대한 진보이기 때문에, 그 결과 구약은 어느 정도 쓸모가 없게 되었다고 주장할 수 있다.
2. 구약의 이스라엘은 신정국가를 이루는 독특한 시대에 있었기 때문에 구약이 신약시대를 위한 정치적 모델을 제시할 수 없으며, 신약의 하나님 백성이 정치적 실체가 아니라 열방에 흩어져 있는 사람들이었기 때문에 정치적 대안으로 삼아서는 아니 된다고 주장할 수 있다. 그러나 구약 자체가 사실상 하나님의 디아스포라 백성의 정치적 문제에 직면했었고, 이교 국가

에서 유대인 신민들에게 행동의 지침을 제공했을 뿐만 아니라 렘 29장, 유대인들이 이교도 국가에서 정치적 권위와 영향력을 어떻게 행사하여야 하는지를 요셉, 다니엘과 그의 친구들, 에스더와 모르드개의 사례를 통하여 밝히고 있다.

이 두 가지 형식의 논증은 구약을 정치적 선례로 적용할 수 없도록 주장하는 데 사용된다. 첫 번째 주장에 기초할 때, 전쟁에 대한 구약의 가르침은 종종 예수의 비폭력 윤리로 대체되었다고 이야기되었다. 두 번째 근거에 따르면, 이스라엘의 전쟁은 하나님이 직접 적들을 상대로 벌인 거룩한 전쟁이었으므로, 현대 국가는 현재 그들의 전쟁에 대해 이전과 같은 하나님의 승인을 요구할 수 없다고 말한다.

비록 이러한 두 주장이 구약에 대한 세대주의적[6] 입장에 의존하지만, 이 둘 모두는 실상 매우 다른 주장임을 밝힐 필요가 있다. 두 주장 모두는 전쟁에 대한 성경적 가르침을 고려할 때, 각자의 의미를 쉽게 찾아낼 수 있다. 두 주장 모두 우리가 곧 다루게 될 또 다른 문제, 즉 하나님의 백성과 세상 사이의 관계 속에 우리가 포함되어 있다는 점도 주목할 가치가 있다. 첫 번의 경우, 우리의 주장이 타당하다면 예수의 윤리가 기독교 신자에게만 전쟁을 금지하는지 아니면 세속 국가에 대해서도 전쟁을 금지하는지 알아야 할 필요가 있다. 두 번째 경우, 우리는 하나님께서 다른 나라에 기대하시는 것과 원리적으로 전혀 다르게, 자기 백성 이스라엘을 다스리신다는 것을 생각해 볼 필요가 있다. 분명히 구약의 정치적 자료가 가진 현실적 관련성의 정도에 대한 의문은 지금도 복잡한 해석학적 문제이다.

6) 역자 주: 세대주의란 19세기에 등장한 극보수적 성경 이해의 사조이다. 교회의 시대를 구분하여 구원의 방법이 다르다고 주장하고, 종종 종말론에 대한 문자주의적 해석을 하는 경향이 있다.

오늘날에 구약성경 사용하기

이러한 복잡성을 고려하면서, 일부 사람들은 구약 전체가 정치적 관련성을 가진다는 사실을 모두 포기하려고 한다. 그러나 그렇게 포기하지 않는 데에는 그만한 이유가 있다. 인간의 삶에 대한 하나님 자신과 하나님이 가진 목적은 신·구약 성경 모두에서 변함이 없을 뿐 아니라, 구약의 정치적 자료에 표현된 것은 근본적으로 하나님의 성품과 인간 삶에 대한 하나님의 뜻이 드러난 증거이기 때문이다. 그것들은 구약 시대 이스라엘의 특정한 조건에 부합하는 형태로 표현되었다. 즉, 특정 시대와 장소에 사는 한 민족의 독특한 문화적 맥락 또는 맥락들을 반영하거나, 또한 그리스도가 오시기 전 기간 하나님 백성의 특별한 구원-역사적 맥락 모두를 투영한다. 이것은 율법과 예언서가 우리의 정치 생활에 직접적 지시 instruction가 될 수는 없지만, 우리의 정치 생활에 필요한 교훈instructive이 될 수 있다는 것을 의미한다. 우리는 구약성경의 가르침을 우리 자신에게 직접 적용할 수는 없지만, 하나님께서 이스라엘의 정치 생활에서 자신의 성품과 목적을 표현하신 방식으로부터 오늘날 정치 생활에서 우리가 무엇을 어떻게 표현해야 할지 교훈 받을 수 있다.

이것은 우리의 최우선 관심사가 오늘날에도 여전히 적용 가능성이 많은 구약의 말씀을 선택하여, 맥락을 떠나 단 한 부분에 적용시키려고 해서는 아니 됨을 의미한다. 구약이 지시로 우리에게 직접 적용되는 것은 아니지만, 교훈으로서 그 모든 구약은 우리 모두와 관련이 있다.딤후 3:16 참조 구약 정치의 다양한 측면은, 특히 우리가 문화적 및 구속사적 맥락과 함께 우리 자신의 맥락 사이의 차이점과 유사점을 모두 비교하여 고려하기만 하면, 다양한 방식으로 우리에게 교훈을 주고 있음이 입증될 것이다. 유사한 상황뿐만 아니라 대조되는 상황도 교훈을 줄 수 있다. 모든 경우에 우리는 구속사적 맥락을 고려해야만 하고, 구약 자료를 신약과 연관시켜야만 한다. 신·구약 성경 사이의 관계에 대한 근본적인 핵심은 어떤 경우 구약의 명령이 신약의 명령으로 대체되지 않는다는 것이며, 다른 경우에는 전혀 변경되지도 않았다는 점이다. 근본적인 것은 예수께서 율법과 선지자의 글을 모두 다 성취했다는 사실이다. 구약성경 중 어느 것도 그리스도 안에서 성취된 것에 의해 영향을 받지 않을 수 없지만, 그리스도 안에서 성취된 구약은 그 모두가 여전히 교훈적이라는 점이다. 우리는 그리스도 안에서의 이 성취를 어떤 인위적인 계획으로 보면 아니 된다. 예를 들면 그리스도께서 시민법과 의식법을 폐하셨지만, 도덕법은 유효한대로 두셨다는 전통적 주장이 그것이다. 구약의 각 부분과 각 양상은 그러나 그리스도의 빛 가운데서 고려하여야 한다. 이렇게 할 때, 그 효과는 다양한 형태를 띨 것이다. 우리가 또한 잊지 말아야 할 것은, 구약을 신약에서 성취된 빛에 비추어 읽는 것과 마찬가지로, 신약도 미리 전제하고 있는 구약의 배경에 비추어 읽어야 한다는 점이다. 다른 문제에서와 마찬가지로 성경의 정치적 가르침도 신약과 구약이 서로 보완하고 서로 보강한다는 차원에서 읽어야 함을 유념해야 한다.

개인윤리 및 정치윤리

신·구약 성경 사이의 관련성에 관한 질문에 더하여 정치에 대한 성경의 관련성을 고려할 때, 끊임없이 발생하는 해석학적 문제가 적어도 각기 다른 세 가지 영역에서 나타난다. 이것들은 모두 현대 정치와 관련하여 성경이라는 자료가 가지는 영향력의 범주에 대한 우리의 판단에 영향을 미친다. 이 구절이나 저 구절이 우리의 정치적 삶에 무엇인가를 말할 것이 있는가? '아니요, 그것은 정치가 아니라 개인윤리에 관한 것이기 때문에 안 됩니다' 라고 우리는 때때로 말한다. 또는 '아니요, 그것은 교회의 사회적 삶에 관한 것이라 교회 밖의 사회에 적용될 수 없기 때문에 그렇습니다' 라고 말한다. 또는 '아니오, 그것은 그 당시의 특정한 문화적 조건에 적용된 것이기 때문에, 우리가 사는 매우 다른 형태의 사회에는 적용될 수 없습니다' 라고 대답할 수 있다. 우리는 무엇이 정치적으로 관련이 있고 그렇지 않은지 결정하기 전에 이 세 가지 일련의 구별을 더 자세히 살펴볼 필요가 있다.

우리는 많은 성경적, 특히 신약의 가르침을 정치적 문제와 무관하게 만드는 데 사용할 수 있고, 또 이미 사용해 온 해석학적 원리로 시작한다. 이것은 직접적으로 개인 관계에 적용되는 윤리적 원리와 정치적 제도와 활동에 적용되는 윤리적 원리를 근본적으로 구별하는 원리이다. 이 원리에 따르면, 산상수훈은 정치인의 사생활에 적용되지만, 정치인의 자격으로 공적인 활동을 하는 데에는 적용되지 않는다. 가장 극단적인 형태는 아니지만 그래도 이 견해의 가장 영향력 있는 형태는 마틴 루터에 의해 주장되었다. 예를 들어, 루터는 사생활에 있어서 판사가 개인적으로 입은 상해에 대해서는 용서할 수 있어야 한다고 보았으나, 공적 자격으로 판사가 범죄자에게 배상하지 않도록 형을 선고하지 않거나 징벌 없이 석방할 권리는 없다고 말했다.

루터는 사적 영역과 공적 영역에 완전히 다른 윤리적 원칙이 적용된다고 주장하는 실수를 범하지 않았다. 예를 들어, 그는 개인윤리의 원칙인 사랑과 공적 생활의 윤리 원칙인 정의를 구별하지 않았다. 이러한 구분은 성경에서 찾을 수 없다. 반대로 루터는 이웃을 사랑하라는 명령, 이것은 마태복음 22장 40절에 따르면 율법과 선지자의 정치적 요구 사항도 이에 달려 있음을 함의하고 있는데, 이는 개인 생활뿐만 아니라 정부의 윤리적 원칙임을 인식했다. 그러나 사랑은 공적 생활과 사생활에서 서로 다른 형태를 취해야 한다.

어느 정도 루터는 타당한 주장을 펼쳤다. 예수의 윤리적 가르침이 구체적일 때는 개인 생활과 관련된 경우가 가장 많다. 예를 들어 마태복음 5장 38-42절은 재판하는 중의 판사가 아니라 개인을 대상으로 주어졌다. 그러나 루터의 원칙이 요구하는 방식으로 공적 생활과 사적 생활 사이에 어떤 명확한 구별이 이루어질 수 있는지는 의심스럽다. 개인은 자신에 대한 개인적인 상해를 용서할 의무가 있지만, 이 원칙은 여러 사람의 이익이 관련된 상황, 즉 다른 사람들이 부상했거나 보호가 필요한 상황, 또는 예를 들어 부모로서 그가 잘못한 자녀의 도덕 교육에 대한 책임이 있는 경우도 있다. 그러한 상황에서 용서는 여러 형태의 사랑의 의무 중 하나가 될 뿐이다. 그러나 우리가 정치적 상황으로 이동할 때에도 근본적인 차이는 발생하지 않는다. 용서의 원칙은 적용할 수 없게 되는 것이 아니라, 사랑의 다른 원칙들과 결합하여 적절한 형태를 갖추어야 한다.

따라서 우리는 정치적 상황을 포함하여 삶의 모든 다양한 상황에서 예수의 가르침이 가진 원리를 적용하는 일반적인 기독교윤리 실천의 임무를 가지고 있다. 마치 '간음하지 말라' 는 마태복음 5장 27-28의 명령이 군비 경쟁의 문제와 거의 관련이 없는 것처럼, 예수님의 명령이 물론 모든 상황에 적용되는 것은 아니지만, 적용할 수 있는 곳에는 적용하도록 허용해야 한다. 따라서 예수의 가르침을 정치적 영역에서 배제하려는 해석학적 규칙이 있어서는 안 된다.

교회를 위한 윤리와 세상을 위한 윤리

신약성경 윤리의 적용을 제한하는 또 다른 방법은 16세기의 사례로

부터 설명될 수 있다. 루터가 기독교인의 사적인 역할과 공적인 역할을 뚜렷하게 구분했던 반면, 재세례파는 기독교인과 불신자, 즉 교회와 세상을 뚜렷하게 구분했다. 그들은 주장하기를, 산상수훈의 윤리가 기독교 공동체의 모든 삶을 지배하지만, 국가를 다스리는 임무와 양립할 수 없기 때문에, 기독교인이 국가에서 공직을 맡을 수 없다고 주장했다. 정치 활동은 비기독교인에게 맡겨야 하며, 그들에게는 산상수훈이 주어지지 않고 다른 윤리적 기준이 요구된다고 보았다. 예를 들어 세금 납부와 같은 정부 활동에 모든 시민이 얼마나 연루되어있는가 하는 정도가 16세기 당시에도 논의해야 할 사안으로 문제 제기가 되었다는 점에 유의해야 한다. 현대 민주주의에서는 그 어려움이 더 크다.

기독교인들은 다른 사람들보다 더 나은 삶을 살기 위한 동기와 영적 자원을 모두 가져야 하며, 마 5:46-8 참조 다른 곳보다 교회에서 인간공동체에 대한 하나님의 의도를 더 완전하게 실현해야 한다고 주장하는 것은 하나의 마땅한 주장이다. 그런데 각기 다른 윤리적 원칙을 가지고 그리스도인과 나머지 다른 사람들에게 달리 적용해야 한다고 말하는 것은 또 다른 차원의 주장이다. 후자에 대한 성경적 지원을 찾기는 어렵다.

이러하듯이, 산상수훈이 정치적인 적용뿐 아니라 다른 형태의 적용도 요구한다는 결론을 따르는 것은 당연하다. 또한 기독교 공동체의 삶에 대한 신약의 기본적 원칙은 원리적인 면에서 인간공동체 자체의 다른 영역의 삶으로 확장되어야 하며, 그 결과 정치적 연관성이 있다는 결론에 또한 이르러야 함이 마땅하다. 예를 들어, 이러한 원리는 예수의 혁명적 원칙으로서의 섬김의 권위, 막 10:42-5 바울의 성적·인종적 평등 원칙, 갈 3:28 노예의 계급적 위상에 대한 원칙적 폐지, 몬 16 물질적 소유에서 평등의 원칙고후 8:14에 적용된다. 초기 재세례파는 동시대 다른 개신교도들보다 기독교 공동체에 대한 기본 적용에서 이러한 원칙 중의 일부를 더 진지하게 받아들임으로 큰 공헌을 하였음을 인정할 수 있다. 그리고 그들이 이렇게 할 수 있었던 것은 그들이 교회와 세상 간의 분명한 구별을 유지하였기 때문이다. 그러한 원리는 그러나 한번 인식된 이후에는, 교회에만 국한 시킬 수 없었다. 예를 들어 19세기 복음주의자들은 노예제를 폐지하되, 교회 안에서의 노예의 위치뿐만 아니라 국가가 승인한 조건으로서도 모두 노예제를 폐지하기 위해 노력했다. 남아공 기독교인들에게서도 이와 유사한 상황을 목격하게 되는데, 그들은 아파르트헤이트[7]가 교회에서 정당화될 수 없다면 국가와 사회에서도 역시 정당화될 수 없다는 사실을 인식했다.

기독교 공동체가 가진 신약성경의 원칙을 교회를 넘어 정치 사회로 확장할 때, 우리는 교회와 사회의 차이점을 충분히 고려해야 한다. 정치는 복음과 성령이 할 수 있는 일을 할 수 없으며, 정치는 기독교나 혹은 타종교의 윤리적 가치에 깊이 영향을 받은 공동체가 하는 일을 다른 모든 사회에 균일하게 시행할 수 없다. 그러므로 세상에 대하여 증인된 교회가 먼저 교회 생활에서 이러한 원칙을 실현하는 것이 항상 교회의 우선순위가 되어야 한다. 그러나 우리는 또한 성적 평등 및 물질적 평등과 같은 어떤 경우에는, 교회 밖의 다른 사람들의 증언을 통해 교회가 성경적 원리를 상기시켜야 했다는 사실을 기억해야 한다.

영원한 규범과 문화적 상대성

성경 시대 이후로 인간 상황의 근본은 변하지 않았다지만, 인간 사회의 조건과 형태는 급격히 변했다. 현대 사회가 민주적이든 전체주의적이

---

7) 역자 주: 남아공의 인종차별, 인종분리정책

든, 산업화를 이루었든 아니면 이미 후기 산업화 사회의 상황으로 나가고 있든지 상관없이, 정부의 사역은 드보라, 히스기야 또는 본디오 빌라도 시대에 있었던 것과 매우 다른 모습이다. 정부의 활동 방법과 기능은 모두 불가피하게 변했고, 그리고 지금도 계속 변하고 있다. 이러한 이해는 성경을 정치적으로 사용하려는 모든 노력에서 항상 우리 마음의 최전선에 두고 있어야 한다. 그렇지 않으면 순진한 부조리가 발생할 것이다. 예를 들어 성경 시대의 교육은 정부의 책임이 아니었기 때문에, 오늘날에는 교육을 순전히 부모의 책임에 맡겨야 한다고 주장하는 것은, 성경의 선례에 따라 도로 안전이 정부의 책임이 아니라고 주장하는 것과 똑같은 잘못이라는 것이다. 정부의 기능은 성경 시대보다 지금 훨씬 더 광범위하다. 그 이유는 정부가 성경적으로 정의된 자신의 권한의 한계를 넘어섰기 때문이 아니라, 현대 사회의 복잡성이 엄청나게 증가했기 때문이다. 이점이 동시에 변화를 만드는 요인이 되어, 더욱 민주적인 형태의 정부가 고대 사회에서보다 현재에 더 실용적이고 더 바람직한 정부가 되도록 만들었다.

그러므로 우리는 이 문제에 대해 철저하게 역사적인 태도를 견지해야 할 필요가 있다. 정부의 기능과 형태는 인간의 삶 속에서 매우 변덕스러운 특징을 가지는데, 이는 정부의 본성상 그럴 수밖에 없다. 그런데 그것 때문에 성경은 역사의 모든 시대에 부합하는 정치적 제도와 방법을 규정하는 변함없는 규범을 제시할 수 없다. 더욱이 이러한 인식은 성경이 보는 정부에 대한 고유한 견해와 비교할 때, 전혀 이질적인 사항도 아니다. 우리가 예상할 수 있듯이, 창세기는 정치적인 권위의 행사를 창조나 타락으로 거슬러 올라가서 찾지 않고, 그것이 인간 문화의 역사적 발전과정을 따라 발생한 것으로 묘사한다. 도시,[창 4:17] 음악[창 4:21] 및 포도 재배

창 9:20가 하늘에서 내려온 것이 아니라 철저하게 인간 안에 그 기원을 가진 것처럼, 정부는 구약에서 가장 일반적인 왕권의 형태로 니므롯과 함께 등장했는데, 성경은 그가 '세상에 첫 용사' 창 10:8라고 묘사한다.[8] 니므롯을 사냥꾼으로,창 10:9 그가 정복이 아닌 식민화로 형성된 제국을 다스리는 것창10:10-12으로 묘사하는 것은 의미심장한데, 그 이유는 그 묘사가 니므롯의 통치를 하나님께서 부여하신 인간이 지구를 지배하는 임무와 연결하기 때문이며, 홍수 후에는 노아에서부터 계승된 것이기 때문에 그러하다.창 9:1-7 땅을 다스리는 이 과업은 그 자체로 반드시 정치적인 것은 아니었지만, 니므롯에 이르러서는 정치적인 형태를 띠게 되었는데, 이는 그가 사냥꾼으로서 그의 백성을 야생동물로부터 보호하고창 9:2, 5 식민 제국의 창시자로서 땅을 가득 채우라는 명령을 완수하였기 때문이다.창 9:1 그러므로 창세기에 따르면, 전체 사회에 대한 한 사람의 통치 형태인 왕권은 하나님께서 인간에게 부여한 이러한 임무를 성취하는 방법으로서 기원하였는데, 이는 심지어 바벨에서 시작된 니므롯 제국이 보여주는 것처럼,창 10:10; cf. 11:1-9 그 명령을 성취하는 이상적인 방법이 아님에도 불구하고 그렇다. 그러나 왕권의 기원을 설명하는 니므롯의 통치적 기능은 구약의 이스라엘이 나중에 정부를 알았던 것과 같은 정부의 기능이 아니라는 점을 주목하는 것이 매우 중요하다. 사냥꾼으로서의 니므롯의 명성창 10:9은 왕의 특별한 의무 중 하나가 그의 공동체를 위협하는 야생동물을 물리치고 멸하는 것이었던 인간 사회의 초기에 해당하는 기억을 보존하고 있다. 구약성서에 해당하는 역사적 시기에 짐승을 물리치는 왕권의 원래 기능은 순전히 인습적인 형태로 보존되었는데, 바로 사

8) C. Westermann, *Genesis 1-11: A Commentary* (London: SPCK, 1984), pp. 514-18 참조.

냥은 이집트와 메소포타미아에서 왕들이 가장 좋아하는 스포츠였다.

그러나 이후의 왕의 사냥은 공동체의 생명을 보존하는 중요하고 실용적인 기능을 더 이상 갖지 못했다. 사람이 거주하지 않는 땅을 식민화하는 것 또한 구약 이스라엘 시대에 정부의 주요 기능이 아니었다. 따라서 니므롯의 왕권이 가진 기능은 이후 창세기가 기록되었을 때 이미 왕권의 기능 중 그 일부가 더 이상 아니었다. 이러한 형태로 니므롯 정부의 기원을 기술함으로써, 창세기는 인간 정부의 철저한 역사적 성격을 총체적으로 인식시켜 주는 동시에, 그 기능은 인간 사회의 변화와 발전에 부응하여 어떻게 변화하고 발전해야 하는지를 가르친다. 합법적인 정부는, 니므롯의 정부가 노아에게 주신 하나님의 명령을 준행한 것처럼, 항상 인간 생명에 대한 하나님의 자비로운 뜻을 반영해야 한다. 동시에 인간 생명을 위하시는 하나님의 뜻에 대한 성경의 설명은 그러므로 항상 정부가 고려하여야 할 사항이므로, 정부는 어떻게 인간의 생명에 대한 하나님의 뜻을 반영할지, 하나님의 뜻이 가진 각기 다른 측면이 정치적 제도와 방법을 통해 어떻게 적절하게 추진될 수 있는지를 제시하여야 하며, 반드시 역사적 정황에 따라 그것을 변화시켜야 하며, 그 각각의 새로운 상황에 따라 분별 될 수 있어야만 한다.

그러므로 우리는 성경에 나오는 정치적 자료가 주로 우리와는 매우 다른 정치 사회에 주어지는 이야기 및 지침으로 구성되어 있음을 인식해야 한다. 나는 이것이 상대적으로 현대에 사는 많은 기독교인이 정치적 혹은 사회적 현실에서 종종 이탈하는 경향에 대한 이유의 일부라고 생각했다. 개인적인 도덕에 대한 가르침을 당시의 문화적 상황에서 현대로 옮겨 적용하는 데 필요로 하는 것은 비교적 쉽게 파악되지만, 성경이 현대 정치적 생활에 적절히 적용되기 위해서는 더 풍부한 상상력과 창의적인 해석학이 필요하다. 이스라엘의 레바논 침공 당시, 여호수아서를 공부하는 교회의 가정 성경공부 모임에서 발견할 수 있는 정도의 생각으로 당국자들이 전쟁을 주도하였다는 것을 알게 되었는데, 현재에도 이와 유사한 피상적인 단순함이 그쳐지지 않고 있음은 우리에게 충격을 준다. 전쟁의 시작이 이렇게 이루어진다면, 이는 커다란 문제가 아닐 수 없다.

문화적 상대성이 우리에게 제시하는 딜레마는, 성경 자료가 그 해당 역사적 맥락에서 더 구체적인 것이 될수록 실제로 우리가 사는 상황과 연관성이 덜해진다는 것이다. 그러면 우리는 성경에서 고도로 일반화된 특성을 가진 영속성이 있는 규범만을 찾아야 할까? 이것은 성경의 성격으로 볼 때 옳지 않은 방법이며, 한편으로는 성경 대부분을 쓸모없는 것으로 만들 것이다. 그 이유는 성경이 하나님의 메시지로서 아주 특별한 역사적인 상황 속에서 말하고, 그 상황에 대하여 말하고, 상황을 통해서 말하기 때문이다. 그것의 보편성은 그것의 특수성 속에서 그리고 특수성을 통하여 발견되어야 하며, 그것의 특수성의 껍질을 벗겨서 오직 보편성의 핵심 알맹이만 남기는 방법으로 해서는 아니 된다. 따라서 적절한 방법은 먼저 성경적 자료가 가진 고유한 문화적 특성을 충분히 평가한 다음에, 크리스 라이트가 제안한 대로 그것을 우리 시대 하나의 '패러다임' paradigm 으로[9] 아니면 앙드레 뒤마가 제안한 대로 하나의 '유비' 類比, analogy 로[10] 보는 것이다. 다시 말해서 성경은 특정한 정치 상황에서 하나님의 뜻이 실현되는 모형을 제시하는데, 바로 이것이 다른 상황에서 그

9) Christopher J.H. Wright, *Living as the People of God: The Relevance of Old Testament Ethics*(Leicester:Inter-Varsity Press, 1983), pp. 40-45.

10) André Dumas, *Political Theology and the Life of the Church*(London: SCM Press, 1978), pp. 68-69.

분의 뜻을 발견하고 구현하는 데 도움이 될 수 있다. 그러한 모형은 지극히 구체적이기 때문에, 매우 일반적인 원칙보다 더 효과적으로 우리의 사고와 상상력을 자극할 수 있다. 예를 들어 레위기 19장 9-10절에 나오는 이삭줍기는 단순한 농경 사회에 적합했지만, 그 사회에서 가난한 사람들을 위한 지원 수단으로서 얼마나 적합한지를 관찰함으로써, 지금 우리 사회에 적합한 사회적 입법의 형태에 대해 생각하도록 자극을 받을 수 있다. 물론 우리는 항상 성경이 또한 홍보하는 일반적인 원칙과 관련하여 구체적인 모범적 대안을 생각해볼 필요가 있다.

그러나 원칙은 너무도 일반적이어서, 성경에 나타난 모형을 청사진으로 삼을 수는 없다. 어떤 의미에서 원칙이나 모형은 인간의 삶에 대한 하나님의 뜻이 우리의 정치 생활에서 어떻게 실현될 수 있는지를 성령의 인도 아래 스스로 해결할 수 있는 상당한 자유를 우리에게 남겨준다. 그렇지만 이러한 말은 상황을 표현하는 오히려 부정적인 진술이다. 긍정적으로 말하면, 그것들은 오늘날의 정치에 대한 우리 자신의 창의적 사고에 영감을 줄 수 있다.

성경의 가르침이 고대 역사의 특정 상황을 다룬다는 의미에서, 성경이 문화적으로 특수하다는 명제는 일반적으로 인정된다. 오히려 논쟁의 여지가 있는 것은 성경의 정치적 가르침이 그것이 생겨난 사회적, 정치적 맥락에 어느 정도 영향을 받는다는 주장이다. 그러나 우리는 이것이 성경이 가진 진정한 인간적인 부분의 하나로 인식해야 한다고 생각한다. 예를 들어, 고정된 사회 질서의 안정성을 강조하는 잠언의 정치적 지혜잠 19:10; 30:21-23와 군주제에 대한 때로는 경의를 표하는 듯한 무비판적인 태도잠 16:10-15; 25:3는 그러한 관점을 만들어 내는 왕실 세력의 관점을 반영한다. 이것은 잘못된 것이 아닌 제한된 관점이며, 따라서 성경 가르침의 다른 측면을 제시함으로 균형을 이루어야 한다. 이 경우 적어도 문화적 배경이 가져온 상대화 효과는 정경으로 불리는 성경 전체에서 특정 위치를 차지하는 본문의 상대적 효과만을 인정함으로 조화를 이루어야 한다. 이즈음에서 우리는 정경의 해석학적 중요성에 대해 곧 더 많은 것을 언급하려고 한다.

본문과 문맥 혹은 텍스트와 컨텍스트

마지막으로 올바른 성경의 이해를 위해 관련 문맥 속에서 성경 본문을 읽는 방법, 다시 말하면 컨텍스트context 내에서 텍스트text를 읽는 것과 연관된 원칙을 살펴보려고 한다. 필연적으로 우리는 모든 성경 해석에 적용되는 일반적인 원칙에 주로 관심을 가지겠지만, 정치적 해석의 특수한 필요를 염두에 두고 말하려 한다.

본문text의 의미는 문맥context에 따라 달라진다. 이것이 성경 본문에 대한 모든 책임 있는 해석의 열쇠이다. 그러나 '문맥'[11]에는 아주 다양한 측면이 있다.

1. 본문이 작성되고 처음 읽히던 언어적 환경에서 단어와 숙어가 어떤 의미로 수용되었는지를 제공하는 언어적 문맥이 있다.
2. 본문이 하나의 문학적 단위로서 속해 있는 더 큰 인접한 문학적 문맥이 있다. 여기서 문학적 단위는 종종 마가복음과 같이 현재 본문이 포함된 성경의 책이 될 것이지만, 때로는 시편과 같이 더 작은 단위일 수도 있고, 역대상 1-2장과 같이 약간 더 큰 단위일 수도 있

11) 역자 주: 문맥이라는 말이 context라는 단어의 충분한 번역이 되지는 못한다. 맥락, 상황, 배경이라는 말을 포함한 넓은 의미로 '문맥'이라는 의미로 이해하면 좋겠다.

다.

3. 본문이 속한 문학의 전통 내에서 문학적 장르, 관습, 암시 등의 폭넓은 문학적 문맥이 있다.
4. 본문이 시작된 사회에 존재하는 정치적, 사회적, 경제적, 그리고 종교적인 특징을 포함하는 문화적 문맥이 있다.
5. 현재 사건이 속한 광범위한 역사적 문맥이 있는데, 이는 본문을 이해하는 데 관련이 있을 수 있다.
6. 본문을 있게 만든 작가나 그 집단의 생활에 직결된 인접한 역사적 문맥이 있다.

이러한 모든 측면은 본문이 작성된 '원래'의 문맥에 속한다. 그러나 본문이 쓰인 후에도 오랫동안 계속해서 읽히고 평가되는 본문은 새로운 문맥을 획득한다. 성경 본문의 경우, 원래의 문학적 단위는 여러 더 큰 문학적 맥락에 통합되어왔다. 예를 들어, 원래 고립된 문학적 단위였을 수 있는 시편은 우리가 사용하는 시편을 만들기 위해 수집된 더 작은 시편 모음집 중 하나의 일부가 되었다. 그 과정에서 모음집collections이 만들어졌을 때 성전에서 사용하기에 적합하도록 편집되었을 수 있으며, 제목이 부여되었을 수 있다. 그런 다음 시편 자체는 성경을 이루는 히브리 정경의 일부가 되었고, 다시 기독교 성경의 일부가 되었으며, 이 상황에서 시편은 이제 신약성경 저자들에 의해 인용되고 해석될 수 있었다. 이러한 더 넓은 문학적 문맥 각각은 그 의미에 영향을 미칠 수밖에 없다.

이제는 계속 변화하는 상황에 있는 역사적, 문화적, 예전적, 신학적 문맥을 고려하여야 하는데, 이러한 문맥을 통해 시편은 오늘날에 이르기까지 계속 읽혀왔고 이해되었으며, 그중에 어떤 것은 여전히 시편을 읽는 데 영향을 미친다. 따라서 우리가 이해하는 성경의 의미는 우리가 아는 한에서 원래의 문맥에 의존하고, 정경의 보다 더 넓은 그리고 우리가 고려하려는 문학적 문맥에 의존한다. 아울러 그 의미는 전통적인 문맥, 예를 들어 특정 신학 전통에서의 해석 또는 예전에서의 전통적 위치에 의존하여 영향을 받으며, 마지막으로는 우리가 읽는 현대적 문맥에 의존하여 이해할 수 있다. 물론 이 현대적 문맥이 영향을 미치는 정도는 해석자가 그가 사는 세계와 어떤 특별한 관계가 있느냐에 달려 있다.

확신하건대, 한 본문의 의미는 이러한 다양한 새로운 문맥에서 읽히는 것에 따라 변경될 수밖에 없다. 해당 문맥의 한 측면이 손실되거나 잊혀지는 때문에, 원래 맥락에서 가졌던 의미는 그 차원을 잃게 될 것이며, 동시에 새로운 문맥을 획득함에 따라 새로운 차원의 의미를 얻게 될 것이다. 그럼에도 불구하고, 해석이란 과제는 의미의 지속적인, 또는 회복 가능한 핵심이 유지되고 새로운 문맥과 함께 상호작용을 이루므로, 새로운 의미의 지평을 생성한다는 것을 전제로 해야 한다. 원래의 문맥이 우리에게 주는 본문의 의미와 전혀 상관이 없다고 주장하는 사람은 사전의 사용을 논리적으로 금지해야 하며, 히브리어와 그리스어 본문이 단지 종이 위의 표시에 지나지 않는다고 여김으로, 결국 그 표시들이 사람들에게 암시하는 어떤 의미라도 부여할 수 있다고 여긴다! 우리가 알고 또 주장하는 것은 언어 자체의 역사적 특성이란 원래의 문맥이 우리가 깨닫는 본문의 의미를 형성하는 데 결정적인 역할을 한다는 점이다. 다른 한편으로, 성경 본문이 처음 독자들에게 의미했던 것만을 정당하게 의미한다고 주장하는 사람들은 모든 위대한 문학이 원래의 문맥을 초월하여 새로운 상황에서 신선한 적실성을 부여받는 통로가 됨을 상기시켜야 할 필요가 있다.

확장된 의미

정치와 무관하지 않은 간단한 예를 통하여, 성경 본문이 어떻게 의미의 새로운 차원을 얻을 수 있는지를 설명할 수 있다. 창세기 1장 26, 28절에서 하나님이 인간에게 나머지 동물들에 대한 천부天賦의 지배권을 행사한다고 말씀하실 때, 그 말씀을 처음 읽는 독자들은 틀림없이 매우 제한된 의미로, 다시 말해서 동물을 길들이고, 사냥하고, 사육한다는 의미로 말씀을 이해했을 것이다. 사실 구약 시대에 모든 동물에 대한 인간의 지배를 말하는 창세기 1장 26절의 언어는 그것에 대해 생각하는 사람에게 과장으로 보였음에 틀림이 없다. 왜냐하면, 많은 동물이 현실적인 의미에서 인간의 지배 아래 있지 않았기 때문이다. 욥기 39장 2-12절에서 저자는 확실히 이것을 깨달아 알고 있다. 문학적 단위인 창세기 자체의 맥락 속에서, 본문은 노아와 동물의 관계에 대한 설명을 통해서 일종의 의미를 부여받는데, 홍수 사건에서 인간은 당시 구약 시대 사람들이 실제 경험했던 것보다 훨씬 더 강력한 지배권을 가지고 있음을 보여준다. 그런 다음 히브리어 성경의 문맥에서 창세기 1장 26절의 사상은 시편 8편 4-8절과 연결되어 동물에 대한 지배가 하나님을 찬양하는 근거가 됨을 보여준다. "사람이 무엇이관대 주께서 저를 생각하시나이까….그를 하나님보다 조금 못하게 지으셨나이다" 이로써 동물에 대한 인간의 지배권은 하나님의 영광을 위해 행사되어야 함을 깨닫게 된다. 신약의 한 구절인 히브리서 2장 8절은 이 개념이 기독론적 의미로 해석되는데, 인간으로 오신 예수를 볼 때 모든 피조물을 다스리시는 인간의 이상이 완전히 실현되는 것을 알게 된다.

시편 8편과 히브리서 2장의 정경 내의 두 본문은 모두 창세기 1장 26절이 우리 시대에 이르러 얻게 되는 의미의 새로운 확장을 보여주는데,

우리 시대의 특징은 인간성의 확장이 너무 압도적이어서 대다수 동물의 생존이 위태로워지는 단계에 이르게 된 점이다. 저자가 상상할 수 없었던 이 새로운 상황에서 본문의 적용을 찾는 것은 왜곡이 아니라 본문이 가진 '핵심' 의미의 자연스러운 확장이다. 실제로 본문이 가진 개방형 언어는 현대에 와서야 그 자체의 의미를 찾게 되는데, 마침내 지구상의 거의 어떤 동물의 종류도 인간 활동의 영향을 피할 수 없다는 것이 문자 그대로 성취되었다. 이같이 새로운 상황에서, 인류가 지구상의 지배권을 행사하는 것은 멸종 위기에 처한 종의 보존과 같은 새로운 책임을 감당해야 하는 것이 분명하다. 이는 창세기 1장 26절의 첫째 독자가 지배권의 제한된 실현으로 인해 가질 수 없었던 책임이다. 그러나 정확히 이 새로운 상황에서 본문의 원래 의미와의 새로운 의미의 연속성을 확보함이 중요하다. 왜냐하면 '지배' 라는 의미가 피조물에 대한 하나님 자신의 돌아보시는 모범을 본받음으로, 착취가 아닌 배려를 주장하기 때문이다. 나는 노아가 기독교 환경 보호론자들의 모델이 되지 못하고 있는 것이 놀라울 뿐이다!

만일 성경 본문이 우리가 전하고 싶은 그 의미를 전하지 않고 있다면, 우리는 원래의 문맥과 정경으로서의 문맥에 대한 훈련된 관심을 집중시켜야 한다. 그러나 그것이 우리가 생각하는 그 어떤 의미를 준다면, 우리는 또한 그것을 해석할 때도 마찬가지의 훈련된 관심을 집중시키되 우리가 분석하려는 동시대적 맥락에도 주의를 기울여야 한다.

정경 이전의 문맥

'정경 이전의 문맥' 이라는 용어는 '원래의 문맥' 이라는 말보다 실제로 더 선호되는데, 그 이유는 위에 주어진 시편의 예가 설명하듯이, 실제로 많은 성경 구절이 정경에 편입되기 전에 일련의 역사적 상황을 통과했기 때문이다. 많은 성경 자료가 처음에는 구전으로 존재했고, 현재의 형태에 도달하기 전에 여러 단계의 서면 수집 및 편집을 거쳤다. '원래의' 문맥은 항상 발견할 수 있는 것도 아니고, 본문을 이해하는 데 항상 가장 중요한 것도 아니다. 시편을 원래 작곡된 대로 이해하는 것이 그것을 성전 찬송 모음집의 일부로 이해하는 것보다 덜 중요할 수 있다. 예외 없이 적용되지는 않지만, 성경책의 현재 형태를 주해의 주요 맥락으로 취하는 것이 경험에 비추어 볼 때 중요한 법칙이 된다. 그러나 성경 본문을 이해하는데 그 전의 맥락이 변함없이 중요한 것으로 남아 있는 한, 그 안에 포함된 자료의 이전 역사를 고려하여야 한다. 예를 들어, 구약의 선지서는 선지자와 공존하는 동시대인을 위한 것이 아니라 후대의 독자를 위한 선지서의 묵시를 편집한 모음이다. 그러나 이러한 신탁의 원래 맥락과의 연관성은 이후의 문맥 내에서 보존된다. 왜냐하면 신탁의 본질적 특성은 종종 날짜가 지정되고 선지자의 발화發話 당시 식별이 가능한 역사적 상황을 다루므로, 원래 맥락을 무시하는 것이 불가능하기 때문이다.

본문을 정경 이전의 문맥에서 해석하려면, 잘 알려진 역사적 주해 방법이 적용되며, 또한 엄격하게 적용되어야 한다. 본문의 역사적 의미는 그 당시의 독자들이 인지할 수 있는 의미여야 한다는 원칙에 예외를 두어서는 안 된다. 모든 새로운 문맥을 불문하고 지속되고 있는 본문의 '핵심 의미' 는 이 역사적 의미에 반드시 포함되어야 한다. 이 때문에, 핵심 의미가 어디든 포함되어야 한다는 원칙은 역사적 주해를 하며 상대적 객관성을 달성하려는 작업에서 중심되는 역할을 함으로써, 통제되지 않은 주관성으로부터 모든 해석을 보존하도록 만든다. 본문이 나중에 획득하는 모든 새로운 차원의 의미는 정경 이전의 문맥에서 본문을 읽는 독자가 접근할 수 있는 의미를 충분히 이해하도록 연결되어 있어야 한다.

그러므로 누가복음 22장 38절에 나오는 두 자루의 칼에 대한 해석을 예로 들어보자. 중세의 정치적 주해에 따르면, 두 자루의 칼이 기독교 왕국에서 교회와 국가의 권세를 나타낸다고 주장하였다. 그런데 이러한 해석을 결코 받아들일 수 없는 이유는 처음 이 구절을 읽는 독자들이 발견할 수 있는 의미와는 전혀 상관이 없기 때문이다.

정경의 문맥

성경 본문의 의미를 결정하는 권위 있는 최종 문맥은 바로 완결된 성경으로서의 정경이다. 우리는 정경이 형성되기 전의 독자들이 읽는 것처럼 본문을 읽는 것으로 만족할 수 없고, 하나님이 그의 백성을 다루신 전체 성경 이야기가 의미하는 문맥 속에서 그리고 성경의 가장 중요한 신학적, 도덕적 주제의 맥락 속에서 읽어야 한다. 이것은 성경의 여러 부분이 가진 다양성과 독특함을 조화롭게 단순화하는 것을 의미하지 않는다. 왜냐하면 정경의 문맥은 정경 이전의 문맥을 대체하는 것이 아니라 추가되는 것이기 때문이다. 그것은 우리가 정경을 구성하는 다양한 부분의 상대적인 중요성에 대해 생각해야 하고, 성경 내의 일부 관점이 다른 관점에 의하여 상대화되거나 심지어 수정된다는 것을 인식해야 함을 의미한다. 그것은 때때로 정경의 다양성 속에서 정경의 통일성이 변증법적으로 나타난다는 것을 이해함을 의미한다. 그것은 우리가 우선 주요 맥락 속에서 특정 본문을 이해하는 것과 또 다른 한편으로는 전체 정경을 적절하게 고려하는 성경 신학을 추구하는 것 사이에서 생겨나는 지속적인 상호작용을 포함하게 만든다.

현재의 문맥

우리가 사는 현재 세계의 문맥에서 본문을 해석하는 작업에는 몇 가지 위험이 도사리고 있다. 하나는 우리의 선입견이 개입된 견해와 그러한 계획을 뒷받침하기 위해 본문을 조작하는 위험이다. 이것은 종종 성경을 정치적으로 사용하려는 무의식적인 유혹으로 나타나는데, 그렇게 하게 되는 주된 이유는 때때로 성경의 권위가 정치와 관련된 정책을 정당화하는 매우 유용한 자원이 될 수 있고, 또한 우리 자신의 정치적 견해에 대해 종종 자기비판을 하기가 어려운 경우가 많기 때문이다. 성경이 우리가 가진 정치적 견해에 대해 도전하여 변화에 이르도록 하는 것은 우리가 생각하는 것보다 더 어렵다.

성경의 원래적 문맥과 정경적 문맥을 고려하여 본문을 깨달으려는 훈련된 청취는 이러한 위험에 대한 하나의 보호책이다. 물론 역사적 주해가 전적으로 객관적인 것은 아니지만, 역사적 객관성을 추구하는 엄중한 노력은 본문에 대한 모든 종류의 오용에서 우리를 자유롭게 할 수 있다. 그렇게 하여 정경 내의 본문의 위상에 대한 진지한 관심을 확보할 수 있다. 현상 유지를 정치적으로 지원하기 위해 로마서 13장 1-7절을 이데올로기적으로 남용하는 것은 부당한 정부를 비판하는 다른 구절들을 참조하여 바로잡을 수 있다. 해석사에 대한 연구도 도움이 될 수 있는데, 그 이유는 역사적 거리를 통해 과거의 교회가 성경을 정치적으로 사용하는 어떤 과오가 있었는지 살피는 것이 지금 현재의 실수에 대하여 아는 것보다 더 쉽게 이해할 수 있기 때문이다. 예를 들어, 노예 제도를 정당화하기 위해 19세기에 성경을 사용한 사례는 심지어 찰스 핫지Charles Hodge [12]와

12) 이에 대한 유용한 토론이 다음의 책에 소개되고 있다. W.M. Swartley, *Slavery, Sabbath, War and Woman* (Scottdale, Pennsylvania: Herald Press, 1983) 1장을 참고하라. 『여성, 전쟁, 안식일, 노예제도』(대장간 역간, 2020)

같은 저명한 신학자에게서도 발견되는데, 이는 해석자가 속한 계급이나 나라의 이익이 성경을 해석함에 얼마나 영향을 미치는가를 보여주는 유익한 경고가 된다.

우리의 관심사가 해석에 영향을 주어 맹목적인 소경 상태에 빠지는 위험을 피하려면, 우리와 다른 정치적, 경제적 상황에서 살던 해석자들이 범한 실수에 주의를 기울이는 것으로 도움을 받을 수 있다. 미국 흑인 노예들은 그들의 주인이 성경을 읽는 방식과 매우 다르게 성경을 읽었다. 오늘날 우리는 제3세계 해방신학자들의 말을 들어보는 것이 중요하고, 압제적 정권에 의해 박해받는 그리스도인들에게 성경이 어떻게 들리는지 들어보려고 노력하는 것도 중요하다. 물론 우리는 페미니즘적 해석이 가부장적 해석만큼 이데올로기적일 수 있는 것처럼, 성경에 대한 혁명적 해석이 권력자들의 해석만큼 이데올로기적일 수 있음도 인식해야 한다. 그러나 우리는 성경이 그들에게 불리하게 사용되었다고 주장하는 사람들은 물론이고, 자신의 성경 해석이 고귀한 그리스도의 제자도와 관련이 있다고 말하는 사람의 이야기도 경청하여야 할 의무가 있다.

이 모든 것이 우리에게 상기시켜 주는 바는 결국 오늘날 성경의 상황화contextualizing 작업이 전체 모든 교회의 임무이며, 그 작업은 기독교인 사이의 대화, 즉 다양한 문화, 조건 및 기독교 전통으로 인해 다른 사람들이 놓칠 수 있는 성경의 측면을 일깨워줄 수 있는 기독교인 간의 대화를 통해서 이루어져만 한다는 것이다. 상황화contextualization의 수 없는 논의들이 기독교가 오늘날 특정 문화권 내에서 취해야 할 변화된 형태에 관한 것인데, 물론 이것은 중요한 과제이다. 하지만 가장 시급한 정치적 문제가 전 세계 모든 지역에 영향을 미치는 국제적 사안인 경우, 성경의 정치적 사용은 보편적 세계 교회의 사유를 반영하여야 할 필요가 있다.

성경을 현재 상황에 연관시키는 작업에서 발생하는 또 다른 위험은 너무 단순하게 적용하는 것이다. 이를 중화시키는 두 가지 해독제가 있다. 하나는 역사적 맥락에서 본문을 주의 깊게 연구하는 것인데, 이는 그 상황과 현대적 상황 사이의 진정한 차이점을 우리에게 일깨워 줄 것이다. 둘째, 성경 본문이 성경 시대의 실제 사회 구조 및 경제 상황과 어떻게 관련되었는지 더 많이 깨달을수록, 우리는 우리가 찾으려는 현재 세계와 관련된 진지한 상황의 분석이 더욱 필요하다는 사실을 인식하게 될 것이다. 사회 정의에 관심이 있는 기독교인들은 너무도 자주 기원전 8세기 이스라엘에 대한 아모스의 비판을 우리 사회에 적용하기 위해 약간의 조정만 필요하다고 상상했다. 그러나 이것은 종종 값싼 적실성이 되므로, 우리 사회의 실제 악에 대한 적절한 분석과 예언적 통찰력의 필요성을 회피하는 결과를 가져올 것이다.

마지막으로, 이 결론적 관찰은 오늘날 성경의 의미가 일련의 해석학적 원칙을 올바르게 사용하는 데서 자동으로 나오는 것이 아니라는 사실을 우리에게 알려준다. 그것은 해석자에게 통찰력, 상상력, 비판적 판단, 그리고 현대 세계에 대한 전문지식이라는 자질을 요구한다. 그것은 또한 성령의 인도를 요청하는데, 성령은 단순한 본문이 아니라 본문의 상황적 의미에 영감을 주어, 본문text과 변화하는 상황context 사이의 접점에서 역동적으로 그 의미를 드러낸다.[13]

13) 역자 주: 바로 이것이 우리가 찾는 성경의 의미와 우리가 사는 현재적 적용의 '지평 융합'이라는 스파크가 발생하는 지점이다. 지평 융합은 한스 게오르그 가다머가 사용한 해석학의 핵심 용어이다.

토의문제1. 정치적 해석을 위한 주요 논점

1. 신·구약을 정치적 사안에 대한 직접적인 "지령" 혹은 "지시"instructions로 받아들이기에는 많은 시대적, 정치적, 사회、문화적 차이라는 장애물이 있다. 성경을 지시가 아닌 하나님의 뜻이 드러난 "교훈"instruction, 혹은 "교훈적"instructive 사례로 받아들이는 방법은 어떤 유용성이 있을까?참고: 딤후 3:16-17

2. 예수님은 구약을 다 성취하셨고, 그의 사랑은 율법의 완성이다. 따라서 구약성경은 그리스도와 신약의 빛 속에서 하나님의 말씀으로 받아야 한다. 신약성경 또한 구약의 뿌리를 단절시키지 않고 읽어야 할 필요성이 있다. 성경의 정치적 해석을 가로막는 세 가지 정치적 해석의 장애물인 개인윤리와 정치윤리의 구분, 교회의 삶과 사회의 삶의 차별화, 그리고 유대문화와 현대문화의 차이가 가져온 고려사항은 무엇인지 살펴보라.

3. 성경 본문text의 해석이 문맥context에 의하여 영향을 받는다는 말은 성경 본문 해석을 위한 기본적인 열쇠이다. 본문의 해석, 특히 정치적인 해석을 위하여 우리가 고려하여야 할 문맥에는 무엇이 있는지 열거하

고 설명하여 보라. 언어적 문맥과 문학적 문맥의 차이는 무엇인가? 문화적 문맥과 역사적 문맥의 차이는 무엇일까 설명해보라?

4. 성경 본문의 해석에 있어서, 시대적 정황을 따라 "본래의 의미가 확장된다"는 말을 한다. 창세기 1:26-28에 '하나님의 형상'인 인간의 지도력은 시편 8:4-9에서는 어떻게 성취되는가? 그리고 이러한 시편의 말씀은 히브리서 2:5-9에서는 인간적인 차원에서 누구의 지도력으로 확장되는가?

5. 정치의 현장에서 성경을 정치적으로 이용하려는 무의식적인 유혹이 있을 수 있다. 그 대표적인 사례가 로마서 13장 1-7절을 사용하여 '정부에 복종하라'는 주장을 하는 경우이다. 이 본문에 등장하는 가르침은 독재자의 자기 합리화를 어떻게 거부하고 있는가?

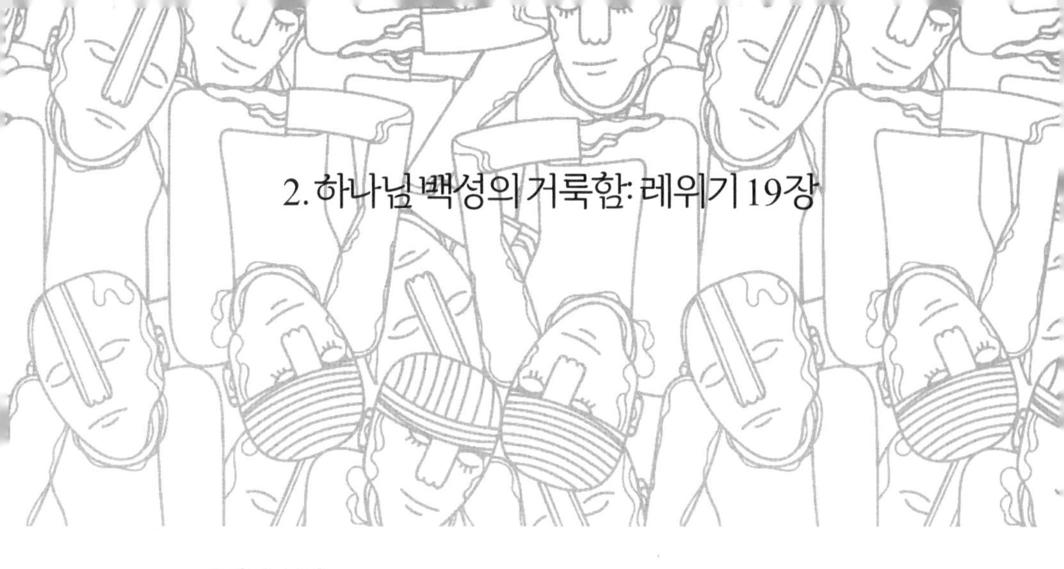

2. 하나님 백성의 거룩함: 레위기 19장

레위기 19장

19:1 여호와께서 모세에게 말씀하여 이르시되

19:2 너는 이스라엘 자손의 온 회중에게 말하여 이르라 너희는 거룩하라 이는 나 여호와 너희 하나님이 거룩함이니라

19:3 너희 각 사람은 부모를 경외하고 나의 안식일을 지키라 나는 너희의 하나님 여호와이니라

19:4 너희는 헛된 것들에게로 향하지 말며 너희를 위하여 신상들을 부어 만들지 말라 나는 너희의 하나님 여호와이니라

19:5 너희는 화목제물을 여호와께 드릴 때에 기쁘게 받으시도록 드리고

19:6 그 제물은 드리는 날과 이튿날에 먹고 셋째 날까지 남았거든 불사르라

19:7 셋째 날에 조금이라도 먹으면 가증한 것이 되어 기쁘게 받으심이 되지 못하고

19:8 그것을 먹는 자는 여호와의 성물을 더럽힘으로 말미암아 죄를 담당하리니 그가 그의 백성 중에서 끊어지리라

19:9 너희가 너희의 땅에서 곡식을 거둘 때에 너는 밭 모퉁이까지 다 거두지 말고 네 떨어진 이삭도 줍지 말며

19:10 네 포도원의 열매를 다 따지 말며 네 포도원에 떨어진 열매도 줍지

말고 가난한 사람과 거류민을 위하여 버려두라 나는 너희의 하나님 여호와이니라

19:11 너희는 도둑질하지 말며 속이지 말며 서로 거짓말하지 말며

19:12 너희는 내 이름으로 거짓 맹세함으로 네 하나님의 이름을 욕되게 하지 말라 나는 여호와이니라

19:13 너는 네 이웃을 억압하지 말며 착취하지 말며 품꾼의 삯을 아침까지 밤새도록 네게 두지 말며

19:14 너는 귀먹은 자를 저주하지 말며 맹인 앞에 장애물을 놓지 말고 네 하나님을 경외하라 나는 여호와이니라

19:15 너희는 재판할 때에 불의를 행하지 말며 가난한 자의 편을 들지 말며 세력 있는 자라고 두둔하지 말고 공의로 사람을 재판할지며

19:16 너는 네 백성 중에 돌아다니며 사람을 비방하지 말며 네 이웃의 피를 흘려 이익을 도모하지 말라 나는 여호와이니라

19:17 너는 네 형제를 마음으로 미워하지 말며 네 이웃을 반드시 견책하라 그러면 네가 그에 대하여 죄를 담당하지 아니하리라

19:18 원수를 갚지 말며 동포를 원망하지 말며 네 이웃 사랑하기를 네 자신과 같이 사랑하라 나는 여호와이니라

19:19 너희는 내 규례를 지킬지어다 네 가축을 다른 종류와 교미시키지 말며 네 밭에 두 종자를 섞어 뿌리지 말며 두 재료로 직조한 옷을 입지 말지며

19:20 만일 어떤 사람이 다른 사람과 정혼한 여종 곧 아직 속량되거나 해방되지 못한 여인과 동침하여 설정하면 그것은 책망을 받을 일이니라 그러나 그들은 죽임을 당하지는 아니하리니 그 여인이 해방되지 못하였기 때문이니라

19:21 그 남자는 그 속건제물 곧 속건제 숫양을 회막 문 여호와께로 끌고 올 것이요

19:22 제사장은 그가 범한 죄를 위하여 그 속건제의 숫양으로 여호와 앞에 속죄할 것이요 그리하면 그가 범한 죄를 사함 받으리라

19:23 너희가 그 땅에 들어가 각종 과목을 심거든 그 열매는 아직 할례받지 못한 것으로 여기되 곧 삼 년 동안 너희는 그것을 할례받지 못한 것으로 여겨 먹지 말 것이요

19:24 넷째 해에는 그 모든 과실이 거룩하니 여호와께 드려 찬송할 것이며

19:25 다섯째 해에는 그 열매를 먹을지니 그리하면 너희에게 그 소산이 풍성하리라 나는 너희의 하나님 여호와이니라

19:26 너희는 무엇이든지 피째 먹지 말며 점을 치지 말며 술법을 행하지 말며

19:27 머리 가를 둥글게 깎지 말며 수염 끝을 손상하지 말며

19:28 죽은 자 때문에 너희의 살에 문신을 하지 말며 무늬를 놓지 말라 나는 여호와이니라

19:29 네 딸을 더럽혀 창녀가 되게 하지 말라 음행이 전국에 퍼져 죄악이 가득할까 하노라

19:30 내 안식일을 지키고 내 성소를 귀히 여기라 나는 여호와이니라

19:31 너희는 신접한 자와 박수를 믿지 말며 그들을 추종하여 스스로 더럽히지 말라 나는 너희 하나님 여호와이니라

19:32 너는 센 머리 앞에서 일어서고 노인의 얼굴을 공경하며 네 하나님을 경외하라 나는 여호와이니라

19:33 거류민이 너희의 땅에 거류하여 함께 있거든 너희는 그를 학대하지 말고

19:34 너희와 함께 있는 거류민을 너희 중에서 낳은 자 같이 여기며 자기 같이 사랑하라 너희도 애굽 땅에서 거류민이 되었었느니라 나는 너희의 하나님 여호와이니라

19:35 너희는 재판할 때나 길이나 무게나 양을 잴 때 불의를 행하지 말고

19:36 공평한 저울과 공평한 추와 공평한 에바와 공평한 힌을 사용하라 나는 너희를 인도하여 애굽 땅에서 나오게 한 너희의 하나님 여호와이니라

19:37 너희는 내 모든 규례와 내 모든 법도를 지켜 행하라 나는 여호와이니라

머리말

레위기 19장은 구약의 율법이 현대 정치와 관련하여 가지는 연관성을 고려할 때 거론해야 할 많은 사안에 대한 실례를 제공한다. 일반 독자는 레위기의 독특성을 즉시 분별하지 못할 수도 있지만, 사실상 레위기 19장은 레위기 전체에서 다소 특별한 위치를 차지한다. 의심할 바 없이, 이 장에서는 희생 제사 및 기타 제사에 관한 관심이 그리 많지 않은 것을 주목하게 되는데, 제의적 관심은 레위기 전체에서 압도적으로 많이 드러나며, 레위기 19장도 전적인 예외는 아니다. 그러나 우리는 또한 매우 일반적인 명령에서 시작하여 연관성이 없어 보이는 구체적인 명령에 이르기까지 잡다한 명령이 상당히 임의적으로 수록되었다는 인상을 받을 것이다. 현대적인 관련성에 관한 한, 사람들은 13-18절을 읽으면서, 이를 명백하고 직설적으로 고려하도록 격려받을 수 있다. 그러나 이웃을 사랑하라는 명령[18절 하반부]이 짤막하게 제시된 즉시, 이어서 서로 다른 것을 섞지 말라는 금기[19절]와 약혼한 여종과 동침한 남자의 경우에 대한 판결

20-22절이 따라 나온다. 이러한 명령은 우리의 문화와는 생소한 상황일 뿐 아니라 그 법적인 근거를 찾기도 힘들다.

원칙과 실례

이 장의 핵심은 2절의 도입부에 나오는 말씀, "너희는 거룩하라 이는 나 여호와 너희 하나님이 거룩함이니라"라는 명령인데, 이는 계속 반복되는 "나는 너희 하나님 여호와니라" 또는 대부분의 명령에서 나타나는 "나는 여호와니라"3, 4, 10, 11, 14, 16, 18, 25, 28, 30, 31, 32, 34, 36절는 호칭의 모습으로 강조되다가 마지막의 요약적 결론37절에 다시 나타난다. 이 도입부, "내가 거룩하니 너희도 거룩하라"는 명령은 레위기 신학이 가진 일종의 주제참조, 레 11:44-45; 20:26를 형성한다. 이는 이스라엘을 하나님의 언약 백성으로 언급하며, 거룩함을 이루는 특별한 관계로 하나님과 결속되어있음을 보여준다. 거룩하다는 것은 근본적으로 구별된다는 뜻이다. 하나님은 특별한 의미에서 자신이 이스라엘의 하나님이 되겠다고 약속하셨고, 그 결과 이스라엘은 하나님의 소유된 백성으로서 다른 나라들과 구별되었다. 참조, 레 20:26에 나타난 거룩함의 의미 19장의 도입부는 그러므로 "너희는 내 백성이 되고 나만의 것이니, 이는 내가 너의 하나님이되 너희만의 하나님이 되리라"는 말씀으로 바꾸어 쓸 수 있다.[14] 하나님의 언약 백성인 이스라엘의 특별한 지위는 하나님께서 자신을 이스라엘을 위해 쏟으심으로 주어지는 것인데, 이는 이스라엘이 하나님께 헌신된 삶을 살아야 한다는 부르심이기도 하다. 이 모든 율법의 핵심이 '나는 너희 하나님 여호와니라' 라는 후렴구에 의해 표시되는데, 이는 이 율법을 통해 언약

14) J. Morgenstern, "The Decalogue of the Holiness Code," *Hebrew Union College Annual 26*(1955), p. 12.

의 하나님이 그의 백성에게 요구하는 것임을 가리킨다. 이 후렴구의 의미에 대해서는 특히 다음을 참조하라. 22:31-33

그러므로 이 장의 주제는 하나님께 속한 백성으로서 그들의 삶 전체에서 하나님 백성의 거룩함을 드러내는 것이다. 이 거룩함은 레위기 자체에서 구별되어 나타나지는 않지만, 우리가 예배의 거룩함을 통해서 구별된 삶을 사는 것과 도덕적 삶을 통해서 구별되는 것을 포함하는데, 전자에 속하는 것은 우리에게는 좀 생소하지만, 구별된 시간, 장소 및 사물에 대한 개념으로 나타난다.5-8, 23-25, 30절 후자에 속하는 것은 사회적 차원의 사랑과 정의를 위한 배려로 시행되는 것이다. 거룩함이 이스라엘의 삶 전체를 특징짓도록 의도되었다는 사실은 19장이 섬세하게 세부적인 삶의 특성을 강조하는 것을 통해 설명해준다. 몇몇 매우 일반적인 원칙11a, 18b, 30절과 함께, 매우 구체적인 예20-22, 27-28는 이스라엘의 전체 생활에서 거룩함을 실천해야 하는 방법의 실례에 포함되는 것이다. 즉 임의적으로 드러난 실례는 대표성을 갖는 사례이다. 레위기의 다른 곳에서 더 풍성하게 다루어지는 거룩함의 측면은 여기에서 구체적인 예를 통해 표현되는데, 희생,5-8 판례,20-23 축제,3b, 30a 하나님을 위한 경제적 의무23-25절 등이다. 이 장은 사회적 도덕성9-18절, 32-6절을 강조하는데, 이 분야에서는 일반적인 원칙과 자세한 실례를 제공한다. 그러나 사회적 도덕성은 모든 이스라엘의 '삶의 거룩성' 이란 총체적 그림으로 통합된다.

이 시점에서 주목할 가치가 있는 이 장의 또 다른 일반적인 특징은 십계명과의 관계이다. 십계명의 대부분은 레위기 19장에서 여러 형태로 나타난다.[15]

15) 이 목록은 다음을 참고하라. D. Patrick, *Old Testament Law* (Atlanta: John Knox Press, 1985), p. 162. Morgenstern의 'Decalogue'는 이 장의 원래 핵심이 십계명과 관련은 있지만 십계명과 동일하지는 않다는 것을 보여주려고 시도했으나, 오직 제한

I	4a절
II	4절
III	12절
IV	3b. 30절
V	3a절
VI	16b절과 비교
VII	20-22절과 비교
VIII	11a, 13, 35-36절
IX	16절
X	

십계명과 레위기 19장의 몇 구절은 매우 정확하게 평행을 이룬다. 19장의 어떤 경우에는 십계명이 다루는 주제의 한가지 적용 사례만 나타난다. 예를 들어 16절 하반부의 언급은 중요하기는 하지만, 살인의 한 범주만을 언급하면서, 대적에 대한 사법적 처형을 확보하려고 법정에서 거짓 증거를 사용하는 사례이다. 일곱째 계명의 영역에 해당하는 성범죄는 레위기의 다른 곳에서 광범위하게 다루어지는데, 여기서는 단지 20-22절에서만 등장한다. 그리고 그것도 법적 및 도덕적 용어로 간음을 정의하는 문제를 예를 들어 설명하는 것에 그친다. 탐심을 금하는 열 번째 계명만이 레위기 19장에 전혀 나타나지 않는다. 그러나 십계명 중, 이 특별한 열 번째 계명은 행동에 대한 언급만 아니라 그 의도에 대한 언급인데, 17-18절에서 그 평행하는 실례를 찾아볼 수는 있다.

레위기 19장과 십계명의 관계를 살피면, 십계명이 전체 율법의 핵심

적인 성공만을 거두었다.

에 있는 일반 원칙을 구체화하는 방식이 실제로 어떻게 나타나는지 그 사례를 알 수 있다. 십계명의 일반 원칙은 여기서 명시적으로 표현된 원칙으로도 나타나고[예를 들어 11절 상반] 또한 암시적인 원칙으로 나타나되, 그 원칙을 더욱 구체적으로 적용한 형태[예를 들어 35-36절]로도 나타난다. 더욱이 십계명 자체는 바로 레위기 19장이 제시하는 것과 같은 광범위한 내용을 다루는데, 여기서는 19장이 주제로 삼는 종교적 의무, 제의적 거룩함, 사회윤리 그리고 가족 윤리를 망라한다.

율법이 일반 원칙과 함께 작용한다는 사실을 깨닫는 것이 매우 중요한데, 이 원칙들은 때로 명시적으로 진술되거나 때로 더 구체적인 계명에 함축된 것으로 남아 있다. 레위기 19장은 십계명의 원칙 외에 다른 일반 원칙을 담고 있다. 사랑의 계명[18절 하반부, 34절]은 매우 일반적인 원칙 중 하나이며 명시적으로 언급되었는데, 이에 대해 다시 살펴보겠다. 암묵적으로 남아 있는 사랑의 일반 원칙은 소외된 사람들을 위한 특별한 관심이다. 이 원칙은 여기 특정 계명으로 9-10절, 13절 하반부, 14절과 33-34절에 나타나며, 구약 율법의 다른 많은 부분에도 등장한다. 또 다른 하나의 원칙은 가나안 사람들의 종교적 관습을 피하는 것인데, 이는 20장 23절에 명시되어 있고, 19장의 특정 계명에 함축되어 있다.[26-29, 31절] 일반 원칙을 식별하는 것이 중요한 이유는 율법의 진정한 의도가 일반적인 원칙과 가치를 습득시켜, 사람들이 그것을 특정한 경우에 실천하여 적용하도록 가르치기 때문이다. 이는 일반 원칙을 먼저 설명하고 구체적인 예와 함께 특정 경우에 일반 원칙이 어떻게 적용될 수 있는지 설명함으로써 이루어진다. 그 방법은 공식적으로 산상 수훈에서 예수께서 하신 것과 다르지 않다. 예를 들어 '악한 자를 대적하지 말라'[마 5:39a]는 일반 원칙은 구체적인 예를 통해 그 의미가 설명된다.[39b-42절] 예를 들어 예수님은 요점을 설명하려고 의도적으로 극단적인 예를 선택하였는데, 그러나 변하지 않는 기본적인 유사성은 교훈적이라는 점이다. 율법과 예수의 가르침의 차이점을 율법은 삶의 모든 세부 사항을 규정하고 예수는 도덕의 일반적인 원칙만을 제시한다는 점이라고 보아서는 아니 된다. 율법이나 예수의 가르침 두 경우 모두 구체적인 예시를 통해 일반 원칙을 설명한다. 그러한 예가 없으면, 사람들은 특정 경우에 일반 원칙이 어떻게 적용되는지 알 수 없기 때문이다. 그러나 율법은 예수님 못지않게 모든 특정한 경우에 대해 철저한 규칙을 제공한다. 율법은 더 많은 구체적인 규칙을 제공할 수 있지만, 그것들은 여전히 사람들을 율법의 정신으로 교육하려는 예시일 뿐이며, 율법이 직접 언급하지 않는 경우 사람들이 어떻게 행동하는가를 유추를 통해 배우도록 하려는 것이다.

지금까지 우리는 법정에서 강제로 시행되도록 의도된 사법적 차원이 아니라, 종교적 의무, 제의적 규칙 및 사회적 도덕성의 관점에서 법에 대해 논의했다. 특정한 경우에 벌칙을 규정하는 종류의 법은 레위기 19장 안에서 오직 20-22절만 나타나며, 이 법마저도 제의 행위 곧 희생에 관련된 규정이다. 법정 또한 12절, 15-16절에 등장하지만, 그러나 이 구절은 그 자체로 법정에서 시행하는 사법상의 법률이 아니다. 그것은 오히려 판사와 원고가 법원 절차에서 행동해야 하는 방식에 대한 윤리적 규정이다. 그러므로 19장은 하나님의 백성에게 요구되는 거룩함이 이스라엘의 삶의 한 영역으로서 공의의 시행을 함축하고 있지만, 그 자체가 법정이 집행하여야 할 법조문은 아니라는 것을 보여주는 데 관심이 있다. 이에 대한 추가적 지시사항으로, 19장은 범죄, 특히 절도[11, 13절]를 다루고 있다는 점에 유의해야 하는데, 이 범죄는 분명히 법정에서 기소와 처벌을 받는다. 그러나 그것은 19장에서 법정에서 적용하는 법률의 형태가 아니라, 도덕적 훈계라는 사안으로 다루어지고 있다. 이 둘의 차이점을 보기 위해, 출애굽기 22장 1-8절의 도둑질에 관한 판례를 비교하기만 하면 된다. 레위기 19장에서 금하는 일부 행위의 경우,9-10, 13절 후반부 우리는 그것들이 법정에서 처벌을 받지 않았으리라 여겨지지만, 그 여부를 확증할 수 없다. 그러나 어쨌든 '나는 여호와니라' 는 공식으로 표현되는 언약적 하나님의 권위는 이 장이 목적하는 것 이상으로 충분히 인정되고 있다.

물론 모세 오경의 여러 곳에는 법정에서 정의를 집행하는 데 사용될 수 있는 상당히 많은 형법 및 민법이 내포되어 있다. 다만 이에 대해 두 가지를 관찰함이 필요하다. 첫째로 이러한 법들이 도덕적 권면, 일반적 도덕 원칙, 제사 규정 등을 함께 포함하는 맥락 안에 공존하고 있다는 점이다. 둘째로, 그것들은 사법 당국의 정기적인 자문을 위한 법전을 형성하기에 충분하지 않다는 점이다. 그것은 물샐틈없는 법의 수집이 아닌 법적 사례집이다. 따라서 구약 율법 전체에서 사법적 규정이 차지하는 위치는 레위기 19장 전체에서 20-22절이 차지하는 위치와 완전히 다른 것이 아니다. 전체로서의 구약의 율법이나 혹은 그것의 특정 부분 역시 법정에서 사용하기 위한 법령집으로 결코 간주해서는 아니 된다. 오히려 그 목적은 하나님의 백성을 그의 백성으로서 합당하게 그들의 전 생애 동안 하나님의 뜻 안에서 교육하여, 그 결과로 공동체 의식을 창달하고 발전시키는 것이다. 그것은 모든 사람에게 그들의 사회 질서를 이루는 가치와 원칙을 가르치고, 이러한 교육의 일부로 법정에서 집행되어야 하는 여러 종류의 법률 중 대표적인 예를 포함하여 전달한다. 이것은 판사와 지역사회 전체를 위한 법적 사고를 '연습' 시키는 것으로 이해할 수 있다. 이러한 패러다임에 속하는 법에 익숙해짐으로써 그들은 특정한 사법

사건에서 하나님의 법의 일반 원칙을 적용하는 방법을 배울 수 있었다.[16]

구약의 율법과 현대 사회

구약의 율법이 현대 정치 사회와 어떤 관련이 있는지 생각해 볼 때, 레위기 19장에서 명확하게 드러나는 요점을 기억하는 것이 중요하다. 그 요점이란 율법이 하나님의 언약 백성의 모든 삶의 영역에서 거룩함을 증진시키려는 목적으로 주어졌다는 것이다. 하나님이 자기 백성을 향하여 가진 뜻의 다양한 측면을 구별하여 율법이 법적인 강제 집행이나 정치적 행동을 위하여 있다든지, 아니면 그것과 상관이 없다고 말하는 것은 성경의 관심사가 아니다. 율법에는 예식상의 의무, 사회적 도덕성, 개인의 도덕성, 사법적 법률이 불규칙하게 뒤섞여 있는데, 그중에서 가장 압도적 관심은 삶 전체에서 하나님께 순종하게 하려는 것이다. 다시 말해, 이는 신정神政 사회 theocratic society를 언급하려는 것인데, 바로 정치적 실체이기도 한 동시에 종교적 공동체인 유대왕국이다. 돌이켜 볼 때, 우리는 다양한 범주의 법을 구분하려고 시도할 수는 있지만 그러한 구분을 하기는 쉽지 않다. 구약의 율법을 의식법, 시민법, 도덕법으로 구분하는 전통적으로 내려오는 기독교의 구분은 제한적인 유용성만을 가질 뿐이다. 특별히 이러한 율법의 구분은 제의적 성결의 범주를 이용하여 거룩한 것, 정결한 것, 부정한 것을 구별하는데, 그 율법이 신약성경을 받는 그리스도인들에게 쓸모없게 되었다는 사실을 바르게 인식시키고 있다. 그 결과로 그들은 구약의 정결법의 개념을 도덕적 성결의 문제로 일관되게 번역한다. 그러나 이것은 구약 율법의 예식 조항이 항상 다른 의미의 측면으로부터 깔끔하게 분리될 수 있음을 의미하지 않는다. 실례로 레위기 19장

---

16) 이 단락에 대해서는 다음을 참고하라. Patrick, *Old Testament Law*, pp. 198-200.

20–22절은 시민법과 의식법의 시행에서 구별되지 않는다.

더 문제가 되는 것은 도덕법과 시민법의 전통적인 구분이다. 우리가 본 바와 같이, 율법은 사회적 도덕의 광범위한 원칙과 관련이 있고 또한 구체적인 적용을 예시하는 것과 관련이 있다. 구체적인 예로는 법원에서 집행이 가능한 법률과 도덕적 권고가 모두 포함된다. 농산물 수확에 관련된 레위기 19장 9–10절은 사법적인 법률의 형식은 아니며, 우리가 짐작할 수 있듯이 일반적으로 법정에서 시행되지도 않았을 것이다. 그러나 다른 한편으로는 특정 지역사회에 살아가는 장로들이 법적 제재를 강제하는 선택을 하도록 그 길이 열려 있었을 것이다. 어쨌든 그것은 사회적 관습의 힘을 가지고 있었고, 고대 이스라엘과 같은 작고 친밀한 공동체에서 그것은 매우 효과적일 수 있다. 그러한 사회에서는 공유된 종교적 신념과 불가분의 관계에 있는 사회적 반감 자체가 법적 처벌 못지않게 중요한 제재가 될 수 있다. 그러므로 이 구절들이 국가 복지보다 개인적 자선을 묘사한다고 주장하거나 혹은 그 반대의 경우를 주장하는 것도 시대착오적인 구별을 용납하는 것이다. 더욱이 이 예가 보여주듯이, 도덕법과 시민법의 구분은 현대적 적용 가능성이라는 문제를 해결하는 데 거의 도움이 되지 않는다. 우리가 레위기 19장 9–10절을 도덕법으로 생각하든 시민법으로 생각하든, 그것은 문화적으로 독특한 법이다. 그것은 고대 이스라엘의 경제 상황에서 가난한 사람들을 위한 효과적인 공급 수단이었지만, 다른 한편으로 현대의 영국에서는 적용시킬 수 없는 구절이다. 그 이유는 한편으로는 대부분의 영국 사람이 농부가 아니고, 다른 한편으로는 대부분의 가난한 사람들이 도시에 살고 있으며 그들이 시골 길가의 지푸라기에서 모을 수 있는 음식으로는 큰 도움을 받지 못하기 때문이다. 이 법이 우리에게 어떤 적실성relevance [17]이 있는지는 그 안에서 작동하는 원칙을 분별해야만 발견할 수 있다. 이러한 원칙이 우리 사회의 사회적 입법으로 어디까지 구현될 수 있고 어디까지 구현되어야 하는가의 문제는, 순전히 자발적으로 결정되는 사회적 도덕성의 문제가 아니라, 우리가 사는 사회의 구체적인 상황에서 결정해야 하는 무엇이다. 고대 이스라엘에서 도덕법과 시민법을 구별하여 해석하려는 시도는 이 경우에는 도움이 되지 않는다.

그러나 적용의 문제는 일반적인 원칙을 찾는 결정으로는 아직 해결되지 않는다. 우리는 계속해서 레위기 19장 9–10절을 예로 사용할 것이다. 의심할 바 없이 가난한 사람들의 이삭줍기 권리는 율법으로 만들어진 것은 아니나, 그러나 그것은 율법이 수용하고 승인해 온 오래전부터 확립된 관습이었다. 이 법은 가능한 한 이삭을 적게 남기고 싶어 하는 농부들의 이기적인 효율성에 대항하여, 가난한 사람들이 이삭줍기를 할 수 있는 권리의 가치를 보호하려는 의도와 관련이 있다. 이러한 관심사는 율법의 두 가지 폭넓게 영향력을 미치는 원칙에서 생겨나는 것으로 관찰된다. 그 첫째 원칙은 스스로 경제적 자원을 확보할 수 없는 사람들을 부양해야 할 필요성이다. 참조, 출 23:10–11; 신 14:28–29; 23:24–25 이것은 그 자체로 레위기 19장의 가장 일반적인 사회적 원칙인 '네 이웃을 네 몸과 같이 사랑하라' 18절 하반는 명령을 함축적으로 보여준다. 다른 사람들도 자신과 동등한 배려를 받을 자격이 있다면, 자신을 스스로 부양할 수단이 없는 사람들도 부양할 수 있는 사람들의 잉여분 일부로 도움을 받을 권리가 있다. 모든 가족이 토지를 소유하는 것이 일반적 규범이었던 농경 사회

17) 역자 주: 的實性이란 사회적인 차원에서 이론보다는 실제적 관련성과 적용 가능성이 있음을 말할 때 사용한다.

에서, 소수의 사람은 토지를 소유한 사람들의 생산물 일부를 가질 권리도 가지지 못했다. 그러나 두 번째 원칙도 유효하다. 즉, 이스라엘의 지주들은 실제로는 하나님께 속한 땅의 소작인일 뿐이라는 것이다.레 25:23 그리고 하나님께서 온 백성의 부양을 위해 땅을 그의 백성에게 주셨기 때문에, 어떤 토지 소유자 개인도 그의 땅의 생산물에 대한 절대적인 권리를 갖지 못했다. 가난한 사람들을 부양해야 하는 그의 의무는 그가 하나님의 위임 속에서 자신의 땅을 운영하고 있음을 인정한 결과를 보여주는 것이다. 하나님과 이스라엘이 언약 관계에 들어가는 이 종교적 원칙은 먼저 이스라엘에서 토지 소유자의 권리를 인정한다는 것과 이어서 토지가 없는 사람들에 대한 공적 책임을 지는 것을 조건으로 하여 토지의 개인 소유권을 허용한 것이다.[18] 우리는 레위기 19장 9-10절의 율법이 레위기 23장 22절에서 예배 절기에 관한 율법의 맥락에서 반복되는 것을 볼 때, 이점을 더 분명하게 볼 수 있다. 23장에서는 이스라엘의 수확 축제 중 하나인 오순절의 밀 수확에 관련된 규칙을 따르는 것이다. 축제에서 땅과 그 소산은 하나님이 주신 것이라는 감사로 충만한 확증은 가난한 사람들에게 이삭을 남겨 두는 것으로 또 다른 필연적인 표현을 드러내는 것이다.

따라서 일반 원칙을 분별하려는 시도는 우리를 율법의 총체성으로 회귀시키는데, 이러한 맥락에서 종교적인 것과 사회적인 것이 분리될 수 없고, 모든 것은 이스라엘이 하나님과 맺은 관계 속에 뿌리를 내리고 있음을 보여준다. 율법에 의해 예상된 것처럼 이스라엘이 어떤 의미에서 하나님이 의도하신 사회의 모델을 제공한다면, 그것은 종교 공동체와 정

18) C.J.H. Wright, *Living as the People of God: The Relevance of Old Testament Ethics* (Leicester: IVP., 1983), pp. 51-9.

치 공동체가 일치하는 신정神政 사회를 지향하는 것처럼 보이는 모델이다. 그러나 우리가 이스라엘의 역사와 중세 기독교 왕국의 역사에서 알 수 있듯이, 신정적 이상은 일반적으로 그 적용 과정에서 제 본성을 드러낸다. 그 이상은 한편으로 신정이 요구하는, 그리고 구약의 율법이 끊임없이 요구하는 높은 수준의 종교적 헌신이 가진 자발성과, 다른 한편으로는 정치 공동체의 회원권이 가진 비자발성의 긴장 속에서 좌초된다. 이 긴장은 종말론적 하나님의 나라에서만 해소될 수 있는데, 그때가 되면 율법이 가리키는 신정적 이상이 성취되기 때문이다. 구약의 이스라엘과 종말론적 왕국 사이에는 하나님의 나라가 부분적으로만 성취되고, 다른 방식으로 예상되는 두 가지 형태의 공동체 사회, 곧 교회와 국가가 존재한다. 교회는 정치적인 공동체가 아니라 자발적인 공동체이기 때문에, 하나님과의 관계 속에서 구약의 이스라엘이 할 수 있었던 것보다 더 충만하게 하나님의 종교적, 도덕적 요구를 실천할 수 있어야 한다. 교회는 사회로 살아낼 것이지만 정치적 실체로 살지는 않을 것이다. 그러므로 율법에서 예상한 대로 이스라엘이 교회의 모델을 제공하는 정도는 제한되어야 한다. 그 이유는 모델의 특정 정치적 요소는 교회에서 실현되지 않기 때문이다. 한편, 구약의 율법에 표현된 정치 사회 속에서의 인간 생활 규범은 다른 정치 사회에서도 어느 정도 실현될 수 있다. 그러나 이러한 실현조차 제한된 것일 수 밖에 없는 이유는, 성경적 믿음의 영향을 아무리 많이 받은 정치 사회라도 율법이 요구하는 이스라엘의 하나님을 향한 마음을 다한 헌신을 완벽하게 나타내지 못하기 때문이다.

그러므로 우리는 구약 율법의 적실성과 관련하여 다소 복잡한 그림을 가진다. 이 적실성이란 고대 이스라엘에서 미래의 하나님 왕국으로 이어지는 구원사 속에서, 성경의 위치와 우리의 위치를 떠나서는 이해될 수 없다. 구약의 율법은 하나님께 헌신한 백성이 거룩함을 실천하며 살아가는 정치 사회를 구상하면서, 그러한 사회가 보편적으로 실현될 종말론적 왕국을 지향한다. 그러나 율법은 문화적 특수성뿐만 아니라 타협도 요구하는 고대 근동 사회의 상황에서도 그 이상을 실현하려고 시도한다. 특정한 정치적 정체성을 가지지 아니한 국제적 공동체로서의 신약 교회는 구약의 이스라엘과의 관계 속에서 연속성과 불연속성을 동시에 가진다. 교회는 이스라엘처럼 삶의 모든 면에서 하나님께 헌신하는 거룩한 백성이 되도록 부르심을 받았기 때문에, 거룩함을 요청하는 레위기의 표어 레 19:2 도 마찬가지로 베드로전서 1장 15-16절을 통하여 교회에 적용된다. 교회는 종말론적인 이상에 더 가까이 접근하도록 인도되는데, 그 보편적인 개방성과 급진적인 거룩함에 대한 헌신이라는 견지에서 그러하다. 그러나 교회는 [세속의] 정치적 실체가 아니기 때문에 정확하게 그렇게 할 수 있으며, 동시에 [세속적인 차원의] 정치적 실체가 되려는 유혹에 대해 항상 저항해야 한다. 동시에 교회가 자신이 속한 정치 사회에서 하나님 나라에 대한 증거와 헌신을 제공하는 경우, 그 노력은 반드시 정치 사회 속에 하나님 나라의 가치를 실현하려는 시도를 포함하여야 한다. 이 시도는 구약의 율법과 마찬가지로 문화적 특수성과 타협을 수반하지만, 구약의 율법과 달리 그 전제와 목표는 신정적일 수 없다. 따라서 다음과 같은 결론을 내릴 수 있다. 하나님의 백성으로서의 교회의 삶을 위하여 또한 기독교인의 정치적 활동을 위하여 구약의 율법은 고도로 교훈적 instructive 일 수 있지만, 그것이 직접적인 지시 instructions 가 될 수는 없다. 그 적실성은 각각의 경우를 따라 신중한 평가를 요구한다.

구약 율법이 가진 총체성은 현대의 세속적이고 다원적인 사회에 단순하게 구약을 적용시키는 것을 금한다. 그러나 이 총체성 자체는 정치적 구조, 정치 활동 및 입법이 다른 가치, 즉 정치 사회가 공통으로 가지는 가치와 분리될 수 없다는 것을 상기시켜 주는 중요한 요소이다. 정책과 사법적 법률은 도덕적 가치를 전제하고 표현되는데, 그것은 사회에서 일반적으로 수용되는 가치를 형성하는 역할을 할 수 있지만, 수용된 규범보다 너무 앞서 나갈 수 없으며 그 효율성을 위하여 종종 도덕적 분위기에 영향을 미치는 다른 수단에 의존한다. 사람들이 대부분의 법을 준수하는 이유는 그들이 처벌을 두려워하기 때문이 아니라, 그 법이 옳다는 것을 수용하고 또 법을 준수해야 할 어느 정도의 도덕적 의무를 느끼기 때문이다. 따라서 구약 율법을 통한 전략은, 사람들을 사회적 규범과 가치로 교육하고, 민족의 양심을 형성하고, 더 넓은 맥락에서 사법적 법률의 모범을 제시하려는 견지에서 볼 때, 현대 사회와 무관하지 않다. 그러한 전략은 어느 정도 다원주의 사회에서는 난해하면서도 매우 중대한 의문을 제기하는데, 이는 우리가 사는 다원적 사회의 공동 가치가 궁극적으로 공동의 종교적 또는 비종교적 가치 표현에 상응하는 공통분모에 기초할 수 없기 때문이다.

결국 이것은 교회의 정치적 적실성이 특정 정치 활동에서만 발견되도록 제한하지 않는다는 사실을 의미한다. 교회는 하나의 공동체로서 그리고 또한 교회는 사회의 나머지 부분에서 온전한 역할을 하는 그 공동체의 구성원으로서, 교회 자체의 삶 속에 하나님 나라의 가치를 구현하기 위해 노력하여야 한다. 이로써 교회는 무수한 방식으로 사회의 전반적인 가치 풍토에 영향을 미친다. 존 테일러는 '충분함의 성경신학' 이라는 글을 쓰면서, 이삭줍기의 법칙에 예시된 교훈을 발견하고는 다음과 같이 말했다. "우리는 생활 양식을 다루고 있는데, 이는 하나님의 소수가 불림을 받아 세상에서 살아가는 하나님의 다수를 위한 표준을 제시하려는 작업이다. 이것이 바로 이 오래된 히브리인의 생활 양식이 우리에게 주는 의미이다."[19]

흰 머리를 공경하라

레위기 19장의 지속적인 적실성에 대한 다른 예로서 우리는 32절을 선택한다. "너는 센 머리 앞에서 일어서고 노인의 얼굴을 공경하며 네 하나님을 경외하라 나는 여호와이니라."개역개정 4판 이것은 신약성경이 언급하지 못한 사회윤리의 한 측면에 속하는 것으로, 신약성경이 구약을 대체하기보다는 전제하고 있다는 사실을 예증한다.

노인에 대한 공경은 십계명의 다섯 번째 계명을 더 넓은 사회적 차원에서 확장한 것인데, 이 계명은 부모 공경을 명하는 것으로서 19장 3절 초반에 이미 나왔다. 부모와 노인에 대한 존경심이 지금 우리 사회에는 없지만, 우리는 이것이 고대 이스라엘에서 더욱 보편적인 사회적 기능으로 존재하였음에 주목해야 한다. 연로함은 대가족과 지역사회 모두 안에서 그 사람에게 권위를 부여했다. 대가족의 가장은 결혼한 아들과 그 가족을 포함한 모든 부양가족에 대해 법적 권한을 행사함으로써, 현대 사회에서는 국가로 넘어간 기능을 여전히 수행했다. 신명기 21장 18-21절에 규정된 반항적인 아들에 대한 가혹한 대우는 이러한 맥락에서 이해되어야 한다. 범죄는 공동체의 권위 구조에 대한 위협으로 인식되었고, 그 결과 시민법은 가정 안에서 중재 역할을 하며 권위를 유지시킨다. 그러나 또한 가족의 맥락을 넘어서, 지방 의회와 지방 법정의 역할을 하는 '장로들' 은 문자 그대로 장로였는데, 그들은 가족의 수장일뿐 아니라 연장자라는 위치에서 공동체 내부에서 지위를 가졌다. 따라서 고대 이스라엘

19) John V. Taylor, *Enough is Enough* (London: SCM Press, 1975), p. 51.

에서 연장자가 마땅히 받아야 할 존경은 부분적으로 그 사회에서 법과 정부의 대리인에 대한 존중이었다.

이것이 전부라면, 레위기 19장 32절이 우리 사회와 무관하다고 생각해도 무리가 없다. 그러나 14절에 있는 장애인을 착취하는 것을 금지하는 것과 함께 나오는 '네 하나님을 두려워하라' 는 명령레 25:17, 36, 43과 비교은 32절의 핵심이 너무 쉽게 경멸의 대상이 되는 노인에 대한 공경임을 가리킨다. 여기에는 몸과 마음이 너무 연약하여 권위를 행사할 수 없는 사람들, 사실상 공동체에서 쓸모가 있는 역할을 할 수 없는 연로한 사람들이 포함된다. 레위기 27장 1-7절은 이스라엘에서 인식되었던 노인의 상대적인 쓸모없음에 대한 가장 흥미로운 통찰을 제공한다. 다양한 연령과 성별의 사람들이 당시에 평가되는 가격은 아마도 사람들이 노예로 팔렸을 때 시장에서 지불될 가격이며, 따라서 생산적 노동의 측면에서 그들의 유용성에 대한 일반적인 평가를 반영한다.[20] 60세 이상의 사람들은 인생의 한창 때 보다 가치가 훨씬 낮다. 따라서 경제적 유용성을 상실하고 젊은이들의 부양을 받아야 했던 노인에 대한 경멸은 실제적인 유혹이었다.참조, 사 3:5; 미 7:6; 잠 30:17 잠언 28장 24절은 부양의 대상이 되는 부모의 허락 없이 그들의 재산을 빼앗는 것이 도적질이 아니라고 생각하는 사람에 대한 언급이다.

그러므로 이스라엘에서 세대 간의 관계는 여느 사회에서와 마찬가지로 복잡했다. 대부분의 전통 사회의 특징과 같이 노인이 공동체에서 권위의 위엄을 누리고 그들의 지혜로 존경받았다면,욥 15:7-10; 32:6-7 그들은 다른 한편으로 연약하고 노쇠하여 젊은이들의 멸시와 학대에 취약했

---

20) G. J. Wenham, "Leviticus 27:2-8 and the Price of Slaves," *Zeitschrift für die alttestamentliche Wissenschat*, vol. 90(1978), pp. 264-65.

다.

노년층이 점점 더 많은 인구를 형성하고 있는 우리 사회에서 노년층에 대한 존중이 절실히 필요하다는 것은 말할 필요도 없을 것이다. 노인에 대한 사회의 존중은 연금 지원, 의료 혜택, 사회봉사와 자발적 참여의 장려 등 다양한 종류의 정치적 조치로 구현될 수 있다. 예를 들어, 연금은 연금 수급자가 근로 기간 동안 지역사회에 공헌한 기여도뿐만 아니라, 많은 사람이 현재에 계속 공헌하고 있는 기여도를 적절하게 인정하는 것이어야 한다. 이것은 가사 노동, 자녀 양육, 지역사회에서의 자원봉사와 같은 급료 없이 사회에 공헌하는 것과 비교하여, 유급 고용을 과대평가하는 경향이 있는 사회에서 강조되어야 한다. 조기퇴직을 하는 사람들이 늘어나고 건강하고 활동적인 삶을 더 오래 영위하는 사람들이 늘어남에 따라, '고용 이후의 취업자' 에게 사회적 역할을 부여하기 위한 상상력 넘치는 노력이 필요하다. 이스라엘의 대가족과 가족 기반 경제에서 노인들이 상당히 자연스럽게 떠맡게 되는 적절한 종류의 작업이 가능해야 했지만, 현재 사회와 같이 노인을 배제하려는 경향이 있는 사회에서도 고전적인 종류의 과제들을 노인에게 배분하는 것이 필요하다. 이처럼 빠르게 변화하는 사회 속에서도 젊은이들은 자신들이 노년층의 사람보다 더 이 세계를 잘 이해한다고 쉽게 생각하지만, 평생의 경험이 제공하는 것은 적지 않다.

그러나 유용한 사람만이 존경받을 자격이 있는 것은 아니다. 사회는 몸이 쇠약해져 무기력해지고 나이가 들수록 증가하는 현상인 노인성 치매에 빠지는 이들에 대해서도 또한 존중을 실천해야 한다. 절망적으로 어렵고 힘든 노인을 돌보는 일에 삶의 많은 부분을 바치는 사람에게는 그러한 존경이 쉬운 것은 아니다. 그 같은 이유 때문에, 사회는 가정에서 노인을 돌보는 사람들에게 재정적 지원과 제도적 지원을 동반한 다양한 도움을 제공해야 한다. 레위기 19장 32절은 대가족이 가까이 사는 것이 규범이었던 사회에 주어진 명령인데, 이 말씀은 자녀들이 부모를 존경할 뿐만 아니라 사회 전체가 모든 노인을 존경해야 한다고 명령한다.

그러나 이러한 정치적 행동으로는 우리 사회에 만연한 노인에 대한 방임과 경멸의 문제를 해결하기에는 역부족이다. 왜냐하면 우리가 사는 사회는 수많은 독거노인이 거의 다른 사람의 방문을 받지 못하고, 노인들이 어린이와 청소년의 끊임없는 공격이 만들어 내는 사악한 조롱과 공격 속에 살고 있으며, 아울러 그들이 주거하는 지역이 지속적인 두려움에 노출되어 있기 때문이다. 이 광범위한 문제는 노인에 대한 존중이 다시 한번 널리 퍼져서 사회적 가치가 될 때만 해결될 수 있다. 법적 및 제도적 조치뿐만 아니라, 레위기 19장의 전략도 필요한데, 그 전략이란 도덕 교육, 혹 이 용어가 너무 협소하여 학교에서만 수행되는 것을 암시할 수 있다면, 다시 말해서 경로敬老의 가치를 광범위하게 육성하는 것이다.[21] 노인을 공경하는 것은 우리 사회의 청년 중심적 가치관과 갈등을 일으키는데, 이는 상업적 이익에 의해 동원된 거짓된 최신 현대성의 추구와 맞물려 있다. 경로라는 가치는 적극적인 홍보가 필요하다. 다원주의 사회에서 공동의 가치를 육성하는 임무는 이스라엘 신정정치와는 상당히 다른 문제를 가지지만, 그 자체로 기회를 보유하고 있기도 하다. 노인에 대한 존중은 아시아공동체의 문화적 가치 중 두드러진 위치를 차지하며, 세속적인 영국인과 접촉할 때 경로의 가치가 침식되는 것을 보는 면이 없지 않지만, 도리어 아시아적 가치가 경로를 장려하는 실질적 도움이 되

21) 나는 이 글을 다음의 책에서 인용하였다. *Changing Britain: Social Diversity and Moral Unity: A Study for the Board for Social Responsibility*(London: Church House, 1987). 이 책의 4장은 이 문제에 대한 유용한 논의를 제공한다.

기를 소망한다. 만일 교회 역시도 그렇게 할 수 없다면 이는 안타까운 일이 아닐 수 없다.

간음이 간음이 아닌 경우

모든 율법이 레위기 19장 32절처럼 현대 사회에 적용할 수 있다는 인상을 남기는 것은 오해의 소지가 있다. 32절의 해석과는 아주 다른 예로, 우리는 레위기 19장 20-22절을 살펴보도록 하겠다.

> 20 만일 어떤 사람이 다른 사람과 정혼한 여종 곧 아직 속량되거나 해방되지 못한 여인과 동침하여 설정하면 그것은 책망을 받을 일이니라[손해를 배상받아야 한다, RSV][22] 그러나 그들은 죽임을 당하지는 아니하리니 그 여인이 해방되지 못하였기 때문이니라 21 그 남자는 그 속건제물 곧 속건제 숫양을 회막 문 여호와께로 끌고 올 것이요 22 제사장은 그가 범한 죄를 위하여 그 속건제의 숫양으로 여호와 앞에 속죄할 것이요 그리하면 그가 범한 죄를 사함 받으리라[23]

우리는 이 법을 그대로 시행할 생각이 없으므로 그 안에 작동하고 있

---

22) '손해를 배상해야 한다'는 번역은 불확실하지만, 문맥상으로는 의미가 통한다. 이것은 다음의 학자에 의하여 제안되었다. E. A. Speiser, *Oriental and Biblical Studies*(Philadelphia: University of Pennsylvania Press, 1967), pp. 128-131. 이는 다음의 학자에 의하여 받아들여졌다. M. Noth, *Leviticus*(Old Testament Library; London: SCM Press, 1977), p. 143; G. J. Wenham, *The Book of Leviticus* (New International Commentary on the Old Testament; London: Hodder & Stoughton, 1979), p. 270. 이 견해는 다음 학자에 의하여 거부되었다. J. Milgrom, 'The Betrothed Slave-girl, Lev. 19:20-22,' *Zeitschrift für die alttestamentliche Wissenschat*, vol. 89(1977), p. 43, 각주 2.

23) 이 번역은 벤함의 견해이다. Wenham, *Leviticus*, p. 262.

는 법적 사고를 검토하지 않는다면, 그 말씀은 우리에게 아무 의미가 없다.[24] 이 구절은 문제가 되는 하나의 경우를 묘사하고 있는데, 한 여인이 만일 노예가 아니었다면 간음이 성립되었을 상황을 거론한다. 그 여자가 다른 사람에게 주어졌다는 말은 약혼했다는 의미이며, 율법의 목적상 약혼한 여자는 이미 결혼한 것으로 취급되었다. 만일 남자가 약혼한 여자와 성관계를 가졌으며, 그녀의 동의를 추정할 수 있었다면, 이는 다른 간통죄레 20:10의 경우와 마찬가지로 둘 다 사형에 처해졌다.신 22:23-24 [25] 그러나 이 경우 여자 쪽이 노예이다. 그녀는 결혼을 통하여 자유로운 아내가 됨으로 자유를 부여받으려 하지만, 아직 완벽하게 자유롭지는 않다. 지금 노예는 주인의 소유물이기 때문이다. 그녀는 완전한 법적 의미에서 아내가 될 수 없으며 첩이 될 뿐이었다. 아울러 이를 정의하자면 그녀와의 간음은 개념상 불가능했다. 이 경우의 문제는 여성이 법적으로 모호한 지위에 있다는 것이다. 그녀는 결혼하기로 약혼했지만, 그러나 여전히 노예이다.

법적 처벌이 진행된다면, 주어진 판결은 그 사건이 간통으로 간주될 수 없다는 것이다. 그러므로 사형은 노예나 그 노예의 연인[26]에게 적합하지 않다. 대신 연인은 주인에게 손해를 배상해야 한다. 사실상 그가 주인

---

24) 이 구절은 매우 모호하고, 그 뒤의 내용도 그 의미를 재구성할 수 있는 단 한 가지 가능성에 지나지 않는다는 점을 강조해야 한다.

25) 간음에 대한 사형은 자주 시행되지 않았을 수 있다. 다음을 참고하라. H. McKeating, 'Sanctions against Adultery in Ancient Israelite Society, with some Reflections on Methodology in the Study of Testament Ethics,' *Journal for the Study of the Old Testament* 11(1979), pp. 57-72. 간음한 아내의 남편을 위한 대안적인 보상은 이혼이었다: 신명기 24:1; 예레미야 3:8; 호세아 2:2-3. 구약의 율법은 법정에서 사용하기 위한 법령집이 아니기 때문에, 우리는 모든 법이 반드시 시행되도록 의도되었다고 가정할 수 없다. Patrick, *Old Testament Law*, p. 199; J. Goldingay, *Theological Diversity and the Authority of the Old Testament* (Grand Rapids: Eerdmans, 1987), p. 164.

26) 역자 주: 여자의 상대는 다른 자유민일 수 있다.

의 재산 가치를 떨어뜨렸기 때문이다. 출애굽기 22장 17절에 따르면, 미혼 소녀의 연인인 남자가 그녀의 아버지에게 지불해야만 하는 보상과 비교해 보라. 성행위 당사자가 사형을 면한다는 사실이 우리에게는 자비로 보일 수 있지만, 그 이유는 자비가 아니라 율법이 소녀를 법인격이 아닌 동산으로 간주한다는 사실이다.

그러나 이 사건의 주변적 의미는 율법이 노예 소유자를 위한 금전적 보상에 만족하지 않고 가해자가 하나님께 '보상 제물' 대부분의 번역에서 속건제라고 함의 형태로 하나님께 보상을 제공하도록 규정하고 있다는 점이다. 이것이 레위기 5:14-6:7에 규정된 제사의 유형으로서, 하나님의 거룩함을 훼손한 죄에 대하여 속죄하는 행위이다. 언뜻 보기에 우리가 논의하는 이 경우는 레위기 6장 1-7절에 논의된 재산상의 범죄와 비교할 수 있는 것으로 여겨지지만, 19장의 후자는 단순히 다른 사람을 강탈한 경우가 아니므로 보상 제물이 필요하지 않다. 이 경우는 하나님의 이름으로 거짓 맹세레 6:3, 5하여 하나님의 거룩하심을 범한 것이다.[27] 그러므로 우리가 논하는 경우, 배상 제물이 규정된 것은 재산상의 피해가 있어서가 아니다. 오히려 그것은 간음의 경우로 논의해볼 수 있기 때문이다. 이스라엘에서 간음은 언약의 기본 율법 중 하나를 범하는 것출 20:14으로서 언약의 하나님에 대한 범죄였다. 바로 이것이 사형에 처할 수 있었던 이유이다. 이 경우에는 그 범죄가 간음이 아니라고 주장할 수도 있기 때문에 사형이 허용되지 않았지만, 다른 한편으로는 이것은 간음으로 주장될 수 있었기 때문에 하나님께 대한 심각한 범죄의 경우에 요구되는 하나님을 향한 일종의 보상이 판결된 것이다.[28]

27) 참조. Wenham, *Leviticus*, pp. 108-109.
28) 약혼한 노예 소녀의 경우는 밀그롬이 충분히 논의한다. Milgrom, 'The Betrothed Slave-girl.'

독자는 사회의 관점에서 노예로 취급하는 소녀를 하나님의 관점에서는 법을 통해 희생을 규정함으로써 소녀의 인격적인 지위를 유지한다고 생각하고 싶을 수도 있다. 그러나 이것은 실제로 핵심이 아니다. 어떤 노예가 하나님 보시기에 인격이기 때문에 속건제의 희생을 요구하는 것이 아니고, 단순히 이 노예가 약혼했기에 희생 제물이 요구되는 것이다. 이 변칙적인 법적 상황에 대한 사건의 판결은 명백히 간음도 아니고 또한 명백히 간음이 아닌 것도 아니다.

이 법의 단 한 가지 측면만이 고대 근동의 법전에서 일반적이었던 법적 추론과 대비된다. 그것은 율법이 간음을 이스라엘이 자신의 하나님과 맺은 언약을 위반한 것으로 취급해야 한다는 원칙이다.[29] 그러나 노예제의 법적 의미를 이해 함에 있어, 이 율법이 현대의 이스라엘 밖의 법과 구별되지 않는다. 구약 율법의 다른 측면은 노예의 비인간적 상태를 상당히 완화시키는 것이 사실이므로, 율법은 현대의 노예제를 받아들이면서도 동시에 그것을 붕괴시킨다고도 말할 수 있다. 이스라엘의 노예는 다른 곳에서는 전혀 가질 수 없는 법적 권리를 가졌다.[30] 그럼에도 불구하고 우리가 연구한 율법을 통해 볼 때, 노예가 이스라엘 법에서 자유인인 남녀와 동등한 지위를 갖지 못했다는 점을 상기하는 것이 중요하다.[31] 비록 율법이 일관되게 그들을 단순한 동산으로 취급하지 않지만, 이러한 경우에 작동하는 원칙은 노예가 인격이 아니라 재산이라는 것이다.

우리는 이것이 용납될 수 없는 것이라고 바르게 생각한다. 요점은 우리가 이 특별한 법의 효과를 개탄하는 것이 아닌데, 만일 우리가 노예제

29) Milgrom, 'The Betrothed Slave-girl,' p. 49.
30) Wright, *Living*, pp. 178-82; H. W. Wolff, *Anthropology of the Old Testament* (London: SCM Press, 1974), pp. 199-205.
31) 또한 자유한 여성은 자유한 남성과 동등한 지위를 갖지 못했다.

를 당연하게 여긴다면 이 법은 노예에게 불리하게 작용하지 않기 때문이다. 요점은 노예가 자유인과 동일한 법적 지위를 갖지 못한다는 이 법에 함축된 원칙이 오히려 우리에게 받아들여질 수 없다는 것이다. 다시 말해서 이 원칙에 입각한 노예제 자체는 아무리 인도적으로 운영될지라도 받아들일 수 없다.

"다른 법과 마찬가지로 이스라엘의 법도 그 백성이 있는 현장에서 시작되어야 한다"는 골딩게이의 말을 기억하라.[32] 특징적으로 살펴야 할 것은 구약성경의 법은 그 시대적 환경 속의 많은 원칙과 관행을 채택한다. 고대 근동 사회에서 보편적이었던 노예제는 그러한 것 중의 하나였다. 이러한 원칙과 관행은 이스라엘과 그의 하나님과의 언약 관계라는 원칙의 영향력 아래 채택되었지만 불완전했다. 노예제는 경감되었지만, 폐지되지는 않았다. 성경의 하나님이 가지신 근본적인 뜻과 조화를 이루지 않는 것으로 우리가 관찰할 수 있는 원칙과 관행은 그의 율법 속에 완고하게 지속되고 있는 부분으로 존재한다. 이스라엘의 이웃들 사이에서 공통된 것으로부터 이스라엘의 특징적인 것을 구별함으로써, 율법 안에서의 이상과 타협을 우리가 모두 구별할 수 있다는 것은 아니다. 불이익을 당하는 사람에 대한 배려와 같은 율법의 탁월한 많은 특징은 다른 이방 사회와 공유되고 있는 부분이기도 하다.[33] 오히려 우리는 구약의 율법을 하나님의 뜻에 대한 성경적 계시의 전체적인 주장과 반대되는 것으로

---

32) Goldingay, *Theological Diversity*, p. 154; 이 전체 단락의 주제를 파악하려면 다음을 참조하라. pp. 153-166.

33) 다음을 참조하라. F.C. Fensham, 'Widow, Orphan, and the Poor in Ancient Near Eastern Legal and Wisdom Literature,' in J.L. Crenshaw ed., *Studies in Ancient Israelite Wisdom* (New York: Ktav, 1976), pp. 161-171; H.K. Havice, *The Concern for the Widow and the Fatherless in the Ancient Near East: A Case Study in Old Testament Ethics* (출판되지 않은 박사 학위 논문, Yale University, 1978).

계산하여야 할 경우도 있다. 우리는 제7장에서 어떻게 노예제가 하나님의 근본적인 뜻과 일치하지 않는 것으로 드러나는지를 보게 될 것이다.

구약의 율법을 차별적으로 다루어야 한다는 이유는 예수께서 직접 이혼법을 가르치실 때 주신 교훈이다. "예수께서 이르시되 모세가 너희 마음의 완악함 때문에 아내 버림을 허락하였거니와 본래는 그렇지 아니하니라."마 19:8 여기서 예수님은 인간의 결혼에 대한 하나님의 근본적인 뜻과 인간의 죄로 인해 이혼이 발생하고 그 결과 이혼을 규제하고 제한하는 상황을 상정하여야 하는 경우를 구별하신다. 이것은 모세를 정죄하려는 것이 아니다. 이 경우와 또 다른 많은 경우에서 구약의 사법적 법률은 정치 사회의 법이 감당해야 할 일을 했으며, 죄 많은 인간 사회의 다루기 힘든 현실에서 고려할 기본적인 도덕 원칙을 제공하였다. 사법적 실행에서 효과적인 것이 되려면, 사람들이 있는 곳에서 시작해야 했다. 우리는 한편으로 오늘날 입법에서 타협이 필요하다는 점을 인정해야 하지만, 다른 한편으로는 타협이 반드시 같은 영역이나 같은 종류에 고정되어 있지 않다는 점도 인정해야 한다. 이스라엘이 노예제를 조건부로 받아들인 것은 특정한 역사적, 문화적 맥락이 있다. 일부 교부들이 결론을 내린 것처럼, 타락한 인간 본성이 이 세상의 모든 인간 사회에 노예제가 존재할 수밖에 없도록 만들었다는 의미는 아니다. 근본적인 도덕 원칙이 사회 전체의 구조와 관행에 영향을 미칠 수 있는 범위까지 미리 제한을 설정해 놓는 것은 항상 위험한 일이며, 동시에 노예제의 경우와 마찬가지로 역사에 의해 그릇됨이 증명될 수도 있다. 기독교 정치가들은 구약 율법에 타협하는 현실주의를 요청하므로 결국 경험이 충분할 정도로 쉽게 교육하도록 요청해야 할 뿐 아니라, 구약 율법의 방향을 개혁하여 이스라엘 하나님의 근본적인 뜻이 현재의 사회적 관행에 영향을 주도록 하는 것이 필요하다. 구약의 율법은 정태적인 청사진으로써 우리에게 주어진 하나의 모델이 아니라 역동적인 과정으로서 우리에게 주어진 모델인데, 어떤 경우 우리가 따라야 할 방향은 그 율법 자체가 멈추라고 했던 지점을 넘어서 전진한다.

예수님과 레위기 19장

율법의 역동적인 방향을 분별하고 따르는 과정에서 도움을 얻기 위해, 마지막으로 레위기 19장에 나오는 예수님의 율법 해석의 세 가지 측면에 대하여 주목해야 한다. 그 첫째는 맹세에 대한 가르침이다.

레위기 19장 12절, "너희는 내 이름으로 거짓 맹세함으로 네 하나님의 이름을 욕되게 하지 말라 나는 여호와이니라"는 말씀은 십계명의 세 번째 계명, "너는 너의 하나님 여호와의 이름을 망령되이 일컫지 말라"출 20:7는 말씀으로, 법정에서 맹세하는 일에 적용된다. 이 말씀은 레위기 6장 1-7절에 나오는 도둑질과 관련이 있는 말씀으로, 인접한 문맥 레위기 19장 11절과 13절의 주제와도 조화를 이룬다. 재산과 관련된 재판정에서 증거가 결정적이지 못한 경우, 맹세를 동반한 증언이 재판을 수습하기 위하여 사용되었다.

예수께서는 마태복음 5장 33-37절에서 이 맹세에 대한 율법을 언급하신다. "또 옛 사람에게 말한 바 헛 맹세를 하지 말고…" "[그러나] 나는 너희에게 이르노니 도무지 맹세하지 말지니…" "오직 너희 말은 옳다 옳다, 아니라 아니라 하라."참조, RSV. 약 5:12 이것은 예수께서 율법의 근본적인 의도를 밝히고 그 적용을 확장하거나 강화하시는 방법의 좋은 예이다. 레위기 19장은 거짓 맹세를 금한다. 그러나 예수님은 모든 맹세를 금하신다. 핵심은 사람들이 맹세하지 않을 때 진실하다고 가정할 수 없으므로 맹세가 필요하다는 것이다. 그러나 예수는 진실성에 대한 율법의 요구를 받아들일 뿐만 아니라, 그 진실성에 대한 요구를 항상적이고 절대적인 것으로 확장한다. 그들이 말하는 모든 것이 투명하므로 진실한 사람들은 맹세를 사용하여 말할 필요가 없다. 그러므로 율법은 적어도 맹세를 통해서 최소한의 진실성을 요구하는 반면, 예수는 완벽한 진실성을 최대치로 요구하신다.

예수는 그의 모든 윤리적 가르침에서 그러하듯이 그의 추종자들이 목표로 삼아야 할 기준이 되는 율법의 근본적인 의도를 절대적인 한계까지 밀어붙인다. 이런 의미에서 제자들의 의는 구약 율법을 그 문자적 범위 내에서 지키는 것으로 만족하는 사람들의 의를 능가해야 한다.[마 5:20] 우리가 법정에서 맹세하지 않아도 된다는 것이 진정한 예수의 가르침의 의미인가? 오직 유토피아 사회만이 모든 시민이 전적으로 진실한 사람이라고 추정할 수 있다.[34] 그러므로 사람들이 법정에서 증거를 제시할 때 적어도 진실을 말하도록 하기 위한 레위기의 전략이 여전히 필요하다는 사실을 우리는 확인한다. 그러나 완전한 진실성에 대한 예수의 요구가 제자들의 개인윤리에만 관련한다는 견해를 따라서는 아니 된다. 예수님이 밝히신 율법의 역동성은 사생활뿐만 아니라 공적 생활에서도 가능한 한 진실성을 지향한다. 공적 생활에 종사하는 사람들이 특정한 경우에 그들이 말하고 있는 것이 정말로 정직한 진실임을 대중에게 맹세에 해당하는 것으로 확신시켜야 한다면, 공적 생활에서 진실성에 대한 일반적인 기준에 뭔가 잘못이 생긴 것이다. 그리고 모든 전통적인 퀘이커 교도가 맹세를 거부한 것은, 어떤 관점에서 볼 때 그것은 예수의 가르침에 대한 다소

34) 다음을 참조하라. R. A. Guelich, *The Sermon on the Mount: A Foundation for Understanding*(Waco, Texas: Word Books, 1982), p. 250.

지나치게 율법적인 순종의 형태였지만, 모든 정치적, 사회적 관계에서 진실성의 필요에 대한 공개적인 증거의 한 형태로도 사용되었다.

둘째로, 예수는 '이웃을 자기 자신과 같이 사랑하라'는 레위기 19장 18절 하반의 명령을 '온 율법과 선지자의 글의 강령' 마 22:39-40에 해당하는 두 가지 큰 계명 중 하나로 밝히셨다. 다른 말로 하면 그것은 우리 동료 남녀에 대한 다른 모든 의무를 요약하는 명령이다. 롬 13:8-10 참조 사실 이것은 레위기 19장에 있는 계명의 위치로 볼 때, 매우 자연스럽게 이어진다. 11-18절의 문학적 구조는 18절 하반에 절정의 성격을 부여한다. 이것은 18절 상반을 보완할 뿐 아니라, 모든 구절을 요약하는 원칙이기도 하다.[35] 이 구절이 34절에 재등장하는 것은 사회적 관계의 가장 기본적인 원칙으로서의 그 명령의 지위를 확인시켜 준다. 우리가 제안한 대로 레위기 19장이 율법적 의무의 전체 범위를 집약하여 표현한다면, '이웃을 자신과 같이 사랑하라'는 말은 참으로 이웃과의 관계에 관한 모든 율법의 기본 원칙이다. 십계명참조, 롬 13:9의 원리를 포함하여 다른 어떤 원리도 부가적 원리로서 이 계명과 견줄 수 없다. 결국 모든 계명은 그것의 예시적 사례이다.

18절 하반의 명령이 다른 계명들을 불필요하게 만들지 않는다. 그들은 이웃사랑이 포함하는 것이 무엇인지 자세히 설명하는 데 필요하다.[36] 그러나 그들이 모든 것을 포함하지는 않는다. 이웃을 자신과 같이 사랑하는 것은 언제나 다른 법들이 규정할 수 있는 것을 넘어선다. 정치적인

35) Wenham, *Leviticus*, pp. 266-267.

36) L.T. Johnson, 'The Use of Leviticus 19 in the Letter of James,' *Journal of Biblical Literature* 101(1982), pp. 391-401. 위 논문이 주장하는 것을 주목할 만한 가치가 있다. 야고보는 야고보서 2:8에서 레위기 19:18 하반을 '최고의 법'(royal law) 즉 하나님 나라의 법으로 간주하며, 레위기 19장 12-18절 전체를 이 율법에 대한 설명으로 취급한다. 물론 이 해석은 야고보서 5장 12절에서처럼 예수께서 주신 해석으로 재조명될 필요가 있다.

측면에서 볼 때, 이는 사회적 사랑의 새로운 의미가 항상 발견된다는 것을 의미한다. 더욱이 다른 계명들이 사랑의 계명을 해석하는 데 도움이 된다면, 이제는 사랑의 계명이 다른 계명들을 해석하는데도 역시 지침이 되어야 한다. 그것들을 모두 요약하면, 다른 계명들이 이웃사랑의 계명과 일치하지 않는 방식으로 올바르게 해석될 수 없다는 것이다. 사람들을 억압하고 비인간화하는 법과 정책에 대한 외견상의 성경적 지지는 항상 거짓이어야 하며, 사랑의 계명을 참조함으로써 항상 반박될 수 있다. 결국, 구약 율법의 가장 기본적인 의도인 사랑의 계명은 경우에 따라 율법의 다른 규정을 압도하는 역동성을 제공한다. 예를 들어 레위기 25:39-55에 나타나는 노예제의 경우, 그것은 율법 안에서 노예제를 경감시키는 것만이 아니다. 결국 19세기 노예제 폐지론자들이 보았듯이, 그것은 노예제의 존재를 전혀 용납할 수 없었다. 다른 사람도 내가 자신에게 배려하는 정도의 동일한 배려를 받을 자격이 있다면, 우리는 법적으로 동등한 지위를 가져야만 한다.

셋째, 예수께서는 이웃을 사랑하라는 계명이 예외 없이 모든 인간을 포함하여 그리하라는 것으로 해석하였다. 레위기 19장 18절 하반의 '이웃'은 11-18절의 '형제,' '동족,' '친척'과 동의어인데NEB 참조, 이는 동료 이스라엘 사람 혹은 언약 공동체의 동료 구성원이다. 그러나 레위기 19장이 이웃에 대한 원칙을 확장시켜, 34절에서 '너희 중에 거류하는 타국인을 너희 중 한 사람과 같이 여기라'고 함으로 타민족인 거주민에게까지 적용한다는 것은 의미심장한 것이다. 이방인을 너 자신처럼 사랑하라는 이유는 네가 이집트 땅에서 이방인으로 거주했기 때문이라 말한다.[37] 우리가 주목해야 할 출애굽기 22:21, 23:9에 드러난 이방인에 대

37) Wenham, *Leviticus*, p. 263.

한 사랑이 명령인 이유는 인간의 보편적 연대성에 대한 일종의 호소이기 때문이다. 외국인 거주자는 배려받아야 하는데, 이는 이스라엘 사람이 외국인으로 있었던 것처럼 그들도 동일한 상황에 있기 때문이다. 실제로 외국인 거주자는 토지를 소유하지 않았기 때문에, 땅이 없는 가난한 이스라엘 백성에게 생계를 제공하는 것과 동일한 법적 조항으로 혜택을 받는다.레 19:10; 참조, 출 22:21-24, 신 14:29 룻이 바로 이러한 원칙의 작동을 실례로 보여주는 경우이다.

그러므로 레위기 19장 자체는 원칙적으로 언약 백성 안의 동료 구성원에 대한 사랑이라는 제한을 벗어난다. 어떤 사람의 이웃 이스라엘 사람을 사랑하라는 명령은 다른 모든 사람을 사랑하지 말라고 허용한 것 같지만, 실상은 사랑에 제한을 두지 말라는 것이다. 반대로 상주 외국인까지 사랑의 대상에 포함하는 외연의 확장은 그 원칙에 한계가 없음을 시사한다. 그것은 비록 법 자체가 보편적인 사랑의 방향으로 나가지는 않지만, 이 방향을 지시하고 있다. 이런 의미에서 예수는 '네 이웃' 을 사실상 '누구든지 네 도움이 필요한 자' 로 해석눅 10:29-37할 때, 그는 율법의 의도를 따르고 있으며, 그는 원수를 사랑하는 것, 특히 종교적인 원수에게까지 사랑함마 5:44-47으로 이웃사랑의 원칙을 명시적으로 확장시킨다. 후자의 원수 사랑은 구약의 사랑이 확실히 하나의 명확한 한계를 가진 것처럼 보이기 때문에 주목할 필요가 있다. 구약은 하나님의 원수인 하나님의 백성의 원수에게까지 사랑이 확장되지 않았다. 시편 기자는 하나님을 미워하는 자들을 '완벽한 미움으로' 미워한다.시 139:21-22 예수 시대의 일부 유대인들이 레위기 19장 18절 하반을 '네 이웃을 사랑하고 네 원수를 미워하라' 마 5:43는 의미로 해석한 것은 구약의 이러한 흐름과 일치한다. 이웃이 동료 유대인이든, 쿰란 공동체에서와 같이 참 이스라엘을 구성하는 분파의 동료 구성원이든, 이웃을 사랑하라는 계명은 한계를 설정하는 것으로 이해되었고, 따라서 논리적인 귀결로 원수를 미워하라는 명령을 내포하는 것이었다.[38]

이웃사랑과 원수 증오라는 해석에 대한 예수님의 거부는 악인에 대한 하나님 자신의 사랑에 심원한 뿌리를 두고 있다.[마 5:45] 하나님 자신이 원수를 사랑하신다면, 이스라엘의 원수가 하나님의 원수이기 때문에 그들을 미워한다는 것은 정당화될 수 없다. 그러므로 예수님은 율법의 중심 원칙인 사랑의 요구를 확장 시켜 요나서에서와 같이 때때로 그러한 방향으로 진출했지만, 구약시대에는 거의 접근하지 못했던 영역으로 사랑의 적용을 확장하셨다. 이스라엘의 적국에 대한 관계는 이스라엘 율법의 중심에 있는 사랑이라는 윤리적 원칙이 가장 제한을 많이 받음으로 최소한으로 적용된 국가적 삶의 영역으로 보아야 한다.

---

38) 다음을 참조하라. Guelich, *Sermon on the Mount*, pp. 225-227, 253; V.P. Furnish, *The Love Command in the New Testament* (Nashville/New York: Abingdon, 1972), pp. 46-47.

토의문제2. 하나님 백성의 거룩함: 레위기 19장

1. 레위기 19장을 읽고 본문이 기록되던 당시의 시대적, 역사적, 정치적 배경을 논의하여 보라. 레위기 본문을 적용하는 것이 지금의 상황과 어떤 차이가 있는지 서로 나누어보라.

2. 레위기 전체는 하나님 백성의 거룩함을 위하여 주어진 말씀이다. 그리고 레위기 19장은 제의적 측면 보다 삶의 영역에서 '거룩함을 추구하라' 는 말씀레 19:1을 대전제로 삼는다. 19장에 포함된 거룩함의 구체적 적용이 십계명과 어느 정도 비슷한가 살피라.

3. 레위기 19장 9-10절은 곡식을 거둘 때 모퉁이를 남겨두고, 이삭을 줍지 말며, 포도원에 열매를 다 따지 말고 떨어진 열매를 줍지 말라고 명령한다. 이러한 명령의 기본 정신은 무엇이며, 레 19:18 이러한 명령은 현대에 교회와 국가가 어떻게 시행할지 생각해보라.

4. 고령화 사회의 길목에 있는 요즈음에 '흰머리의 노인을 공경하라' 레 19:32는 명령은 단순히 십계명 5째 규정, 부모에 대한 효도 명령의 연장으로 해석하여야 하는가? 고용 이후의 노인 빈곤을 겪는 사회적 약

자라는 차원에서 사회 정의를 세우기 위한 포괄적 규범의 한 방편으로 경로 문제를 생각할 수 있는가?

5. 레위기 19장 20-22절에 나오는 약혼한 여종에 대한 간음은 남녀 불륜에 대한 강력한 처벌 규정으로 다루지 않는다. 노예의 신분을 감안하여 불륜 당사자를 사형이라는 형벌에서 완화시키고 속건제의 숫양을 드리게 한다. 이러한 율법의 적용은 어떠한 면에서 과정적인가? 노예에 대한 신약의 태도는 어떻게 바뀌는가[갈 3:28]?

6. 저자 리처드 보쿰은 모세 율법의 궁극적 목적은 오직 예수 그리스도의 삶과 가르침을 통해서만 완성되고 실현될 수 있다고 주장한다. 이웃 사랑에 대한 레위기 19장 18절은 마태복음 5장 14절에서 어떻게 완성되는가?

3. 권력자를 위한 지혜: 잠언 31:1-9

잠언 31:1-9

31:1 르무엘 왕이 말씀한 바 곧 그의 어머니가 그를 훈계한 잠언이라

31:2 내 아들아 내가 무엇을 말하랴 내 태에서 난 아들아 내가 무엇을 말하랴 서원대로 얻은 아들아 내가 무엇을 말하랴

31:3 네 힘을 여자들에게 쓰지 말며 왕들을 멸망시키는 일을 행하지 말지어다

31:4 르무엘아 포도주를 마시는 것이 왕들에게 마땅하지 아니하고 왕들에게 마땅하지 아니하며 독주를 찾는 것이 주권자들에게 마땅하지 않도다

31:5 술을 마시다가 법을 잊어버리고 모든 곤고한 자들의 송사를 굽게 할까 두려우니라

31:6 독주는 죽게 된 자에게, 포도주는 마음에 근심하는 자에게 줄지어다

31:7 그는 마시고 자기의 빈궁한 것을 잊어버리겠고 다시 자기의 고통을 기억하지 아니하리라

31:8 너는 말 못하는 자와 모든 고독한 자의 송사를 위하여 입을 열지니라

31:9 너는 입을 열어 공의로 재판하여 곤고한 자와 궁핍한 자를 신원할지니라

본문의 기원과 구약 문맥

이 성경 본문은 그 저자가 여자이자 이스라엘인이 아니라는 점에서 두 배로 특별하다. 그녀는 아라비아 북동부에 있는 아랍 왕국 맛사Massa, 창 25:14의 여왕이자 아이의 어머니였다.[39] 아마도 그녀는 자신의 권한 하에서 정치적 권위를 행사할 수 있었기 때문에, 일반적으로 왕자가 사회에서 자신의 직위에 대한 의무를 감당하도록 가르치는 아버지의 역할을 일부 맡게 되었을 것이다.[40] 르무엘 왕은 그의 어머니가 전한 기억해야만 할 충고를 소개하고 있는데, 이것은 이집트 파라오 메리카레Merikare가 그의 아버지의 다소 유사한 가르침을 퍼뜨려 전한 것과 거의 같은 방식이다.[41]

이 구절의 기원에 대한 이미 연구된 사실들은 잠언에 수록된 지혜 문헌이 가진 국제적 특성을 예시하는 대표적인 사례임을 보여준다. 솔로몬 자신처럼, 왕상 4:29-34 이스라엘의 현인들은 국제적 배움의 세계에 속해 있었다. 그들의 지혜는 율법이나 선지자처럼 하나님의 언약 백성의 특별한 구원 역사에 근거한 것이 아니고 인간의 공통된 경험에 근거한 것이기 때문에, 그들은 쉽게 외국의 지혜 문헌을 차용했다. 우리가 살펴보는 이 구절에서 우리는 완전히 인정된 국제적 자료의 인용을 보고 있는데, 이는 마치 선택된 자료가 이스라엘 지혜문학의 정경으로서 성경 수집에 포함되는 것을 과시하는 것처럼 보인다. 물론 전체 잠언의 일부가 된 우리가 상고하는 구절은 이스라엘의 하나님과 관련됨으로 그것이 신학적 맥락잠 1:7; 2:6 참조을 획득하지만, 이것은 구속사적 맥락이 아닌 창조-신학적 맥락특히 잠언 8장 참조을 가진다. 그러므로 후자는 하나님의 세상에 사는

---

39) 이러한 확인에 대한 이유는 다음을 참고하여 발견할 수 있다. C.G. Rasmussen, *The International Standard Bible Encyclopedia*, ed. G.W. Bromiley, vol. 3 (Grand Rapids: Eerdmans, 1986), p. 277.

40) 잠언 1:8, 6:20에서 어머니의 역할을 살펴보라.

41) 아래의 각주 43을 참조하라.

하나님의 피조물인 인간이 접근할 수 있는 윤리적 지혜의 실례를 공급하는 적합한 맥락이며, 이는 하나님의 언약 백성으로서 가진 특별한 계시적 경험과는 별개의 맥락이다. 그러한 자료가 성경 중 히브리 정경의 일부가 되었다는 것, 아울러 그 결과 그 자료가 그리스도 안에서 하나님 자신의 계시에 대한 배경의 일부가 되었다는 것은 교훈적이다. 일부 신학자들이 반대하며 주장하는 바가 무엇이든지, 그것은 특별 계시special revelation [42]와 일반적인 인간 경험 사이에 연속성이라는 중대한 요소가 있음을 보여준다.

우리가 르무엘 왕 어머니의 충고를 읽을 때 이점을 염두에 둔다면, 이 충고의 내용이 율법과 예언자들의 관심사와 매우 밀접하게 연관되어 있음을 관찰하게 되고 이것이 더욱 우리에게 교훈을 줄 것이다. 자신을 스스로 보호할 수 없는8–9절 사회의 가장 약한 구성원의 권리에 대한 관심은 이스라엘의 정치 및 사법 당국에 요구되는 필수 사항으로 율법출 23:6과 선지자렘 22:2–3 모두에 의해 확인된다. 르무엘의 어머니는 고대 근동의 공통된 왕권의 이상을 표현하는데, 이것은 이스라엘의 이상시 72:12–14이자 메시아적 이상사 11:4이 되었다. 이 상관관계는 오늘날 정치에 참여하는 그리스도인들을 격려하는 것이 되어야 한다. 기독교인이 기독교적 계시에서 유추한 윤리적 관심사를 정치에 종사하는 비기독교인이 인식할 수 없을 것이라고 가정할 필요는 없다. 우리가 예를 들어, 순전히 인본주의적인 토대 위에서 공식화된 인권 사상과 기독교적 이상 사이의 진정한 수렴을 관찰한다면, 이것이 기독교가 세속 사상에 순응한 증거인 것처럼 의심을 가질 필요가 없다. 오랫동안 성경의 독자가 된 많은 세대들이 르무엘 왕의 어머니로부터 배워온 것처럼, 우리는 사실 세속적 사상으로부

---

42) 역자 주: 이는 구원의 계시이며, 삶의 공통 기반을 제공하는 일반 계시와 구별된다.

터 배울만한 무언가가 있었다.

르무엘 어머니의 가르침을 통해서 배우려는 경우 우리는 그 교훈을 구약성경의 다른 곳에서 상응하는 자료와 비교하게 되는데, 전자에서 결여되었다 느껴지는 것은 후자가 가르치는 구속사적 기초에서 제공하는 일종의 영적 동기이다. 하나님 백성의 경우, 가난하고 억눌린 자들의 권리에 대한 관심은 하나님의 구원 은총에 대한 역사적 경험신 24:17-18에서 흘러나오는 것이며, 동시에 하나님께서 그들에게 자신을 계시하신 대로 하나님의 성품에 대한 지식신 10:17-19; 대하 19:6-7에서 발원하는 것이다. 그러나 이 구속적redemptive 기초가 없다고 해서 르무엘의 어머니가 제시한 윤리적 원칙, 즉 모든 인간이 동일한 권리를 가진다는 깨달음을 인식하지 못하도록 막지 않는다. 동시에 이 상황은 정치적 원칙을 포기하도록 만들지 못하는데, 바로 이것으로부터 집권자의 특별한 의무는 자신의 권리를 방어할 수 없는 사람을 돕는 것이라는 점이다. 우리가 논의하는 구절의 특별한 가치는 바로 이 원칙에 대한 망각할 수 없는 표현이다.

르무엘과 메리카레

르무엘 왕 어머니의 충고는 이스라엘의 성경에 속할 뿐 아니라 그 시대의 국제적인 지혜에 속하기 때문에, 그 지혜를 고대 근동의 왕자들에게 가르친 다른 지침서와 비교할 가치가 있다. 이 같은 지침서로 현존하는 것 중 가장 포괄적인 것은 이미 언급한 이집트의 저작으로, 메리카레를 위한 지침이다.[43] 이는 이름을 알지 못하는 파라오가 그의 아들이자

43) J.B. Prichard, ed., *Ancient Near Eastern Text Relating to the Old Testament* (Princeton: Princeton University Press, 1955), pp. 404-18; W.K. Simpson, ed., *The Literature of Ancient Egypt* (New Haven/London: Yale University Press, 1973) pp. 180-92; 이 저작에 대한 토론은 다음을 참고하라. W. McKane, *Proverbs: A New Approach* (Old Testament Library; London: SCM Press,

상속자인 메리카레를 격려하여 가르치는 문서인데, 왕권의 의무와 왕권을 행사하는 기술에 관한 논문이다.[44] 이 작품은 강한 도덕적, 종교적 어조를 가지고 있으며, 메리카레에게 정의와 자비, 지혜와 정직으로 통치하도록 권고하며, 그렇게 해야 할 동기로 신들의 은총을 덧입고 그들의 판단을 배우기 위한 것임을 호소한다. 왕은 신민의 복지에 관심을 가져야 하며, 종교적 예식에 대한 의무를 신중하게 수행해야 한다. 파라오의 전체주의적 전제專制·despotism 속에서, 백성에 대한 왕의 의무는 물론 자신의 권력과 국가의 온전함을 유지해야 하는 의무와 분리될 수 없으며, 다음과 같은 주제에 대한 많은 실용적인 조언을 요청한다. 그러한 주제에는 국경을 보호하는 일, 잠재적인 선동가와 말썽꾼을 제거해야 할 필요성, 반역자를 다른 범죄자보다 훨씬 더 가혹하게 처벌할 의무, 관리들이 뇌물로 부패하지 않도록 관대하게 보상해야 할 필요성 등이 있다. 이 모든 주제 가운데 약자를 보호하는 왕의 전통적인 의무도 왕실의 정의의 중요한 측면으로 등장한다. 이러한 왕의 정의는 다음을 포함한다. '정의를 행하라 그리하면 네가 땅에서 장수하리라. 우는 자를 위로하라. 과부를 압제하지 말라. 사람을 그의 조상의 땅에서 몰아내지 말라. 즉 고아를 이용하지 말라. 유력자를 그의 자리에서 수치스럽게 만들지 말라.' 45-48행[45] 과부와 고아와 같은 취약한 집단에 불이익을 주기 위해 왕권을 사용하지 말라는 명령은 여기서 귀족을 허약하게 만들지 말라는 명령과 연결되어 있다는 점에 유의해야 한다. 가장 중요한 개념은 사회 질서에 대한 이집트의 위계적 관점이다. 왕은 사회 질서의 정상에서 자신의 지위를 남

1970), pp. 67-75. 또한 아메넴헷(Amenemhet)의 지침을 보라. Pritchard, *Ancient Near Easter Texts*, pp. 418-19; Simpson, *Literature*, pp. 193-97.

44) 일부 학자들은 작품의 진정성에 의문을 제기했지만, 이는 여기서 우리가 가진 관심사와 관련이 없다.

45) Simpson, *Literature*, p. 183.

용하여 자신의 하급자들에게 해를 가해서는 안 되며, 하급자들에 대한 상급자로서의 정의와 선행에 대한 책임을 수행해야 한다.[46]

이에 비교할 때, 르무엘 왕 어머니의 조언은 놀라운 특성을 가지는데, 그 내용이 그 자체로 유례가 없는 것인 때문이 아니라, 왕실 의무의 전체 범위에서 단 하나의 주제를 선택하기 때문이다. 메리카레의 아버지는 아들에게 왕권의 다양한 측면을 가르치는 데 관심이 있는 반면에, 르무엘의 어머니는 무력한 사람들에 대한 왕의 최우선 의무에만 그녀의 발언을 집중한다. 물론 우리는 이러한 선택이 르무엘 어머니 자신 때문인지, 아니면 그녀의 가르침을 이스라엘의 지혜 모음집에 포함시킨 히브리어 편집자의 영향 때문인지, 아니면 편집자가 관심 있는 부분만 선택했는지는 알 수 없다. 그러나 어느 경우든 모두 왕권의 의무에 대한 가르침의 이러한 측면만이 잠언에 통치의 길로 제시되고 있다는 것은 의미심장하다. 잠언의 다른 곳에서 특별히 왕들을 대상으로 한 조언이 거의 주어지지 않는데,[47] 그래서 우리는 르무엘 어머니의 이 가르침이 바로 이스라엘의 현자들이 왕을 가르침에 있어서 정말로 중요하다고 생각했던 것을 대표한다고 가정해야 한다. 그들은 국경을 확보하고, 의식을 집행하고, 반란군을 상대하는 것을 언급할 필요가 없다고 생각했다. 그들은 사회의 가장 약한 구성원을 보호하는 왕의 책임을 강조하는 것이 중요하다고 생각했다. 우리가 나중에 보겠지만, 이것은 왕권에 대한 구약의 일반적인 태도와 일치한다.

---

46) 이집트 문학에서 소외 계층에 대한 관심이 동반한 계급적 전제에 대해서는 다음을 참조하라. H.K. Havice, *The Concern for the Widow and the Fatherless in the Ancient Near East: A Case Study in Old Testament Ethics* (unpublished Ph.D. dissertation, Yale Univ., 1978), chapter 1.

47) 참조하라. 잠 8:15-16, 16:12; 20:8, 26; 25:4-5.

자세한 주해

잠언 31장 2-9절 전체는 하나의 통일체로 읽혀야 하는데, 이는 정치 권력이 왕 자신의 이익을 향유하기 위한 특권으로서가 아니라, 다른 사람 특히 도움과 보호가 가장 필요한 사람들을 위해 행사되는 책임이라는 개념에 초점을 맞춰 읽어야 한다. 그러므로 왕 자신은 방탕한 생활을 추구하는 것을 피해야 한다. 그 이유는 왕 개인의 도덕에 근거해서가 아니라, 왕의 공적 책임을 수행하는 것을 손상하는 가능성 때문이다.[3-5절] 본문 6-7절의 기능은 실제로 이러한 관점을 대조법을 사용하여 강조하려는 것이다. 술에 취해 망각하는 것은 자신을 돕기 위해 아무것도 할 수 없는 극한 상황에 처한 사람들에게는 자비로운 탈출구이지만, 대조적으로 그들을 도울 수 있고 또 도와야 하는 권력자의 음주와 망각은 책임 회피이다. 6-7절의 명령을 너무 문자 그대로 따르는 해석을 명백히 거부해야 하는 이유는 바로 우리가 그것을 심각하게 받아들이는 것을 소홀히 하지 않기 위함이다. 왜냐하면 이 구절이 가난함으로 극도의 불운을 겪고 있는 사람을 사랑으로 인정할 뿐 아니라, 그들의 재난에 대한 과도한 도덕적 판단을 반대하는 경고를 통하여 진지함으로 백성을 돌볼 수 있기 때문이다. 르무엘의 정책은 "왕은 스스로 돕는 자를 돕는다"가 아니라 "왕은 스스로 도울 수 없는 자를 돕는다"라는 명제에 나타난다.

잠언 31장 5절과 8-9절의 문맥은 민법적 정의와 사법적 정의의 문제이다. 세 구절 모두에서 소외된 자의 '권리' 에 대한 언급에 대하여 주목하여야 하는데, 상술하면 5절 상반부에서 법에 대한 언급, 그리고 9절에서의 '공의로운 재판' 이라는 명령이 나온다. 성경이 기술되던 사회에서 정의의 가장 심각한 문제는 법률에서 가장 신성한 것으로 명시된 법 앞의 형식적 평등이 종종 법적 실행의 현실에서는 실패했다는 것이다. 왜냐하면 법의 절차는 경제적, 사회적 권력을 가진 사람들에 의해 영향을 받았기 때문이다. 여기에서 부패한 정의로부터 약자를 보호하려는 지속적인 구약의 관심이 발생되었다. 신 16:19; 대하 19:7; 암 5:12 이러한 상황에서 왕은 대법원 판사로서 중요한 역할을 했고, 그는 지방 법원에서 권리를 거부당한 사람들을 위하여 개입할 수 있었다. 엄밀하게 말하면, 왕의 막강한 지위는 그에게 권세를 부여하여 지역 상황에 팽배한 압력에 저항하게 만들고, 달리 보호자가 없는 사람들의 보호자 역할을 할 수 있게 해주었다.[48] 특히 시편 72편과 같은 구절에서 왕조에 대한 승인을 얻도록 한 것은 바로 이 같은 역할이었다. 그러나 이 역할은 왕에게 끊임없는 경계심을 요청하는 것이었으며, 그의 지위가 만들어준 유리한 점을 이용하지 않겠다는 결단을 요구하는 것이었다.

'말 못하는 자를 대신하여 입을 열라' 8절 상반는 말씀은 꼭 은유적으로 해석할 필요가 없다. 말 그대로 언어 장애를 가진 사람들은 자신을 대변할 사람이 없는 한, 법적 절차에서 명백히 불리한 위치에 있다. 부자와 권세 있는 자뿐만 아니라 가난한 자도 말 못하는 자를 이용할 수 있었다. 비고. 레 19:14에 있는 여러 종류의 장애인을 이용하지 말라는 명령을 참고하라 따라서 '말 못하는 자' 는 사회에서 가장 불리한 사람들의 실제 사례이며, 이로써 그들은 자신의 정당한 권리가 무엇인지 듣기 어려운 모든 사람들을 대변한다. 이러한 사람들의 또 다른 범주는 정확한 의미는 불확실하지만 8절 후반에 해당하는 대상자이다. RSV에서는 '황폐하게 된 모든 자' 49 제안된 일부 번역은 특별히 불우한 또 다른 사람들의 특정 부류를 가리킨다. 예를 들면, '지각이 없는 모든 사람,' 즉 정신적으로 저능아나 '버려진 모든 아이' 곧 고

48) 삼하 12:1-6에 나단이 준 정보를 통하여 다윗이 추정하여 내린 사건에 대한 판결을 참고하라.
49) McKane, *Proverbs*, pp. 411-12.

아를 말한다. 또 다른 가능성은 다소 일반적인 의미에서 '상황에 의한 모든 종류의 희생자' 이다. 특히 경제적인 곤경에 처한 사람들은 9절 하반부에 구체적으로 언급되어 있다.

'말 못하는 자를 위해 입을 열라' 는 가르침은 이 구절을 특히 기억에 남도록 만드는 행복한 문구이다. 그것은 전통적인 화법이었음에 틀림이 없었을 것이다. 왜냐하면 우리는 동일한 정치적 이상을 진술하는 전통에 속한 또 다른 비이스라엘 족장으로서 사법권을 행사하는 욥의 설명에서 유사한 진술을 발견할 수 있기 때문이다. 욥은 '나는 맹인의 눈도 되고 다리 저는 사람의 발도 되었다' 욥 29:15 고 말한다. 이와 비슷하게 하나님 또한 정의로운 왕의 모델로서 '고아의 아버지시며 과부의 보호자' 시 68:5 이시다.[50] 이러한 방식의 주장은 왕의 의무가 불리한 처지에 있는 사람이 자신의 권리를 확보하도록 부족한 것이 무엇이고 요구하는 것이 무엇인지를 분명하게 공급하는 것임을 명백하게 표현한다. 이는 권력을 가진 자와 권력을 가지지 못한 자 사이의 일종의 연대성을 암시하는데, 이러한 상황 속에서 권력을 행사하는 자는 약자를 위하여 권력을 행사한다. 구약에서 정치권력의 존재를 정당화하는 것은 바로 이런 종류의 권력 행사가 이루어지는 경우이다. 왕은 힘없는 자들을 대신하여 그의 권력을 행사하거나, 그렇지 않으면 그는 힘없는 자들을 억압하는 권력 집단의 정점에 서 있는 사람이 된다. 참조, 삼상 8:10-18; 전 5:8

신약성경의 구절들은 일반적인 용어로 국가의 사법 기능을 언급하는데, 더욱 추상적인 언어를 사용한다. 롬 13:3; 벧전 2:14 그러나 그 구절의 목적은 반역의 유혹을 받을 수 있는 그리스도인들에게 로마제국이 제공한

50) 비록 사법적인 문맥은 아니지만, 욥 또한 고아의 아버지가 되었다고 주장한다(욥 31:18).

법과 질서의 일반적인 틀을 정당화하려는 것이다. 신약의 정치적 언급은 통치자들에게 전달되도록 의도하지 않으며, 구약에서처럼 정치적인 차원에서 현실적인 관점을 강조하여 구체적인 형태의 불의에 관여하도록 투쟁을 일으키는 것을 목표로 삼지도 않는다. 그렇다고 해서 신약의 가르침은 우리가 르무엘 왕의 어머니가 가진 정치적 원칙의 날카로움을 무디게 하는 것을 허용하지 않는다. 우리가 앞으로 보게 되겠지만 신약성경은 전혀 다른 방식으로 그 가장자리를 날카롭게 한다.

오늘을 위한 해석

오늘날 르무엘과 일치하는 정치적 역할을 감당하는 군주를 가진 사회는 거의 없으나, 그러한 역할은 여전히 수행되어야 할 측면이 있다. 대부분의 현대사회 속에는, 정치 및 입법 과정에서 약한 사회 구성원의 목소리를 대변하고 정의의 훼손을 방지하는 고도로 발전된 제도적 수단이 있다. 그러나 법 앞에서 형식적 평등의 확보가 그 자체로 소수의 이익을 위하여 작동하는 경우가 많으므로, 다수의 부당한 불이익을 초래하는 법의 남용을 막을 수는 없다는 사실은 여전히 가능성으로 남아 있다. 또한 '1인 1표' 라는 민주주의 원칙 자체로는 사회 속에서 부당한 대우를 받는 소수자를 위한 적절한 목소리를 보장할 수 없다. 민주주의는 약한 소수에 대한 강한 다수의 횡포가 될 수도 있으며, 이것이 일인 통치나 집단의 횡포보다 더 나을 수 있지만, 가장 약한 사람들은 어떤 체제에 의하든지 고통에 노출된다. 심지어 민주주의 체제에서 계발된 이기심은 권력 행사에 대한 도덕적 욕구를 바꾸어 실제로 힘없는 사람들을 위하여 정치권력을 공유하는 상황으로 나가는 변화를 일으키지 못하도록 한다.

이것이 급변하는 사회 속에서 빈번한 입법적 개혁을 필요하게 만든다. 이 상황은 다양한 압력 단체를 요구한다. 이는 진정한 자비심과 그들을 지원하는 이익 너머를 볼 수 있는 용기를 가진 정치지도자를 필요로 한다. 그것은 지속적인 경계심과 상상력을 잃지 않는 경각심을 요청한다. 우리 사회에서는 말 잘하는 대변인과 좋은 이미지를 가진 불우한 소수자들이 쉽게 청문회를 가질 수 있으며, 정치권력을 가진 사람들은 이러한 단체에 관심을 가짐으로 그들의 의무를 다한다고 느끼기 쉽다. 그러나 말 못하는 자를 위하여 입을 여는 원칙은 아직도 여전히 벙어리인 사람의 요구에 대해 지속적인 새로운 경각심을 가지는 것을 필요로 한다. 왜냐하면 이들은 스스로 말할 수 없으며, 어떤 경우에는 결코 스스로 말할 수 없는 심각한 정신 장애자, 매우 심한 중환자, 매우 나이가 많은 사람, 태아를 포함한 어린이 등이 이에 속하기 때문이다. 아울러 그들은 자신을 위해 효과적으로 말할 수 있는 사람을 아직 찾지 못한 사람이다. 도덕적으로 건전한 민주주의 사회에서, 정당과 정부는 부분적으로 그러한 집단의 요구를 기꺼이 받아들이는 자발성으로 판단되어야 하며, 그들이 그렇게 하는지를 감시할 책임은 정치 과정에서 어느 정도 발언권을 가진 모든 사람에게 고르게 분산되어 있어야 한다.

우리가 사는 세계에서도 말 못하는 사람을 위하여 변호하여야 할 책임은 국제적인 차원까지 확장된다. 국제앰네스티, 케스턴 칼리지,Keston College 51 그리고 교회를 포함해 인권과 관련된 다양한 조직들은 이러한 관점에서 볼 때 국제정치 과정에서 필수적이다. 이 점에서 언론의 힘 역시 중요한 부분인데, 이는 에티오피아의 기근을 통해서 매우 명백하게 드러난 바 있다. 르무엘 왕의 어머니가 교훈한 원칙을 적용하는 동안, 맛사의 왕비이며 왕의 어머니인 사람이 상상할 수 있었던 것 보다 훨씬 더 확장

51) 역자 주: 공산권 신자 대변기관

되었지만, 이는 문화를 초월한 영향력을 여지없이 보여준다.

이스라엘의 군주제

잠언 31장 1-9절은 정치 제도의 하나인 군주제에 관한 구약성경의 입장을 요구하는 질문에 대해 독특하면서도 통찰력 있는 주제를 제공한다.[52] 과거의 많은 기독교 사회에서 왕정이 당연한 것으로 여겨졌는데, 종종 이스라엘 왕정을 모델로 삼아야 한다는 호소가 있었다. 최악의 경우, 이것은 포악한 통치를 정당화하는 역할을 했으며, 기껏해야 그것은 왕정의 관행에서 왕의 역할은 그 백성을 위해 정의를 보장하는 것이라는 구약성경의 왕권에 대한 이상을 주입했다. 그러나 너무 자주 군주제에 대한 구약의 모호한 견해가 무시되었다. 특히 왕권신수설에서 말하듯이 이스라엘의 군주제는 다른 근동 국가의 신화에서와 같이 하늘에서 내려오지 않고, 하나님의 양보에 따라 왕을 구하는 백성들의 욕망으로부터 발생했다는 사실을 망각했다.삼상 8장

하나님의 언약 백성이 되는 이스라엘의 건설이란 이야기를 나눌 때, 모세오경은 특별히 그 나라의 기원적 역사와 민족이 준수해야 할 법을 제시하는데, 이 이야기 가운데 군주제는 거의 등장하지 않는다. 그것은 단지 신명기 17장 14-20절에만 나타난다. 이 구절은 군주제를 명시적으로 비판하지는 않지만, 사무엘상 8장이 하는 것처럼 다른 나라들과 같이 왕을 가지려는 이스라엘 자신의 욕망에 대한 양보로 다루고 있다.신 17:14; 참고. 삼상 8:19-20 더욱이 이 구절은 왕이 왕권의 관례적인 형태인 많은 아내,

52) 이 주제에 대한 다양한 평가와 함께 다음을 참고하라. W. Eichrodt, *Theology of the Old Testament*, vol. 1(London: SCM Press, 1961), pp. 436-56; H.W. Wolff, *Anthropology of the Old Testament*(London: SCM Press, 1974), pp. 192-98; G.E. Mendenhall, 'The Monarchy,' *Interpretation* 29(1975), pp. 155-70; P.D. Miller, 'The Prophetic Critique of Kings,' *Ex Auditu 2*(1986), pp. 82-95.

과도한 부와 군대신 17:16-17를 부인하고, 자신을 굴복시켜 나머지 백성과 같은 종교적 의무를 행하도록 명령한다. 신 17:18-19 그 결과 왕이 그의 '형제' 백성에 대한 독재적 권력을 당연한 것으로 생각하지 않았고, 백성에 대한 하나님의 주권을 찬탈하지 않도록 하였다. 신 17:20 그러므로 왕권은 소위 모든 동등한 사람들 속에서 왕이 그 중의 첫째 우두머리로 남아 있을 때만 허용되는 제도였다.

이 구절은 하나님의 백성이라는 이스라엘이 근본적인 구약의 가르침과 군주제의 개념을 조화시키는 것이 얼마나 어려운지 보여준다. 이스라엘이 이집트의 압제에서 해방된 노예의 나라로 시작되어 그들의 해방자 이신 하나님께만 복종하기 때문에 군주제라는 것은 발생하기 어려운 것이었다. 왕의 전제적인 권위에 복종하기를 바라는 것은 하나님께서 그들에게 주신 자유를 경멸하는 것이었다.

따라서 군주제는 유일한 해방자 되시는 하나님의 주권 아래서 평등한 사람들로 구성된 자유로운 사회를 이루는 초기 이스라엘의 이상과 일치하지 않았다. 이러한 근거에서 기드온은 왕이 되기를 거부했고삿 8:23; 비교. 삼상 8:7, 또한 이스라엘에서 군주제가 부적절하다는 것은 또한 그의 아들 아비멜렉이 왕이 되려는 시도가 보여준 교훈이기도 했다. 삿 9 가나안의 도시국가들과는 대조적으로, 왕정 이전의 이스라엘은 상대적으로 평등하고, 지방 분권화된 부족 사회였다.[53] 하나님은 왕조를 승인하기보

53) 이미 연구된 사회학적인 자료들을 참고하라. N.K. Gottwald, *Th Tribes of Yahweh: A Sociology of the Religion of Liberated Israel 1250-1050*(London: SCM Press, 1980); N. K. Gottwald, 'Theogical Issues in The Tribes of Yahweh by N.K. Gottwald: Four Critical Reviews,' in N.K. Gottwald, ed., *The Bible and Liberation: Political and Social Hermeneutics*(Maryknoll, New York: Orbis Books, 1983), pp. 166-89; C.J.H. Wright, 'The Use of the Bible in Social Ethics III: The Ethical Relevance of Israel as a Society,' *Transformation* 1/4(1984), pp. 11-21.

다 자신의 선택에 따라 카리스마적 지도자를 세우심으로써 직접 자신의 통치를 유지하였다. 사사와 같은 지도자들은 그들의 모든 결점에도 불구하고 사람들과의 연대성이나 하나님에 대한 책임을 망각하는 경우가 세습 군주보다는 훨씬 적었다. 그러나 우리는 사사기의 시대를 이상화해서는 안 되는데, 그 이유는 사사기 자체가 확실히 그렇게 하지 않는 때문이다. 특히 다음을 참고하라. 삿 17:6; 21:25 의심할 바 없이 왕정으로의 전환에는 어느 정도의 역사적 필연성이 있었고, 또한 우리는 사사인 사무엘의 아들들의 부패한 역할 삼상 8:1-5 이 이스라엘이 왕을 갈망하게 된 계기가 되었다는 사실에 주목해야 한다. 적어도 부분적으로는 백성들이 왕에게 기대하는 정의의 구현을 위해서, 고대 군주제의 특유한 현상인 압제를 감수할 준비가 되어있었다. 삼상 8:11-18 왕실의 정의는 종종 왕들에게 그들의 억압을 정당화하기 위한 이데올로기였을지 모르지만, 그러나 백성들에게는 그것이 통치자들에게서 실현되기를 끊임없이 갈망했던 이상이었다.

세습 군주제의 시작은 이스라엘 사회의 대규모 변화, 즉 중앙 정부, 관료제를 낳았고, 씨족 제도의 부분적 계급제로의 대체, 그리고 경제적 불평등의 증가를 동반했다. 예언자들이 비난한 사회, 경제적 불의는 이러한 변화의 산물이었다. 그러나 군주제와 관련하여 예언자들의 전략은 그것을 불법이라고 선언하는 것이 아니라, 군주제를 정당화할 수 있는 이상적인 기준에 따라서 그것을 판단하려는 것이었다. 왕정이 정당화될 수 있었던 이유는 왕권이 백성을 수탈하거나 좌절시키지 않고, 자기 백성을 해방하는 하나님 자신의 통치에 공헌할 때만 정당화될 수 있었다. 왕정은 억압의 희생자들에게 정의를 집행함으로써 원칙적으로 정당화되었는데, 이것은 예언자들이 이스라엘의 실제 왕권의 관행에 대해 비판

적으로 설정하여 세운 왕권의 이상이다. 참조, 렘21:12; 22:3, 15–16; 겔34:4

그러므로 군주제는 대체로 그 실질적 관행 때문에 비난받았지만, 압제자를 위한 하나님의 해방을 이루는 정의라는 이스라엘의 원래 정치적 목표 중 하나에 봉사할 때, 비판적 이상이라는 명분으로서 허용될 수 있었다. 사회의 가장 취약한 구성원에 대한 정의를 보장해야 하는 왕의 책임은 이미 어떤 경우든지 일반적인 근동 왕권 개념의 일부였기 때문에, 이런 관점으로 이해될 수 있었다. 이스라엘조차도 '다른 나라들과' 같이 되기 위하여삼상 8:20 왕 제도를 받아들여야 한다고 주장할 때, 이와 같은 명분을 모방한 것이다. 동등한 맥락에서 우리는 잠언 31장 1–9절이 군주제에 대한 구약의 전체 핵심 사상과 어떻게 일치하는지 볼 수 있다. 여기서 왕권이 실제로 무엇에 관한 것인지를 정확하게 선택하고 강조하는 것은 바로 국제적 지혜로 이해되는 왕의 의무라는 관점이다. 오직 이 관점만이 선지자들이 믿었던 것처럼, 하나님의 그 백성에 대한 통치와 정의에 대한 그의 관심사를 지지하는 군주제를 상대적으로 용인할 수 있도록 했다. 이것은 군주제의 모든 의심스러운 다른 관점들, 즉 군사력, 중앙 집권화된 관료적 통제, 위계적 이데올로기 및 경제적 불평등과 같은 요소를 밀어두고, 오로지 무력한 사람들의 권리 보호를 위한 왕의 권력 행사에만 초점을 맞추었다. 그러나 다른 관점들은 구약성경의 사상이 늘 비판을 제기하는 요소들이다.

따라서 이스라엘의 종교적 전통이 제시하는 전제주의에 대한 근본적인 저항의 관점에서 볼 때, 구약성경은 이상화된 군주제의 형태에 대해서만 조건부 승인을 허락할 수 있다. 대관식 시편인 시편 72편은 이 맥락에서 가장 교훈적이다. 이 시편은 왕이 정의를 집행하고 번영을 구가하는 다스림을 위하여 기원하는데, 두 주제가 철저히 연관되어 있고 번영이 정의에 달려 있음을 보여준다. 왕이 행사해야 할 공의는 하나님의 것이므로,[시 72:1] 그것은 가난한 자와 궁핍한 자를 위한 공의이며, 억눌린 자에게 구원이 되고, 도와줄 자 없는 약한 자를 붙들어주는 것이다.[2, 4, 12–14] 만일 왕이 주님의 기름 부음을 받은 자이고 하나님께서 그의 통치를 승인하신다면, 이것은 그의 통치가 하나님의 통치를 반영하기 때문이며 그가 하나님의 제한 내에 있기 때문이다. 이러한 기대에 대한 거의 끊임없는 실망을 바라보면서, 이러한 이상을 실현할 왕에 대한 희망이 생겼다. 메시아에 대한 기대 속에서 왕권의 이상은 지배나 압제와는 아무런 관련이 없는 것으로, 오직 하나님의 자유롭게 하시는 주권에만 관련이 있었다.[참조, 사 9:7; 11:3–4; 렘 23:5; 33:15] 신명기의 이상처럼 메시아적 왕은 그의 형제들과 연대를 이루며 통치할 것인데, 그 이유는 시편 72편의 이상적인 왕처럼 연약하고 소외된 자들에 대한 하나님의 관심을 구현하는 것을 목표로 삼기 때문이다.

우리는 구약성경이 후기 사회를 위한 특정한 정치체제를 규정한 것으로 이해할 수 없다. 그것이 제시하려는 것은 모든 정치체제와 그 실행을 평가하기 위한 기준이다. 그 정부의 기준이란 모든 사람을 대신해서 모두의 이익을 위해, 특히 도움을 받지 않으면 가장 많이 고통받게 될 가장 약하고 소외된 사람들의 이익을 위해, 그리고 사회적 또는 경제적 힘이나 영향력이 없는 사람들을 위하여, 왕의 권력을 행사해야 한다는 것이다. 일부 정치체제는 다른 체제보다 이러한 목표를 달성할 가능성이 더 높을 수도 있다. 어쨌든 대부분의 현대적 상황에서 어떤 형태의 민주주의는 군주제보다 그렇게 할 수 있는 가능성이 훨씬 더 크게 보인다. 그러나 시스템은 목표에 종속되어야 한다. 어떤 시스템도 목표 달성을 보장할 수 없기 때문에, 이미 살펴본 것처럼 목표는 지속적으로 다시 주장되고, 다양한 방법으로 끝없이 확인되어야 한다.

기독론적 성찰

우리가 본 바와 같이 잠언 31장 1-9절에서 표현된 것과 같은 왕권의 이상은 유대인의 메시아에 대한 기대를 형성했고, 그 결과 메시야 직분이 내포한 정치적 관점을 부여했다. 예수께서도 이러한 정치적 메시야 직분을 거부하기보다는, 오히려 그것을 인간 정치의 범주를 넘어서는 방식으로 급진적인 것으로 만들었다. 메시아인 예수는 자신의 왕권을 착취하려는 특권으로 행사하는 것이 아니라, 모든 사람을 섬기기 위해 행사하는데,[눅 22:24-27] 바로 이것이 르무엘의 어머니가 제시한 훈계의 전통과 맥락을 같이한다. 그러나 이 메시야적 왕이 힘없는 자들과 가지는 연대는 도움을 받지 못하는 무력한 상황에 있는 그들과 급진적인 동일시의 형태를 취하는데, 이 점에서 메시야는 르무엘의 그 전통 자체를 넘어서는 모습을 보인다.

첫째로, 오직 첫째로 언급하지 않을 수 없는 것은, 놀랍게도 우리가 언급하는 잠언 31장 6-7절이 예수님의 이야기와 명시적으로 연결된다는 점이다. 분명히 잠언 31장 6절에 순종하여, 예루살렘 여자들은 몰약을 섞은 포도주를 사형 선고를 받은 사람들에게 주어서 마취 효과를 증대시키려는 관습을 따랐다.[54] 십자가형을 받는 과정에서 그러한 음료를 제공받은 예수[막 15:23]는 그러므로 참을 수 없는 고통을 겪고 있는 사회의 가장 비참한 구성원들과 같이 되었다. 동시에, 예수는 음료를 거부함으로써 자신이 단지 그들 중 한 사람, 곧 상황의 또 다른 무력한 희생자가 되는 것이 아니라, 자발적으로 그들의 고통을 공유하고 그들이 견딜 수 없

54) Babylonian Talmud, *Sanhedrin* 43a.

었던 것을 완전한 의식을 가지고 그들을 위해 견디는 사람임을 보여주었다. 따라서 그는 무력한 자들과 철저한 연대를 이루는 왕이 되실 뿐 아니라,[잠 31:6-7] 무력한 자들에 대한 책임 때문에 포도주를 거부하는 왕이 되었다.[잠 31:4-5] 힘 있는 자가 약한 자와 연대를 이루는 것은 예수 안에서 무력함과 연대하는 능력이 되었고, 또한 바울의 표현을 빌리자면 '하나님의 약함이 사람보다 강한 힘' 이 되었다.[고전 1:25]

예수께서 비참한 자들과 극단적인 연대의 형태를 취함으로 이상적인 메시아적 왕권을 보여주셨다는 사실은 여러 가지 면에서 정치권력의 행사에 대한 우리의 생각에 도전을 준다. 우선적으로, 그것은 가야바와 빌라도처럼 공의와 연민보다 편의를 더 선호하는 정치권력의 권위에 대해 이의를 제기한다. 만왕의 왕은 가야바와 빌라도와 함께 재판석에 앉지 아니하고, 오히려 그들의 정죄를 받았으나, 그렇게 함으로 그들을 정죄하였다.

둘째로, 무력한 이들에 대한 예수의 근본적인 연대성은 정치인들에게는 불가능한 이상이지만, 그럼에도 불구하고 그들이 무시할 수 없는 이상이다. 정치에서 강자와 약자의 연대는 그 자체로 효과적인데, 그 이유는 강자가 여전히 강하고 약자를 대신하여 그들의 권력을 행사하기 때문이다. 그러나 정치권력은 그 권력을 가진 사람과 약자들 사이에 쉽게 거리를 둘 수 있다. 집권자들은 실제로 무력하게 되는 것이 어떤 것인지 잘 알지 못하며, 혹 그들이 한 번 알았더라도 곧 잊어버린다.[전 4:13-14 참조] 그들이 힘없는 사람들을 대변한다고 주장할 수 있지만, 힘없는 사람들은 그들이 자신의 대변인이라고 생각하지 않는다. 최악의 경우, 힘없는 사람들은 자칭 대변인에 의해 주도되는 정치적 권력 게임의 하수인이 되고, 그들은 항의할 자신의 목소리를 낼 수 없으므로 더욱 이용당하기 마련이다. 여기에서 예수의 모범은 정치인들에게도 연대성이라는 관념이 진정 요구하는 바가 무엇인지 상기시킬 수 있다. 정치인은 정상적인 상황에서 권력을 포기하지 않겠지만, 그들에게 열려 있는 모든 방법을 사용하여 권력이 힘없는 자로부터 멀어지려는 격리 효과distancing effect에 저항해야 한다.

마지막으로, 예수님이 가르치신 무력한 자와의 연대성은 그러나 우리에게 정치가 중요하지만, 또한 정치의 한계를 상기시킨다. 예수의 방법을 따라 가장 불우한 사람들과 사랑의 연대를 추구하는 길이 열려 있는데, 이것은 그들의 문제에 대한 정치적인 해법의 범주를 넘어선다. 정치적 권위는, 예를 들어, 테레사 수녀의 일을 도울 수 있지만 그렇게 테레사 수녀처럼 되지는 못한다.

토의문제3. 권력자를 위한 지혜: 잠언 31장 1-9절

1. 이 잠언서 31:1-9의 출처는 맛사의 왕 르무엘을 향한 어머니의 권면이라고 저자는 말한다. 이러한 생각이 옳다면 비유대인의 글임에도 불구하고 유대 정경에, 그것도 잠언의 결론 부분에 해당하는 이곳에 수록한 사실이 함의하는 바는 무엇이라고 저자는 말하는가?

2. 왕인 아들에게 바라는 어머니의 소망과 권면이 당시에 이상적으로 여겨지는 왕권의 모습이라면, 이것이 유대 왕국과 현대의 통치자들에게 기대할 수 있는 이상과는 어떤 면에서 공통점이 있다고 볼 수 있는가?

3. 르무엘 왕의 어머니가 아들에게 충고하는 왕권의 가장 중요한 책임이 어디에 있다고 말하는가? 이러한 왕의 사명을 잊지 않기 위하여 왕이 절제하여야 할 일은 무엇이라고 강조하는가? 특히 세 번이나 반복하여 "마땅하지 않다"고 말한 이유는 무엇인가?잠 31:4-5

4. 왕권이 하나님으로부터 부여된다면, 왕권을 부여하는 하나님은 자신의 대리인으로서 '고아의 아버지며 과부의 보호자' 시 68:5로서 위정자

가 사회적 약자를 배려하는 임무를 맡긴다. 오늘날의 사회에서 위정자는 어떠한 종류의 사회적 약자를 돌아보아야 하는가?

5. 하나님으로부터 통치권을 부여받은 위정자는 자신의 전제적 권력을 위해서가 아니라, 정의 구현을 위하여 존재한다. 오랜 정치지도자의 역사가 실상 지배자의 사례를 무수히 보인 것임을 생각할 때, 예수 그리스도의 왕권이 대조적인 근거와 이유는 어떠한 면에서 찾을 수 있을까?

4. 눌린 자를 위한 노래: 시편 10편과 시편 126편

구약성경은 종종 눌린 자를 옹호하기 위해 말하지만, 그 안에서 그렇게 말하는 이들이 항상 눌린 자들 자신은 아니다. 그런데 얼마간의 시편은 그들 피압제자 자신의 목소리이다. 그러한 시편들로부터 우리는 기도와 정치에 관한 무엇인가를 배울 수 있는데, 이러한 가르침은 신앙이 시험을 받거나 영감을 얻을 수 있는 상황을 통과하는 동안 그 가운데서 주어진다. 이 장은 정치적으로 억압받는 현대 그리스도인들의 글들을 많이 인용하려고 한다. 그 이유는 오늘날의 억압적인 상황에서도 하나님을 찾아 향하는 이들을 통해 성경에 있는 압제 받는 자들의 기도를 이해할 수 있는 어떤 해석학적인 특권을 가지게 되기 때문이다.

시편 10편 (개역개정판)

10:1 여호와여 어찌하여 멀리 서시며 어찌하여 환난 때에 숨으시나이까

2 악한 자가 교만하여 가련한 자를 심히 압박하오니 그들이 자기가 베푼 꾀에 빠지게 하소서

3 악인은 그의 마음의 욕심을 자랑하며 탐욕을 부리는 자는 여호와를 배반하여 멸시하나이다

4 악인은 그의 교만한 얼굴로 말하기를 여호와께서 이를 감찰하지 아니하

신다 하며 그의 모든 사상에 하나님이 없다 하나이다

5 그의 길은 언제든지 견고하고 주의 심판은 높아서 그에게 미치지 못하오니 그는 그의 모든 대적들을 멸시하며

6 그의 마음에 이르기를 나는 흔들리지 아니하며 대대로 환난을 당하지 아니하리라 하나이다

7 그의 입에는 저주와 거짓과 포악이 충만하며 그의 혀 밑에는 잔해와 죄악이 있나이다

8 그가 마을 구석진 곳에 앉으며 그 은밀한 곳에서 무죄한 자를 죽이며 그의 눈은 가련한 자를 엿보나이다

9 사자가 자기의 굴에 엎드림 같이 그가 은밀한 곳에 엎드려 가련한 자를 잡으려고 기다리며 자기 그물을 끌어당겨 가련한 자를 잡나이다

10 그가 구푸려 엎드리니 그의 포악으로 말미암아 가련한 자들이 넘어지나이다

11 그가 그의 마음에 이르기를 하나님이 잊으셨고 그의 얼굴을 가리셨으니 영원히 보지 아니하시리라 하나이다

12 여호와여 일어나옵소서 하나님이여 손을 드옵소서 가난한 자들을 잊지 마옵소서

13 어찌하여 악인이 하나님을 멸시하여 그의 마음에 이르기를 주는 감찰하지 아니하리라 하나이까

14 주께서는 보셨나이다 주는 재앙과 원한을 감찰하시고 주의 손으로 갚으려 하시오니 외로운 자가 주를 의지하나이다 주는 벌써부터 고아를 도우시는 이시니이다

15 악인의 팔을 꺾으소서 악한 자의 악을 더 이상 찾아낼 수 없을 때까지 찾으소서

16 여호와께서는 영원무궁하도록 왕이시니 이방 나라들이 주의 땅에서 멸망하였나이다

17 여호와여 주는 겸손한 자의 소원을 들으셨사오니 그들의 마음을 준비하시며 귀를 기울여 들으시고

18 고아와 압제 당하는 자를 위하여 심판하사 세상에 속한 자가 다시는 위협하지 못하게 하시리이다

깊은 곳에서의 부르짖음

시편 10편[55]은 소위 애통의 시편이라 불리는 것 중 하나이나, 오히려 불평의 시편 혹은 항의의 시편이라고 불리는 것이 더 좋을 듯하다.[56] 그 시편들은 더 이상 고통을 견딜 수 없는 사람들이 그 고통의 심연으로부터 부르짖는 절규이다. '애통' 이란 용어가 의미하고 있는 것과 같은 그 고통 속에 자신을 내어 맡기기를 원치 아니하는 사람이, 때로는 분개하여 필사적으로 그것에 저항하는 것이다. 그들은 하나님께 불평하는데, 종종 자신들에게 고통을 당하도록 내버려 둔 하나님을 대항하여 그렇게 처절하게 불평할 수밖에 없는 그런 상황에 처한 어려움을 토로한다. '어찌하여 오 주여?' 그리고 '오 주여 어찌 이리 오래도록?' 등의 표현들은 이

---

55) 십중팔구 시편 9, 10편은 본래, 답관체(踏冠體) 양식으로써 하나의 시편이었으나(Jerusalem Bible, New English Bible과 비교하라), 현대적 양식에서는 두 개의 구별된 형태로 편집된 것이 분명하다. 다음을 참고하라. P.C. Craigie, *Psalms 1-50* (Word Biblical Commentary 19; Waco, Texas: Word Books, 1983), pp. 116-17.

56) 이 시편들에 관하여, 다음을 참고하라. C. Westermann, *Praise and Lament in the Psalms* (Edinburgh: T.&T. Clark, 1981), Parts 4 and 7; W. Brueggemann, 'Psalms and the Life of Faith: A Suggested Typology of Function,' *Journal for the Study of the Old Testament* 17 (1980), pp. 332; W. Brueggemann, *The Message of the Psalms: A Theological Commentary* (Augsburg Old Testament Studies; Minneapolis: Augsburg, 1984), chapter 3; J.F. Craghan, *The Psalms: Prayers for the Ups, Downs and In-Betweens of Life* (Wilmington, Delaware: Michael Glazier, 1985), 6장.

들의 기도를 특징짓는 분개한 사람의 물음이다.

시편 속에는 시편 기자와 그의 하나님을 제외한 제삼자가 항상 등장하는데, 이는 곧 시편 기자의 대적들이다. 이들은 시의 배경 속에서 대기하고 있다가, 종종 시편 기자가 묘사하고 있는 장면의 전면에 위협적으로 나타난다. 기자의 고통이 질병과 같은 본래 다른 원인이 있다 하더라도, 이를 통쾌해하고 조롱하며 그 기록자의 연약함으로 재빠르게 이익을 보려는 적들이 항상 존재한다. 이러한 시편에는 사회적 갈등의 배경이 피할 수 없는 상황으로 자리하고 있다. 이 상황이 많은 현대의 독자들에게 역겹게 여겨지기도 하는, 자기의 적들에게 보복하려는 시편 기자의 욕구 같은 특징들을 만들어 낸다. 그런 독자들은 때때로 이런 시편들에 대해 연민을 가질 수 없는 보다 근본적인 결핍의 사유가 있는데, 평화롭고 부요한 환경에서 사는 그들은 시편 기자의 관점에서 적을 가진다는 것이 무엇인지를 거의 알지 못하기 때문이다. 그런 사람들이 만일 기자가 갖는 복수심을 하찮은 적개심이나 삶의 갈등으로 간주한다면, 기자가 적에 대해 계속 몰입하는 행위를 이상한 것으로 밖에 달리 해석할 수 없다. 그러므로 우리는 이 시편의 뒤에 있는 사회의 갈등을 이해함으로 시작할 수밖에 없다. 시편 기자들의 절망은 사회적이고 경제적인 연약함에서 비롯된다. 그들은 부요한 자나 권력을 가진 자들의 압제에 의한 희생자일 수도 있다. 혹은 이런, 저런 연유로 그들 자신의 형편은 핍절해 가는데, 그들의 평범한 이웃들이나 이전에 친구로 여겼던 사람들이 자기들을 피하거나, 실제적으로 이 상황을 악용하려는 것을 목격하게 되는 경우일 것이다.

시편 10편에서 사회적 불의라는 상황은 두드러지게 나타날 뿐 아니라 불평의 중심 내용이다. 더 나아가 여기서 시편 기자는 단지 자신만을 대변하여 불평하는 것이 아니고, 정의를 구하되 자신만을 위한 것이 아닌 '사악한 자들' 에게 압제 받는 '가난한' 사람 전체를 위한 것이다. 사악한 자들은 다른 상황을 전혀 고려하지 않고 타인을 배제하면서 이익을 추구하는 자들이다.[3절] 시편의 통상적인 표준 이미지로 나타나는 사악한 사람은 가난한 자를 움켜쥐려고 엎드려 기다리는 짐승,[10절] 빈곤한 자를 덫에 떨어뜨리는 사냥꾼으로 묘사되는데,[11절] 이러한 이미지는 권력자들의 착취와 폭력에 대항하여 자신을 보호할 수 없는 가난한 자들의 취약성과 무력함을 강조하고 있다. 이들 '가난한' 자들 혹은 '고통받는' 자들[2, 9, 12절]은 또한 '압박받거나' 혹은 '착취당하는' 자[18절]이며, 이들은 의미심장하게 '고아들'[14, 18절]로 묘사되고 있다. 시편 기자는 여기서 문자적으로 고아를 의미하지 않지만, 특징적으로 고아로 표현되는 그런 부류의 사람들을 지시하고 있는데, 이들은 곧 사회적 경제적인 면의 위치가 가장 취약하고, 불안하고, 자신을 지켜낼 수 없는 사람들이며, 자신의 권리를 보호해 줄 아무 조력자가 없는 사람들인데, 이 부류에 기자 자신도 포함되어 있음을 암시한다. '고아를 도우시는 분' 이신[14절] 하나님을 제외하고 누구도 그들을 돕지 않는다. 어떤 주석가들은 시편에서의 '가난하다' 라는 용어는 경제적인 것 그 이상인 종교적인 의미로서, 겸손한 태도로 하나님과의 관계에 의존하는 그런 사람들에게 쓰이는 어휘라고 강조한다.[57] 다른 대부분의 시편에서 그러하듯이, 시편 10편에서도 사회적 경제적인 의미가 종교적인 것으로 대치되었는지는 분명치 않다. 그러나 기자의 사회적, 경제적 고난이 직접적인 종교적 함의를 갖는 것이 분명한데, 그 이유는 다른 방편이 부재하기 때문에 그는 완전히 자신의

---

57) 예로써 다음을 참고하라. A. Weiser, *The Psalms: A Commentary* (Old Testament Library; London: SCM Press, 1962), p. 93.

보호와 정의의 시행을 오직 하나님께만 의존하기 때문이다. 이스라엘의 하나님은 특히 도움이 없는 자를 도우시는 분이므로, 압제 받으며 탈취된 자를 대변하는 것이 하나님 자신의 특별한 역할임을 단언하고 있다.

그러나 시편 기자가 불평하는 이유는 이제까지 그렇지 않으셨던 하나님의 생소한 침묵 때문이다. '여호와여 어찌하여 멀리 서시며 어찌하여 환난 때에 숨으시나이까.' 1절 시편 기자의 불평은 특이하게도 탄원을 통하여 하나님께서 들으신다는 확신으로 옮겨간다. 여기에서 불평하는 기자는 1절에 나오는 '어찌하여?' 로부터 13절의 '어찌하여?' 로 이동하는데, 12절에서의 탄원이 하나님께 상달되고 14-15절에 이르러 하나님이 보셨다고 확신하게 된다. 이로써 이 시편은 하나님께서 들으셨고 응답하시리라16-18절는 믿음을 가지고 결론에 이른다. 그러므로 시편 중 가장 어두운 분위기의 시편 88편과는 달리, 불평은 이 시편의 최종적인 어휘가 아니다. 그러나 여기서 시인의 암울한 표현은 최대한의 범위로 넓혀져서 묘사된다. 기자들은 결코 자신의 언어를 통제하지도 감정을 조절하지도 않는다. 그렇게 하지 않는다는 것은 하나님과의 관계에선 그들이 가진 핵심적인 특징이다. 하나님에 의하여 버림받았다고 여겨지는 경우, 하나님과 대화를 유지하며, 곤경을 벗어나, 확신과 소망에 이르는 것은 오직 비통함과 항의를 충분히 표현함으로써 가능해지기 때문이다.

그러므로 시편 기자의 불평을 주의하여 듣고 서둘러 결론을 내리지 않음이 중요하다. 우리는 그의 어둠 안으로 들어가 보아야 한다. 그와 함께 이미 깊은 흑암 가운데 있는 이들을 위하여 그의 언어들은 어려움을 당한 자의 불평을 대신 표현할 수 있고, 그의 탄원은 하나님이 부재하신 것처럼 여겨지는 경우라 할지라도 여전히 그분을 향해 부르짖을 수 있다는 것을 깨닫게 하는 도구가 된다. 이와 유사한 경우를 경험하지 않은 이들을 위하여, 이 시편은 이 세상에 실제로 존재할 뿐 아니라 간편한 종교적 위로로 덮어지지 않는 어둠이 있음을 우리에게 상기시키고 있다. 얼굴을 가리신 하나님을 향한 항변으로 오직 부르짖는 것 이외의 다른 무엇을 할 수 없는 그런 희생자들과 결속되어 연대감을 얻을 수 있도록 이 시편은 우리를 이끌고 있다.

주여, 어찌하여?

시인의 불평이 설득력을 가진 이유는 그가 하나님과 사회 정의를 연결한다는 점에 있다. 사회 정의의 부재[2-11절] 속에서 그는 하나님의 부재를 감지한다.[1절] 더 나아가서 악인도 마찬가지다. 악인은 실천적 무신론자로 묘사되는데, 그는 '그의 모든 사상에 하나님이 없다'[4절]고 묘사된다. 이것은 악한 자가 하나님의 존재를 공식적으로 부정한다는 뜻이라기보다는, 그의 행동으로 볼 때 하나님을 전혀 고려하지 않으면서 행동한다는 의미이다. 그 당시에 하나님의 존재를 지적으로 부정하는 가능성은 거의 없었다. 다만 악인의 행위는 하나님께서 사회 정의에 관심이 없고 그것을 실현하려고 어떠한 행동도 하지 않는다는 가정에서 연유된다. 사악한 자의 '교만함' 이란 그의 공공연한 도덕적 반항이고, 처벌받지 않고도 가난한 이들을 탈취할 수 있다고 자신하는 것이다.[2a, 3-4, 6절] 약한 자들을 해칠 때 그들은 "그 마음에 이르기를, '하나님이 잊으셨고 그의 얼굴을 가리셨으니 영원히 보지 아니하시리라' "고 말한다.[11절] 그러나 이것이 곧 시편 기자가 말하는 불평의 요지인데,[1절] 주께서 그의 얼굴을 가리시고 파렴치한 불의에 모른 체 하시며, 사악한 자들에게 그 대가를 치르게 하지 않으신다는 것이다. 이처럼 악인의 판단이 옳은 것처럼 보이다니! 이 세상은 마치 가난한 자를 탈취하는 것이 성공의 열쇠가 된다는 전제에 서 있는 것처럼 여겨지고 있다.[5-6절] 악인들의 실천적 무신론이 진리로 판명되는 것 같은 상황이 은밀하게 내포하는 위협을 우리가 목격하게 될 때, 비로소 시편 기자들의 불평이 솟아오르는 그 깊이를 가늠하게 된다. 시인의 불평은 모든 현실적인 사안 속에서 '하나님은 없다' 하는, 다시 말하면 이스라엘이 믿어 온 그런 하나님, 곧 출애굽의 하나님, 불의를 주시하고 압제 받는 자를 돌보고 그들을 위하여 나서시는 그 하나님이 없다고 하는 사실에 대한 것이다. 여기서 첫째의 '어찌하여' 로 시작되는 질문, 곧 1절의 '어찌하여 환난 때에 숨으시나이까' 라는 항의의 말은 둘째의 '어찌하여' 라는 질문, 곧 13절의 '어찌하여 악인이 하나님을 멸시하며 어찌하여 그의 마음에 이르기를 주는 감찰하지 아니하리라' 는 좌절의 말과 본질적으로 같은 바탕에 서 있다.

시인의 불평은 그러므로 '하나님께서 왜 악을 허용하는가' 라는 신정론theodicy 58에 해당하는 질문의 한 형태이다. 만일 하나님이 그렇게 행하신다면, '정말 하나님이 하나님일 수 있는가' 라고 질문하는 것이다. 이 시편에 명시되어 있는 질문의 세 가지 측면은 주목할 가치가 있다. 첫째로, 이런 질문이 사회악이란 맥락에서 발생한다는 것이 고대 이스라엘의 특징이다.[59] 이것은 탁상공론적 철학의 추상적 질문이 아니라, 살아남기 위하여 안간힘을 쓰는 소외된 사람들이 생사의 갈림길에서 던지는 질문이다. 그러나 둘째는, 이런 질문이 하나님께로 향하여 주어진다는 것이 또한 구약 신앙의 특성이다. 하나님이 그 얼굴을 가리고 불의를 무시한다는 시편 기자의 하나님을 향한 불평은 역설적인데, 이는 불평 그 자체가 하나님은 보고 계시고 또한 듣고 계신다는 믿음의 행위에 기반하기

58) 역자 주: 神正論 혹은 辯神論 은 악의 존재를 향한 하나님의 섭리에 대한 변증이다.
59) 다음을 참조하라. W. Brueggemann, 'Theodicy in a Social Dimension,' *Journal for the Study of the Old Testament* 33(1985), pp. 325.

때문이다. 이 역설에 담긴 긴장감은 상당히 고려할 만한 것이다. 악인의 실천적 무신론이 진실로 판명되고 마는 위협에 항복하여 시인이 손을 들어야 하는 치명적인 절망에도 불구하고, 하나님을 향한 불평은 시편 기자를 절망에서 보호하고 있다. 듣기는 하지만 귀가 먹었다는 불평마저도 용납하고 들어주시는 그 하나님은 삶에서 불의가 결코 마지막 결론의 말이 아니라는 유일한 희망을 품도록 하신다. 이 하나님에 대한 신앙이 중요한 것은, 부조리에 직면해 있다 하더라도 시인이 현대 서구의 불가지론을 대수롭지 않게 보게 한다는 면에서 그러하다. "희생자들에게 있어서 하나님을 믿는 것이 단순한 지적 연습이 아니라, 희망의 실재 혹은 부재로 판명되는 분수령이다."[60]

셋째로, '어찌하여' 라는 기자의 질문은 이론적이 아닌 행동이 따르는 반응을 요구한다. 그것은 하나님이 외견상으로 부재할 뿐이라는 어떤 설명을 원하는 것이 아니라, 그 부재가 종식되기를 바라는 것이다. 구체적으로, 압제 받는 자를 위한 정의18절와 압제자에 대한 보응2절 하반을 요구하는 것이다.

신정론적 질문은 정치적 악과 압제의 상황에서 필연적으로 발생한다. 라이프찌시市의 시장이었던 칼 프리드리히 괴르델러Carl Friedrich Goerdeler는 그의 기독교적 확신 때문에 히틀러에게 저항하였는데, 1945년 사형을 선고받은 후 감옥에서 다음과 같이 썼다.

> 한 사람의 개인적 운명을 가름하는 신이 있을까? 내가 이를 믿는다는 것은 어려운 일이다. 왜냐하면 수십만의 짐승 같은 사람들과

60) J. W. de Gruchy, *Cry Justice: Prayers, Meditations and Readings from South Africa* (London: Collins, 1986), p. 122.

> 영적으로 병들고 망상에 빠진 개인들로 인하여 생긴, 인류에게 끼쳐진 급류같이 흐르는 피 흘림과 고통을, 산더미 같은 공포와 절망을, 이 하나님이 지난 몇 년간 용납하였기 때문이다. 그는 수백만의 정직한 사람들이 괴로워하며 죽어가도록 내버려 두었다.[61]

질문을 쫓다가, 괴르델러는 나치의 국수주의적 악에 대한 하나의 설명을 우연히 마주하게 된다.

> 우리의 자의적 국수주의로 우리가 하나님을 모욕하고 우상을 숭배하는 것이 가능하지 않은가? 그렇다. 이런 경우에 생겨난 일들은 의미가 있을 것이다. 하나님은 국가적 야심을 위해 자신을 이용하려는 경향을 모든 나라들 가운데서 완전히 뿌리 뽑으려 하신다. 만일 이것이 사실이라면, 우리는 단지 하나님의 뜻이 그렇게 이루어지길 바랄 뿐이다. 그리고 눈물과 죽음의 자리에서, 하나님 안의 참뜻과 그의 심판에 내포된 목적을 깨달았던 화해의 사도들에게 하나님의 탁월한 권한이 부여되기를 간청할 수밖에 없다. 이를 위하여, 나는 하나님께 기도한다.[62]

만일 이것이 멀리 떨어진 상아탑에서 보호된 학자의 학문적 연구에서 주어진다면, 그런 고통 가운데 내재된 하나님의 목적을 설명하는 것은 모호해질 수밖에 없다. 고통을 함께 나누고 그것을 종식시키기 위해 일

---

61) H. Gollwitzer, K. Kuhn, R. Schneider, ed., *Dying We Live: The Final Messages and Records of Some Germans Who Defied Hitler* (London: Collins, ^{2}1958), p. 86.
62) *Ibid.*, pp. 87-88.

하는 사람으로서 그 삶의 맥락에서 발언하는 자에게 진정성이 주어진다. 동시에 나치 후의 세계를 관찰하면서 우리는 그 가운데서 어떤 타당성을 발견할 수 있다. 그러나 나치의 공포는 여전히 어떤 해명도 압도한다. 정치적 악 가운데 있는 하나님의 목적을 이해하려는 시도는 분명히 어떤 타당성을 갖더라도, 욥과 같은 이들의 질문들은 종종 답을 얻을 수가 없다. 무엇보다도 이론적 설명이, 불의를 제거하고 고통을 끝내며 적극적 반응을 찾아 나아가려는 성경적 신정론자가 가진 질문의 힘을 약화시킨다면, 그들은 모든 타당성을 상실하게 된다. 불의로 신음하는 자들을 위하여 오직 하나님이 하나님으로 남을 수 있는데, 그것은 오직 하나님께서 정의를 향한 희망으로 남을 수 있을 때이다. 그리하여 신정론의 질문에 대한 괴르델러의 반응은, 설명의 내용 때문이 아니라, 시편 기자와 함께 탄원을 강청하는 자로서의 진정성을 갖는 것이다: '만일 이것이 사실이라면, 우리는 오직 하나님께 주의 뜻이 그렇게 이루어지도록 기도할 수밖에 없다.'

'고통받는 이들의 마음을 강하게 하시고'

시인이 불평에서 탄원으로 옮겨갈 때, 소원을 상달 받으시는 하나님은 듣고 계시는 하나님이라는 사실을 발견하게 된다. 여기서 시인은 비로소 확신과 희망을 품게 된다. 이러한 발견이 한편으로는 하나님께 마음껏 불평을 털어놓으므로 가능하게 된다면, 다른 한편으로는 이것이 단순한 묵상의 산물이 될 수 없다는 것을 깨닫는다. 왜냐하면, 이 발견은 고난 가운데 놀랍게 나타나는 하나님의 은혜로서, 깊은 어둠을 깨뜨려주기 때문이다. 13절에 악인의 자만과는 상반되게 14절에 돌연히 나타나는 확신은 다음과 같이 주어진다. '주께서는 보셨나이다. 주는 재앙과 원한

을 감찰하셨습니다. 예, 그리하셨나이다!' 63

하나님께서 들으신다면 그가 부재하신 것이 아니며, 그가 들으신다면 행동함에 실패하지 않으시는 분이시다. 왜냐하면 시인 자신이 결국 의지할 수 있었던 그 하나님은 이스라엘이 출애굽 한 이후 힘없는 이들의 부르짖음에 구원으로 응답하시는 하나님으로 알아 왔던 바로 그분이기 때문이다.14절 시편에 나오는 불평의 신학은 근본적으로 출애굽의 신학이다: '우리가 우리 조상의 하나님 여호와께 부르짖었더니 여호와께서 우리 음성을 들으시고 우리의 고통과 신고와 압제를 보시고 여호와께서 강한 손과 편 팔과 큰 위엄과 이적과 기사로 우리를 애굽에서 인도하여 내시고…' 신명기 26:7-8; 참고 출 3:7-8 여기에 등장하는 순서는 정확히 일치하는데, 압제 받는 자의 불평, 하나님의 들으심, 그리고 하나님의 구원하심이다.[64] 바로 이점이 시편 10편 16절에서 하나님의 왕권을 자랑스럽게 선언하는 이유이다. '여호와께서는 영원무궁하도록 왕이시니.' 이는 홍해에서 이스라엘이 부르던 노래에 울려 퍼지던 승리에 찬 결론을 상기시킨다. '여호와께서 영원무궁하도록 다스리시도다' 출 15:18 하나님의 왕권은 그러므로 불의한 세상 권력, 즉 바로의 권세나 시인이 말하는 압제자의 권세도 재가하지 않는다. 오히려 그 왕권은 이 세상의 권력으로부터 정의를 바랄 수 없는 이들을 위한 항소 법원인 것이다. 만일 하나님이 왕이라면, 불의한 사회적, 정치적 상황들은 변화를 향하여 개방되어야 한다. 하나님은 물론 정의로운 사회적, 정치적 질서를 재가하시는 분으로서 반드시 약한 자와 힘없는 자들을 대신하여 불의한 질서를 변혁시

---

63) 이 구절의 영문 번역은 다음을 참고함. Craigie, *Psalms*, p. 121.

64) Westermann, *Praise*, p. 260. 구약에서의 이런 연계성의 예를 보려면, 다음을 참고하라. W. Brueggemann, 'From Hurt to Joy, From Death to Life,' *Interpretation* 28 (1974), pp. 319.

키는 능력이시다. 그러므로 권세자 자신의 단단한 울타리를 흔들어 넘어뜨릴 자는 아무도 없다는 사악한 자들의 교만한 자긍심[6절]에 대항하여, 시편 기자는 진실로 흔들릴 수 없는 영원한 하나님의 통치에 자신을 맡긴다.[16절] 그러므로 이스라엘이 "구덩이 밑바닥에 있을 때 발견하는 것은 절망이 아니라 하나님의 통치"이다. 이스라엘은 따라서 "하나님의 통치가 절망을 대체할 수 있는 유일한 대안"이라는 사실을 알고 있다.[65]

시편이 기록될 때 시인은 확신 가운데서 구원을 기대하지만, 그러나 구원은 여전히 이루어지지 않고 있다. 시인이 그토록 간절히 기다리지 않았으리라고 가정하는 것은 우리의 안일한 생각일 수 있다. 하나님의 은혜는 우리의 기도로 조작되는 것이 아니다. 그러나 시편 기자의 하나님에 대한 새로운 확신과 희망은 이미 그의 상황을 바꾸어 놓고 있다. 하나님이 부재하지 않고 오히려 그와 함께하신다는 지식으로 인하여, 그는 자신의 상황이 가져온 파괴적인 영향을 극복할 수 있는 새로운 내적 힘을 갖게 된다. 대적들은 그의 영혼을 망가뜨릴 수 없으며 정의에 대한 그의 갈망을 꺼뜨릴 수도 없다. 이 내적 해방감은 우리가 흔히 말할 수 있는 것처럼, 실제적인 사회변화를 포기하는 어떤 대체물이 될 수 없다. 그것은 백성들을 위한 아편이 아니다. 오히려 그것은 정의에 대한 희망 속에서 불의에 저항하는 정신을 지속하게 하는 것이다:

> 여호와여 주는 겸손한 자의 소원을 들으셨사오니 그들의 마음을 준비하시며 귀를 기울여 들으시고 고아와 압제당하는 자를 위하여 심판하사 세상에 속한 자가 다시는 위협하지 못하게 하시리이다.[시편 10:17-18]

---

65) Brueggemann, *Message*, p. 64.

압제가 실제적이고 끝도 보이지 않고 계속되는 가운데서, 하나님께 드리는 진정한 기도는 의심의 여지 없이 가장 어려운 것인 동시에 가장 절실한 정치적 기도의 형태이다. 하나님은 즉시 정의와 자유를 향한 조바심, 불의에 대한 분노, 지속적인 불의로 인한 혼란, 극단적 곤경에서, 우리의 위로와 희망을 지속시키는 힘의 근원이 되신다. 남아프리카의 시인 월터 늘라포Walter M. B. Nhlapo는 이렇게 쓰고 있다.[66]

> 아침에 일어나 나는 울부짖기를,
>
> '자유여 오늘 돌아오라!'
> 한낮에 나는 앉아 탄식하기를,
>
> '그 위대한 날은 어느 때 올꼬?'
> 하나님이여! 내 이 슬픔을 주님께 가져옵니다,
>
> 매일 흘리는 이 눈물을 드립니다
> 내일 그 눈물이 나의 음식이 되어야만 합니까?
>
> 만일 그래야 한다면, 내게 잠을 주소서!

이런 상황에서, 시인의 원망이 희망으로 돌변하는 것은 하나의 반복적인 경험임에 틀림이 없다. 한 가지 지속적인 요소는 하나님은 비록 부

66) 'Come, Freedom, Come,' in T. Couzens and E. Patel, ed., *The Return of the Amasi Bird: Black South African Poetry 1891-1981* (Johannesburg: Ravan Press, 1982), p. 157. 시가 처음으로 출판된 것은 1950년 7월이다.

재중에라도 항상 찾을 수 있는 분이시고, 또 찾을 때 가까이에서 발견되시는 그런 분이라는 것이다.

나미비아에서 온 시편

다음의 기도는 1976년 나미비아의 복음적 루터교회의 목사 스바냐 카미타Zephania Kameeta에 의하여 쓰였다. 나는 이것을 시편이라 부르는데, 그 이유는 성경 시편에 등장하는 항의complaint의 정신과 그 어휘들을 간혹 반영하고 있기 때문이다. 쓰인 날짜는 그 시의 주제에 연관된 것들을 설명하고 있다. 소외토Soweto[67]의 봉기와 피비린내 나는 탄압이 불과 열 주 전에 일어났다. 나미비아에서 턴할레Turnhalle[68]에서 입법 회의가 열리고 있었는데, 이는 남아프리카 공화국 정부가 자국의 이익에 적합하도록 새로운 헌법적 장치를 찾기 위하여 추진되었다. 스와포SWAPO[69]의 지도자인 헤르만 토이보 야 토이보Herman Toivo ya Toivo는 이미 지난 8년간 로벤섬Robben Island에 있는 감옥에서 넬슨 만델라Nelson Mandela와 함께 수감되어 있었다. 아론 무심바Aaron Mushimba도 스와포의 다른 지도자 중 한 사람이었는데, 이 시편이 쓰이던 당시 그는 사형이 선고되어 있었으나, 나중에 항소를 위하여 형 집행이 중단되었다. 북나미비아에서는 남부 앙골라에 거점을 둔 스와포의 대항 세력과의 전쟁이 치열한 가운데, 무장이 진행되고 있었다. 오란헤문트Oranjemund에 있는 다이아몬드 광산과 레싱Rössing에 있는 우라늄 광산은 나미비아가 가지고 있는 풍부한 자연 광산물의 주된 종목인데, 이것들 때문에 나미비아 국민이 이토록 지배받고 착취되었다. 바로 이것이 남아프리카공화국 정부가 나미비아의 경제를 계속적

67) 역자 주: 남아공의 수도 요하네스버그의 흑인 거주지역
68) 역자 주: 나미비아 수도 빈트후크의 역사적 명소
69) 역자 주: 남서아프리카인민조직으로 나미비아의 독립을 추구한 정당

으로 지배하기 위하여 고집스럽게 버텨왔던 이유이다. 이 화제가 된 주제들을 언급하는 시인을 통해, 우리는 불평을 하나님께 토로하는 시편에 담겨 있는 저항, 청원 그리고 희망이 이 현대의 지속적이고 구체적인 정치 탄압의 상황에서 이 시대적 표현으로 어떻게 재현되고 있나를 볼 수 있다.

어찌하여, 오 어찌하여, 주여
주여, 당신은 알고 계십니다. 지금 이 순간, 무슨 일이 일어나고 있는지를.
토이보 야 토이보 Toivo ya Toivo의 마음속에,
넬슨 만델라와 아론 무심바Aaron Mushimba의 마음속에서,
분명히 주님은 우리 형제들의 마음을 아십니다.
멀리 떨어진 광막한 곳에 있는 그들의 매일 같은 고통을,
외로운 삼림지대, 양 무리 가운데서의 어려움을.
주님은 그들이 경멸당하고 무시되는 것을 보시며,
하찮게 보수를 받는 것을 보시며,
주님은 그들의 생각을 읽고 계십니다.
구덩이 깊은 곳에서 그들이 뼈 빠지게 일하며,
아무 대가도 받지 못하는 것을….

주여, 소외토에서 온 어린이들이 묻혀있는 수많은 새로운 무덤들을
주님은 잘 아시지 않습니까, 또한 그 눈물을 말입니다.
이는 그들의 부모들과 동지들의 눈물입니다.
주님은 속지 않으실 것입니다.

저 턴할레Turnhalle의 변명과 위선에 의하여 생긴

주님은 수백 명의 수감자를 보셨습니다.

북나미비아의 수용소에서 혹사당하고 있는 사람들,

그들은 총 개머리판으로 잔인하게 구타당하고

담뱃불로 맨몸이 지져졌습니다.

우리는 이집트에 있던 이스라엘의 자녀들같이

비참하고 고통받고 있어요.

그리고 주님은 이 모두를 잘 알고 계십니다.

어찌하여, 오 어찌하여, 주여?

어찌하여 주님은 우리의 비통한 부르짖음에 귀를 막고 계신 것 같은가요?

아니면 주님은 우리에게서 뒤돌아서 계신지요?

얼마나 오래도록 주님은 저들의 발꿈치로 우리를 짓밟도록 내버려 두시렵니까?

우리의 신뢰는 주님에게 아무것도 아닙니까, 우리의 희망은 헛것입니까?

어찌하여, 어찌하여, 어찌하여 주님은 우리로 기다리게만 하십니까?

어찌하여, 오 어찌하여, 주여?

어찌하여 주님은 우리를 지으셨습니까?

주님이 우리를 지으셔서 총에 맞아 죽도록

광견병에 걸린 개처럼 말입니까?

주님은 우리를 지으셔서

영원토록 압제당하고 조롱받게 하십니까? 어찌하여, 주여, 어찌하여?

주님의 사랑에는 한계가 있고, 그래서 우리는 쫓겨나야만 합니까?

주님은 우리를 '카퍼' Kaffers [70]로, '반투' Bantus, '유색인' 으로 지으셨습니까?

우리는 백인 주인Baas [71]의 문 뒤에서 비천하게 서 있어야 하고,

녹슨 잼 통조림 깡통에서 튀는 물이나 받는 운명이었습니까?

주님은 우리를 지으셔서 그저 '예, 주인님,' '예, 마님' 이라 부르며 살도록 하셨습니까?

주님은 우리를 이 세상의 인간 풍자만화로 만드셨습니까?

어찌하여, 오 어찌하여 주여, 주님은 우리를 지으셨습니까?

어찌하여, 오 어찌하여, 주여?

주님은 어찌하여, 주님은 주의 말씀을 통하여 우리에게 말씀하시기를

우리를 주의 형상으로 지으셨다 하십니까? 어찌하여 이 가르침은, 언어와,

인종과 피부 색깔에 상관없이, 모든 사람은 주의 눈에 평등하고,

우리는 서로를 공평히 대하고 받아들이라 하십니까?

주님은 어찌하여 우리에게 이 노예 제도가 곧 끝날 것을 알게 하시고,

---

70) 역자 주: '카퍼'는 남아프리카에서 흑인을 멸시하여 부르는 칭호이며, '반투'는 중, 남부 아프리카에 거주하는 부족의 명칭이다.

71) 역자 주: 바스(Baas)는 남아공에서 유색인을 다스리는 세력 있는 백인의 칭호이다.

우리는 값진 피의 대가로 해방된 남자요, 여자인데,

주님 외아들의 피 값으로 가격이 지불된 것을 알게 하십니까?

만일 주님이 우리를 눈멀게 내버려 두었다면 더 좋았을 것을….

그랬더라면 우리의 운명에 순응하는 것이 더욱 손쉬웠을 것입니다.

지금은 그럴 수 없습니다. 우리는 보아왔습니다. 우리 자신들을 위하여….

우리는 말할 수 없이 더욱 값지다는 것을, 그 모든 다이아몬드보다도,

오란헤묻드에서 나는 다이아몬드 보다도, 그리고 레싱의 모든 우라늄 보다도.

어찌하여, 오 어찌하여 주여, 주님은 어찌하여 우리의 눈을 뜨게 하셨습니까?

어찌하여, 오 어찌하여, 주여?

주님은 어찌하여 우리가 부르짖을 때 응답하지 않으시는지요?

얼마나 오래도록 주님은 수동적으로 되셔서,

침묵 속에서 우리의 고뇌를 우리의 눈물을 바라만 보고 계십니까?

멍에는 더 이상 견딜 수 없는데, 우리는 더 이상 한 발짝도 내디딜 수 없는데,

주님은 어찌하여 죄악과 거짓말들이 우리를 잡아매도록 용납하십니까?

주님은 주님 자신의 생명 값으로 우리를 구하신 분이시지 않습니까?

주님은 왕 중의 왕이신데 그들은 주님을 주먹과 곤봉으로 내리칩니다.

그들은 주님께 침을 뱉으며 그 지독한 조롱을 해댑니다!

잔인한 못이 주님의 손과 발을 꿰뚫으니,

이 모든 것이 위대하고 무한한 오직 우리를 위한 주의 사랑 때문이라지요.

어찌하여, 오 어찌하여 그런데 주님은 그토록 침묵하십니까?

저 깊은 곳으로부터 우리는 주님을 부르고 있어요.

이 고통에서 우리를 구해주세요! 나미비아가 향할 옳은 길로 우리를 인도해 주세요.

그리고 신식민지적 서남아프리카의 길로 인도하지 마소서.

오, 온 세상의 주여,

우리의 영혼을 싱그럽게 하시고 우리 영혼을 새롭게 지으소서.

우리는 해방과 의와 구원과 샬롬의 목마름으로 소진되었어요.

굳은살이 박혔으나 아무것도 가진 것 없는 우리 손에 주님의 선물로 채우소서.

놋 빗장의 문을 부수시고 로벤섬Robben Island의 쇠 자물통을 깨뜨리소서.

감옥의 수용소를 부수어버리소서.

그곳에 우리의 형제들이 갇혀 있고 고문당하고 있어요, 그들을 도우소서, 주여!

우리가 주님께 부르짖나이다, 이 죽음 같은 두려움에서 우리를 구하소서!

우리는 치를 떨며 비틀거립니다.

우리의 운명을 주님의 강한 오른손으로 잡아 주세요.

우리를 통하여 이 세상이 주님의 놀라운 일들을 보게 하세요!

생명의 성령을 우리에게 주시어 우리로 일어서게 하세요.

그리하여 우리를 도우사, 지칠 줄 모르게, 주의 인도하심 아래 일어서게 하시고,

이 나라에 주님 나라의 횃불이 높이 들려지게 하소서! 아멘.[72]

사막에 버려진

압제 받는 자들만이 하나님의 부재를 경험하는 것이 아니다. 헬더 까마라Helder Camara 감독은 압제 받는 자의 정의를 확보하기 위하여 일하던 사람들이 이끌려 갔던 '피할 수 없는 사막' 이라는 제목의 글을 다음과 같이 기술했다.

만일 우리가 정의와 평화를 위한 순례에 임해야 한다면, 우리는 사막을 예상해야 한다.

위대하고 권력이 있는 자들은 사라져가고, 우리를 돕는 것을 중단하고, 오히려 우리를 적대시한다. 그들은 위험이 더욱 가까이 다가오고 있다고 목청을 높여 거짓말하는 캠페인에 돈을 댄다. 더욱 나쁜 것은 힘이 없는 사람들도 우리를 피한다. 그들은 위협을 받는다. 집과 일 그리고 생계를 전적으로 그들의 주인에게 의존하는 사람들은 자신이나 가족을 위한 일자리를 잃을까 두려워한다. 그들의 자연스러운, 그리고 이해할 수 있는 반응은 도망가는 것이다. 부자들에게 덜 의존하는 사람들이나, 혹은 상황을 더 잘 인지하고 있어, 무슨 일

72) Z. Kameeta, *Why, O Lord? Psalms and Sermons from Namibia* (Risk Books; Geneva: WCC, 1986), pp. 13.

에라도 준비가 되어 있는 사람들도 있다.

우리 주위를 돌아볼 때, 우리 자신이 어색한 친구라고 느껴지는 때가 있다. 우리를 환영하는 사람들은 의심스럽다. 그들은 우리의 우정을 원하지만, 우리에 대한 평판 때문에 자신이 엮여 들어가는 것을 두려워한다.

우리는 우리가 사막에서 말하고 있다고 느낀다. 우리 앞에서 정의 때문에 활동하는 사람들이 그랬듯이 말이다. 불의는 퍼져나가고 상황은 더욱 악화되었다. 불의가 이 세상 3분의 2 이상을 옥죄고 있다. 오직 돌들만이 귀를 기울인다. 아니면 돌 같은 마음을 가진 사람들만이...

우리의 피로함이 몸에서 영혼으로 퍼져나간다. 그것은 몸이 지치는 것보다 더욱 나쁘다.

눈을 들어 주위를 돌아볼 때, 우리의 주위를 둘러싼 것이 사막이라 느껴진다. 무릎까지 빠지는 그런 모래 늪이다. 눈을 멀게 하고 뜨겁게 달구는 모래 폭풍들이 우리의 얼굴을 망가뜨리며, 눈과 귀로 밀려 들어온다.…

우리는 인내의 한계점에 다다랐다. 우리의 모든 것이 사막이고, 우리 안에도 사막이다. 우리는 하나님 아버지조차도 우리를 버리셨다고 느낀다. '어찌하여 주님은 나를 버리셨나이까?'

우리는 우리의 힘을 믿어서는 아니 되고, 비통함에 빠져서도 아니 되고, 우리가 하나님의 손안에 있다는 겸손한 생각을 늘 지켜야 하고, 더 좋은 세상을 만들기 위하여 다만 가진 것을 나누기를 원해야 한다. 그렇게 하면 우리는 용기나 희망을 잃지 않을 것이다. 우리는

하나님 아버지의 보이지 않는 보호를 느낄 것이다.[73]

위의 마지막 두 단락에는 상실감과 원망에서 확신과 희망으로 변화되는 시편 기자의 마음의 움직임이 담겨 있다. 예수께서 십자가상에서 기도하셨던 그것막 15:34과 항의의 시편시22 서두에 있는 상실감을 까마라 감독이 경험하고 표현하고 있는 것은 우연의 일치가 아니다.

시편 기자의 기도와 예수님의 기도

예수께서 십자가 위에서 절규하셨다. '나의 주여, 나의 주여, 어찌하여 나를 버리셨나이까?' 여기서 예수는 시편 기자들과 원망의 시편으로 기도했던 모든 사람의 상황과 저항에 자신을 일치시킨다. 예수는 그들의 어둠으로 들어가셨다. 이것은 초대교회가 잘 이해되고 있었는데, 그 이유는 겟세마네와 십자가 처형에 대한 복음서의 진술이 이러한 원망의 시편들을 인용하고, 암시하는 표현으로 가득 차 있기 때문이다.[74] 초대교회가 이 시편들을 예수에 대한 예언으로 읽음에 있어서 그 가장 깊은 뜻을 발견하게 되는 지점은, 바로 겟세마네에서 분명히 나타나는 것처럼, 예수께서 자발적으로 시편에서 자신의 고난을 대변하는 어떤 목소리를 드러내는 모든 이들과 함께 일체감을 표현하는 상황이다. 이러한 동일시가 가지는 정치적 차원은 어떤 경우에도 결코 그 의미를 상실하지 않으며, 또한 폐기될 수도 없다. 예수는 가난한 자들과 억압받는 자들의 명분을 짊어지고, 정치적 불의의 희생자로 돌아가셨다. 예수는 그 대적들의 무력 앞에 무방비로 서 있었는데, 복음서 저자들은 예수를 조롱하는 대

73) H. Camara, *The Desert is Fertile* (London: Sheed & Ward, 1974), pp. 17-19.
74) J. H. Reumann, 'Psalm 22 at the Cross: Lament and Thanksgiving for Jesus Christ,' *Interpretation* 28 (1974), pp. 39-58.

적의 비웃음을 시편 기자가 그의 대적들을 묘사하는 데 사용한 언어로 기술하였다. 마 27:43; 시 22:8

시편 기자는 하나님의 부재라는 어두움에서, 역설적으로 그 어두움 가운데에 그와 함께하시는 하나님을 발견하였고, 그 어두움은 이미 하나님과의 '지속적인 연대라는 능력에 의해 기이하게 변화되었다.'[75] 시편 기자의 어두움으로 들어가 그의 저항을 자신의 것으로 짊어지신 예수는 이제 하나님의 부재를 경험하는 모든 이들과 함께 하나님의 연대를 체험하도록 만들었다. 한스 릴예Hanns Lilje 감독은, 나치 감옥 독방의 어두움 가운데서 이전에 경험해 보지 못한 하나님을 경험하였는데, 공습경보가 울렸던 그 밤을 떠올릴 때 그러하였다. 그때 간수들은 갇힌 자를 감방에 내버려 둔 채 방공 대피소로 피신하고 없었다. 릴예가 자기 방으로 찾아온 다른 갇힌 자 프라이허 구텐베르그란 사람의 방문을 받았는데, 그는 상당한 위험을 무릅쓰고 이런 때를 이용하여 다른 죄수들을 찾아가 위로를 하는 것이었다. 그들은 겟세마네에 계시던 예수에 관한 이야기를 나누었다.

> 내가 결코 잊지 못할 것은 하나님의 아들에 관한 속삭이는 듯한 이 대화인데, 예수는 감람산 어두운 밤에 온 인류의 밤으로부터 생긴 공포를 걷어 내버렸다. 그때로부터 예수는 어두움에서 고통받고 씨름하고 기도하는 이들과 영원히 함께하는 것이다. 나는 이후로 절대 예수를 잊지 않을 것이다. 왜냐하면 예수는 결코 자신의 처지에 너무 몰두하여 자기 백성의 처지를 잊어버리는 사람 중의 하나

75) Brueggemann, *Message*, p. 12.

가 아니시기 때문이다.[76]

이것은 하나님의 연대에 뿌리를 둔 인간의 연대이다.

압제 받는 그리스도인들이 자신과 연대하시는 예수를 발견하게 될 때, 예수께서 자신의 고통 가운데서도 시편 기자들의 기도와 다른 방식으로 기도하셨다는 점도 알아야 한다. 예수께서는 대적들의 용서를 위하여 기도하였고,[눅 23:34] 거기서 자신의 가르침을 실천하였다.[마 5:44] 시편 기자들은 결코 그렇게 행하지 않았다. 대적에 대한 그들의 태도는 일관되게 원수를 용서하지 않는다는 점이다. 그들은 대적들에 대한 하나님의 심판을 위해 기도하고,[시 10:2 하반, 15] 어느 때는 준엄하고 엄혹하게 저주할 때도 있었다.[시 69:22-28, 109:6-20] 물론 그런 기도가 신약에 없는 것은 아니다.[계 6:10] 그런 기도들은 일종의 잠정적 유효함의 차원에서 허용되어야 한다. 다만 이는 그리스도인으로 하여금 용서의 의무에서 예외가 되지 않도록 하지만, 용서함에 따르는 것이 참말로 무엇인지를 이해하게 돕는 것이다. 예수께서 대적을 용서해야 한다는 명령은, 우리의 표현으로 말하자면 단순히 이런 저주의 기도를 철회하라는 것이 아니라, 오히려 그 기도에서 한 발 더 앞으로 나가야 함을 알려주는 것이다. 우리는 예수의 제자들로서 그래야만 하듯이, 이전의 기도를 넘어서 앞으로 나아가기 전에 무엇이 유효한지를 인식해야 한다.

첫째, 이러한 기도들은 시편 기자들이 직접 정의를 요구하는 것으로부터 샘솟는다. 예수의 비유에 나오는 한 과부가 재판장에게 가서 자기 원수에 대한 원한을 풀어 달라고 요구하는 것처럼,[눅 18:3] 시인들의 우선적인 관심은 압제당하는 자들을 위한 정의를 요청함에서 긍정적이지만,

76) H. Lilje, *The Valley of the Shadow* (London: SCM Press, 1950), p. 78.

압제자들을 대적하는 심판이란 부정적 귀결 없이 이를 상상할 수 없다. 더구나 정치적 불의라는 구체적인 상황에서 우리가 다른 무엇을 한다는 것도 그렇게 쉬운 것이 아니다. 이런 상황 속에서 드리는 기도와 그 상황에 관하여 드리는 기도가, 만일 시편 기자의 정의에 대한 갈증과 불의에 대한 분노를 담아내지 못한다면, 그 시편들보다 이 기도는 열등한 것이지 결코 뛰어난 것이 되지 못한다. 존 골딩게이John Goldingay가 쓴 것처럼, '만일 우리가 악한 가해자에게 엄청난 신적 저주가 내려지길 바라는 우리 자신을 발견하지 못한다면, 이는 곧 우리의 영적 민감도가 상당한 정도의 악에 직면하지 않고 있어 비교적 견딜만한 좋은 형편을 반영하고 있거나, 혹은 우리의 도덕적 무관심을 나타내고 있는 것'[77]일지도 모른다. 원수를 사랑하고 용서하는 것이 정의를 너무 쉽게 혹은 부주의하게 무시하는 것이 가능하도록 유도하는 것으로 오해해서는 아니 된다. 원수를 사랑하라는 예수의 명령은 실재하는 대적을 가정하는 것이며, 그들이 적이 아닌 것처럼 말하려고 시도하는 것이 아님을 우리가 잊는다면, 이 명령의 힘은 상실되고 만다. 원수에 대한 사랑과 용서는 시편 기자들의 정의에 대한 정당한 요구 이상의 것으로써, 대가를 치르는 어려운 과정을 통해서만이 그 진정성이 세워질 수 있다.

둘째, 정의를 위한 시편 기자의 기도는, 정의에 대한 그들의 관심이 원칙적으로 복수심으로 전락하는 것을 막으려 함에 있지만, 실제적으로는 항상 그렇지 못한 경우가 많았다. 기도는 근본적으로 하나님께서 정의를 집행하시도록 하는 것이고, 기도는 또한 시편 기자가 개인적인 복수심에서 벗어나 하나님의 정의가 편만해지는 것을 앙망케 하려는 것이

77) J. Goldingay, 'On dashing little ones against the rock', *Third Way 5/11* (1982), p. 25.

다. 분명히 말하면, 하나님의 정의에 관한 이야기가 개인적 보복을 도모하기 위하여 쓰일 수는 있다. 그러나 기도를 통해 하나님께 진심을 드리며 마음이 열려 있는 신자는 자신의 상황 판단을 하나님의 의로운 판단의 기준 아래에 내려놓는다. 시편은 그리스도인들이 이러한 정신 아래서 사용할 수 있으며, 본 훼퍼가 1944년 나치 독일에 대한 하나님의 응징을 희망하며 표현하는데 인용하였던 시편들을 각자의 해석학적 특성을 강조하여 사용하여도 안전하고 무방할 것이다.

> "진실로 땅에서 심판하시는 하나님이 계시다 하리로다" 시 58:11 하

그리고

> "여호와여 일어나사 인생으로 승리를 얻지 못하게 하시며
> 이방 나라들이 주 앞에서 심판을 받게 하소서!
> 여호와여 그들을 두렵게 하시며
> 이방 나라들이 자기는 인생일 뿐인 줄 알게 하소서[셀라]" 시 9:19-20 [78]

셋째로, 하나님의 정의가 적용되는 상황을 언급하려는 것은 적을 사랑하고 용서하는 데로 나아가는 첫걸음이다. 압제자들에 대한 분노와 복수에 대한 열망을 하나님께 토로할 때, 시편 기자들은 적어도 그들의 소망을 하나님께 전달하고 양보하며 심지어는 포기하는 데까지 나가기도 한다.[79] 개인적인 앙갚음도 내버릴 수 있는 것은 원수갚음의 명분이 오직

---

78) D. Bonhoeffer, *Letters and Papers from Prison* (London: SCM Press, 1971), p. 279.
79) Brueggemann, *Message*, pp. 85-87.

하나님 자신의 관심사신 32:35-36; 롬 12:19라고 선언하시는 정의로운 하나님을 신뢰해왔기 때문이다. 한스 릴예Hanns Lilje는 명기할 만한 고상한 실례를 실제로 제공하고 있다. 한스 릴예에 대한 나치의 재판은 하나의 졸렬한 정의 왜곡이었는데, 이는 그에게 불일듯한 분노, 특히 악명높은 재판관인 프라이슬러Freisler를 향한 분노를 유발시켰다.

> 내 수감 기간 중 나의 피를 들끓게 한 오직 한 번의 순간이 있었는데, 그때 내 존재의 가장 밑바닥으로부터 솟구쳐 오르는 어두운 적개심의 격랑을 느꼈다. 우리가 수용소로 돌아갔을 때, 그 감정을 억누르기 위해 내가 할 수 있었던 것은 오직 성경에 있는 한 말씀 아래에 분명하고 반복적으로 나를 문자적으로 복종시키는 것밖에 다른 것이 없었다: '원수 갚는 것이 내게 있으니 내가 갚으리라고 주께서 말씀하시니라.' 롬 12:19하, 신 32:35의 인용 나는 어린아이의 단순함으로 이를 준행하였다. 그 후 이 같은 일을 또 행하고 또 반복해야 할 때가 참으로 많이 있었다.[80]

그와 같은 상황에 관련하여, 우리는 로마서 12장 19절에 있는 사도 바울의 권면에 감사할 뿐이다. 예수께서 말씀하신 '원수를 사랑하라' 는 명령을 적용하여 바울이 반복적으로 강조하는 바는, 그들을 저주하지 말고 축복하라,롬 12:14 악을 악으로 갚지 말라롬 12:17고 한다. 이 명령에 계속하여, 바울은 그의 편지를 읽는 이들에게 친히 원수갚는 것을 금하는데,롬 12:9상 그러나 이것이 그들의 정의에 대한 관심을 포기하라고 요청하는 것이 아니다. 오히려 이것은 원수 갚는 것을 하나님의 손에 맡기라는 것이

80) Lilje, *Valley*, p. 103.

다.[롬 12:19 하] 그래서 이것은 그들을 증오에서 자유롭게 하여, 결국 원수를 용서하는 마음으로 대하게 하고, 그 결과 그들로 회개케 하기에 이른다.[롬 12:20] 개인적 복수심에 옥죄어 있는 이들은, 요나와 같이 회개하는 대적들이 심판을 면하게 될 때 좌절한다. 그러나 복수심을 하나님께 맡기는 이들은 단숨에 정의를 수호하고, 그것을 넘어서서 자비로 승화되어 기뻐할 수 있게 된다. 그들은 원수의 용서를 위해서 기도할 수 있는 것이다.

앞서 말한 것과 같이, 원수에게 대적하는against 시편 기자들의 기도는 잠정적인 유효함을 가진다. 그러나 예수의 제자들은 어찌하든 대적을 위하여for 용서하는 마음으로 기도하라고 요구되고 있으며, 또 그렇게 할 수 있다. 그러한 용서는 전적으로 정치와 연관성이 있다. 정의에 기반을 두면서도 용서라는 것은 전혀 모르는 해방을 위한 싸움은 너무도 쉽게 자기 스스로가 거부하는 압제적 정권의 거울 이미지로 되어 자신 속에 재등장한다. 그것은 미움에 대하여 미움으로 돌려주는 것이다. 정의는 전적으로 압제 받는 사람들만의 유익을 위한 배타적인 어휘가 되고, 다른 사람들은 상관이 없게 된다. 압제 받는 사람들은 압제 받는 사람들이지만, '해방' 과 함께 그 결과로 압제 받는 사람들 전부 혹은 그 일부가 새로운 압제자로 변신한다는 사실을 부정하기 힘들다. 아무 변화를 주지 못하는 일종의 거짓 화해를 위하여 정의를 챙겨둘 수는 없다. 오히려 화해가 이루어진다면, 만일 소용돌이치는 파괴적인 적개심을 피할 수 있다면, 정의에 대한 갈망은 용서의 정신과 함께 손에 손을 잡고 같이 행진하여야만 하기 때문이다.

'아버지여 저들을 사하여 주옵소서 저들이 자기들이 하는 것을 알지 못함이니이다'[눅 23:34]라는 예수의 기도는 원수를 사랑하여 이해하라는 것으로 상당히 어려운 요청을 제시한다. 이 기도는 억압적인 사회에서 죄와 이념의 구조, 곧 지배 계급의 사람들을 사로잡고 있고 그들이 느끼고 생각하고 행동하도록 동기를 부여하는 이유를 설명해주는 구조를 이해하려는 시도가 필요하다는 우리를 향한 요청이다. 이 기도는 또한 예를 들어, 남아프리카 공화국의 일반적인 백인들은 개인적으로 대부분의 타인 보다 더도 덜도 악하지 않지만, 자신들이 꿰뚫어 보아야 하는 악에 구조적으로 눈멀어 있다는 것을 이해해야 한다는 요청이다. 모든 것을 이해할 때, 모든 것이 용납될 수 있다는 것은 결코 아니다. 그러나 원수를 사랑한다는 것은, 비록 정의에 대한 단순한 갈구 그 자체로 정당화될 수 있지만, 그것으로는 전혀 발견할 수 없었던 변화와 화해의 가능성을 찾는 것이다. 사랑이 다른 미래를 꿈꿀 때, 그와 같은 새로운 가능성이 열리게 된다.

우리에게 꿈이 있다

1963년 미국의 수도 워싱턴 D.C.에서 행해졌던 마틴 루터 킹Martin Luther King의 기념비적 연설을 상기해보자.

> 나에게는 꿈이 있습니다. 그것은 어느 날 조지아의 붉은 언덕 위로 이전 노예의 아들들과 이전 노예 주인의 아들들이 형제애를 나누는 식탁에 함께 앉는 것입니다.
>
> 나에게는 꿈이 있습니다. 그것은 어느 날, 불의와 압제의 열기로 달아오르는 주, 곧 미시시피주까지도 자유와 정의의 오아시스로 변혁되는 것입니다.
>
> 나에게는, 어느 날 나의 어린 네 자녀가 더 이상 그들의 피부 색깔

로 판단 받지 않고, 그들의 인격의 내용에 의해 판단 받는 그런 나라에 사는 꿈이 있습니다. 나는 오늘날 이런 꿈을 꾸고 있습니다!

나에게는 꿈이 있습니다. 미래 어느 날 이 알라바마에서, 이 사악한 인종주의자들과 연방법을 반대하고 거부한다는 말을 입에 흘리는 주지사가 있는 곳 바로 이 알라바마에서, 미래 어느 날 어린 흑인 소년 소녀들이 어린 백인 소년 소녀들과 함께 자매요 형제로서 손에 손을 잡는 그런 날을 오리라, 오늘 나는 그 꿈을 꾸고 있습니다!

나에게는 꿈이 있습니다. 어느 날 모든 계곡이 높아지고, 모든 언덕과 산들이 낮아지고, 거친 곳들이 평지가 되고, 구부러진 곳들이 곧게 되며, 주님의 영광이 드러나고 모든 사람이 그것을 함께 볼 수 있는 그런 날을 말입니다.[81]

이러한 의미의 '꿈'은 곧 현재의 악들과 대조되는 자유와 정의의 미래를 불러들이는 예언자적 꿈으로써, 이스라엘 사람들이 시편 126편에서 그들을 꿈꾸는 자들로 비유하는 것과 같은 의미이다.[82]

시편 126:1-3[83]

1 여호와께서 시온의 포로를 돌려보내실 때에

---

81) J. M. Washington, ed., *A Testament of Hope: The Essential Writings of Martin Luther King, Jr.* (San Francisco: Harper & Row, 1986), p. 219.

82) W. Beyerlin, *We are like Dreamers: Studies in Psalm 126* (Edinburgh: T. & T. Clark, 1982). 나는 위 저자의 해석을 따른다. 그의 이 시편의 해석은 1절 하반부에 대한 독특한 이해에 의거한다. 그러나 그의 논의는 보편적으로 받아들여지지 않고 있다. 다음을 참조하라. L.C. Allen, *Psalms 101-150* (Word Biblical Commentary 21; Waco, Texas: Word Books, 1983), pp. 169-175.

83) 영역본으로 원래 표준개역본(RSV)을 사용하였다. Beyerlin, *We are like Dreamers*, p. 59. [역자 주: 그러나 여기에서는 한글 개역개정판을 따라 번역하였다.]

우리는 꿈꾸는 것 같았도다

2 그때에 우리 입에는 웃음이 가득하고

우리 혀에는 찬양이 찼었도다.

그때에 뭇 나라 가운데에서 말하기를

'여호와께서 그들을 위하여 큰 일을 행하셨다' 하였도다.

3 여호와께서 우리를 위하여 큰 일을 행하셨으니

우리는 기쁘도다.

구약에서 흔히 나타나는 것처럼, 꿈꾼다는 것은 여기서 예언적 이상을 전달하는 수단이다. 이 시편은 자신들을 꿈꾸는 사람들에 비교함으로써, 이러한 공동체가 실제의 예언적 계시보다는 급이 낮은 어떤 것을 주장하는 것 같다. 그러나 선견자와 같이, 갈망과 기대에 찬 희망 속에서, 그들은 아마도 바벨론에 의해 함락된 예루살렘의 황폐함과도 같은 그들의 현실적 역경에서 하나님께서 돌이키실 그때를 기대하는 것이다.[84] 마틴 루터 킹의 이상과 비견할 수 있는 선명함으로 그들은 그때를 기대하고 있다. 그래서 기대는 그들에게 이미 현실이 되었고, 그들의 입은 이미 웃음으로 가득하고, 현재의 실제적 슬픔은 기대로 가득 찬 환희 속에서 이미 잊혀진다. 이와 같은 종류의 일이 킹의 연설에서도 나타났는데, 청중들은 그가 힐끗 비추어주는 자유에 대한 희열에 몰입되었다. '그 순간에 마치 하나님의 나라가 임하는 것 같았으나, 그것은 잠시 동안만 지속되었다' Coretta King 85

이 두 꿈은 모두 현실의 고통 가운데서 비틀려 짜내어 주어진 것들이

---

84) Beyerlin, *We are like Dreamers*, pp. 33-44.

85) Washington, ed., *Testament*, p. 217. 위에서 인용함. [역자 주: 코레타 킹은 마틴 루터 킹의 아내로서 민권 운동가이자 작가]

다. 독일 신학자 위르겐 몰트만 Jürgen Moltmann은 그의 책 '희망의 신학' 을 통해 일반적으로 신학 안에, 특별히 그리스도인이 특정한 정치 분야에 참여함으로, 희망이란 차원을 회복시키기 위하여 무척 노력하였다. 이러한 그의 신학의 뿌리는 그가 1945-1948년 기간 동안 전쟁 포로수용소에서 가졌던 하나님에 대한 경험으로 거슬러 올라간다. 그때 시편은 그를 도와 하나님의 임재가 어둠 가운데 있는 그에게 임하는 경험을 하도록 인도했다.

> 나락으로 가라앉지 않고 높이 들려지는 이 경험은, 그것이 없이는 도무지 살아갈 수가 없는 하나의 명백한 희망의 시작이었다. 이 희망은 동시에 두 방향으로 갈라졌으니, 한편으로는 나에게 힘을 주어 안팎으로 실패한 후에도 다시 일어나게 하는 것이고, 다른 한편으로는 나의 영혼을 가시철조망으로 문질러 상하게 하는 것 같아, 도무지 포로 생활에 안정될 수도, 적응될 수도 없게 하는 것이었다.[86]

그러므로 압제를 받는 사람들에게 있어서, 미래에 대한 희망 가득한 꿈은 현재의 고통과 싸우는 자유의 저항으로 말미암는 열매이다. 어둠 속에서 하나님에 대한 발견은, 곧 이것이 시편 기자의 경험이지만, 동시적으로 희망의 선물임에 틀림이 없었다. 하나님의 빛이 어두움을 관통할 때, 어두움은 하나의 터널로 보이고 그 끝에 있는 불빛이 이미 발견된다.

시편에서 선견자의 희열로 가득한 순간은 지나가 버리지만, 기도의 영감이 뒤에 남는다: '여호와여 우리의 포로를 돌려보내소서' 시 126:4 어

---

86) J. Moltmann, *Experiences of God* (London: SCM Press, 1980), p. 8.

두움 속에 빛을 창조하신 하나님으로부터, 남방 사막의 메마른 건천乾川, wadi의 계곡 바닥을 채우는 계절 홍수와 같은 기적적이고 자연적인 사건이 기대될 수 있는 것이다.4절 옛날 사람들에게 반복적인 파종과 추수 같은5-6절 연례적인 일들은 하나님께서 죽은 자연에 베푸시는 생명의 연례적 선물이다. 씨 뿌림은 일종의 매장요 12:24 참고으로서 눈물을 흘리는 것과 전통적으로 연관되어 있는데,[87] 이는 재탄생 혹은 부활이 따라오는 것으로써 바로 추수가 기쁨을 동반하는 것과 같다.5-6절 이를테면, 파종과 수확의 비유는 먼저 현재의 고통스러운 경험에 의미를 부여하고 나중에 하나님께서 구원하실 미래를 기대하게 만든다. 추수가 있으려면 인간의 파종 활동은 결국 무엇보다도 필수적인 일이나, 수확과 그에 따른 기쁨을 부여하는 것은 오직 하나님이시다.고전 3:6-7

그러므로 시인이 꿈의 기쁨에서 현실의 고통으로 돌아올 때, 시편은 고통에 대한 새로운 관점을 제공한다. 황량한 현실 그 자체는 아무 희망도 주지 않는다. 그러나 하나님께서 베푸시는 희망의 빛 안에서, 황량한 현실은 추수 전에 있어야 할 파종의 시기로 볼 수 있게 된다. '그것은 현실의 고통을 변화시키는, 생명을 주시는 하나님의 기적적인 능력을 믿는 믿음이다. 그 믿음에 감추어진 하늘의 법칙이 드러나는데, 바로 눈물로 씨를 뿌리고 기쁨으로 수확하는 것은 분리되지 않는다는 것이다.'[88] 이 법칙은 물론 예수의 수난과 부활로 재현되었다.요 16:20-22 참조

마틴 루터 킹은 다시, 같은 연설에서 다음과 같이 말한다.

> 내가 유념하지 않을 수 없는 것은 여기에는 과도한 재판과 시련 가

---

87) A. A. Anderson, *The Book of Psalms*, vol. 2 (New Century Bible; London: Marshall, Morgan & Scott, 1972), p. 866; Weiser, *Psalms*, p. 762.
88) Weiser, *Psalms*, p. 763.

운데서 이곳에 나온 이들이 있다는 것입니다. 여러분 중 어떤 이들은 좁은 감옥 방에서 막 나왔을 것입니다. 여러분 중 또 어떤 이들은 자유를 추구하다가 박해라는 폭풍에 넘겨져 두드려맞고, 경찰의 야만스런 폭력을 동반한 강풍에 비틀거리며 그 땅에서 나오기도 했습니다. 당신들은 창조적인 수난으로 익숙해진 베테랑입니다. 당할 필요가 없는 고통은 그 대가를 지불받는 구원의 행위라는 믿음으로 계속하여 힘써 나아갑시다.

미시시피로 돌아갑시다. 알라바마로 돌아갑시다. 남 캐롤라이나로 돌아가고 조지아로 돌아갑시다. 루이지애나로 돌아갑시다. 북쪽 도시들의 빈민굴과 판자촌으로 돌아갑시다. 언젠가는 이 상황이 변할 수 있고, 또 반드시 변할 것임을 알고 돌아갑시다.[89]

나미비아 역본

스바냐 카미타Zephania Kameeta 원작인 원망의 시편을 이미 인용하였듯이, 그는 성경 시편들을 자신의 양식으로 고쳐 썼는데, 매우 자유로운 형식으로 시편들의 근본적인 의미를 새롭게 하는 상황을 반영하여 표현하고 있다. 시편 126편의 그의 역본version은 1절 하반부에 대한 통상적인 해석을 따르며, 위에서 언급한 것과 같이 '꿈'의 이해를 '예언적 이상'으로 해석하지는 않는다. 다만 기대에 찬 기쁨이 현재의 고통을 불식한다는 관점을 따라, 1-4절의 예언적 의미를 포착하여 기술하고 있다.

우리 승리의 그날이 찾아와
한밤의 횃불처럼 밝게 빛날 때,

89) Washington, ed., *Testament*, p. 219.

그것은 마치 꿈과 같으리라.

우리는 기쁨으로 웃고 노래하리.

그때 이방의 나라들이 우리에 대하여 말하리,

'주께서 그들을 위하여 큰일을 행하셨도다.'

정녕 주께서 우리를 위하여 큰일을 행하시오니,

이는 우리가 이 고난 가운데서 기뻐하는 이유인 것을.

주여, 굴욕과 죽음의 사슬을 끊어 주소서.

바로 그 영광스러운 아침처럼,

주님이 부활하여 일어나신 그때처럼.

정의와 자유의 씨를 뿌리며 눈물을 흘리는 이들로

평화와 화해의 수확을 거두어들이도록 하라.

주님 사랑의 도구로 나아갈 때 눈물을 흘리는 이들로

기쁨의 노래를 부르며 돌아오게 하소서.

그때 그들은 증언하기를 증오가 사라지고

주의 사랑이 주의 세상에 명백히 드러난다고 말하게 하소서.[90]

---

90) Kameeta, *Why, O Lord?*, p. 45.

토의문제4. 눌린 자를 위한 노래: 시편 10편과 시편 126편

1. 시편 10편은 악인에 의하여 생긴 실제적인 고난과 압제를 배경으로 한다. 악한 자가 저지른 행동으로 고난당하는 사람이 누구인지 살펴보라. 다음의 본문에서 고난당한 자에 해당하는 표현을 찾으라.[2, 8, 9-10, 12, 14, 18]

2. 고난당한 사람의 부르짖음은 하나님을 향하고 있으며, 그가 제기하는 질문은 "주여, 어찌하여"로 시작되는 불평과 항의이다. 하나님 앞에서 솔직하게 표현된 불평의 고백은 하나님의 부재처럼 여겨지는 하나님의 침묵 때문이다. 그는 하나님 앞에서 어떻게 악인들의 교만과 잘못을 비판하고 있는지, 다음의 성경 구절을 참고하여 살펴보라.[2-4, 5-6]

3. 본문에 나오는 하나님을 향한 탄식의 부르짖음은 하나님의 개입과 그의 사회적 정의를 요청하는 간절한 기대이다. 신정론神正論의 내용을 가진 기도는 종종 하나님의 개입과 정의로운 심판을 향한 소망을 바라고 있다. 이러한 소망은 어떻게 표현되었는가?[14-16]

4. 1976년 나미비아의 복음적 루터교회의 목사 스바냐 카미타Zephania Kameeta가 창작한 시편을 읽으라. 카미타의 시는 성경의 시편에 등장하는 항의complaint의 정신을 어떻게 반영하는가? 비슷한 시적 감각으로 현재 북한에서 탈북하여 고난 중에 있는 사람의 어려움을 토로하는 "탈북자"를 운으로 삼아 삼행시를 지어보라.

5. 시편 기자의 기도는 종종 악인에 대한 저주로 드러나기도 한다. 예수의 십자가상에서의 기도는 극심한 정치적 박해 가운데서 하나님을 향하여 고통을 토로하는 시편 기자의 기도와 유사하다. 예수 그리스도와 신약 성도의 기도가 저주의 시편에서 더 전진하여 나간 내용이 있다면 어떤 면에서 그러한가? 한스 릴예의 예를 생각하면서 토의해 보라.

5. 납세에 대한 예수의 가르침

납세에 관한 질문과 이에 대한 예수의 답변마 12:13-17은 그의 정치적 견해에 대한 핵심 표준구절locus classicus로 자주 다루어져 왔다. 이 논의로부터 넓게 영향을 미치는 결론들, 예를 들어 교회와 국가의 관계에 관한 원리들이 도출되었다. 이는 전혀 근거 없는 이야기가 아니다. 납세의 이야기는 예수의 정치적 사안에 관한 언급 중에서 가장 직접적인 것 중 하나이며, 거의 유일한 공식적 언급이라고도 할 수 있다. 이는 또한 정치의 중대한 국면인 과세에 관한 언급으로서, 예수 시대의 사람들에게 가장 현저한 영향을 미치는 주제이다. 그러나 안타깝게도 이 구절은 너무도 자주 예수 당시의 정치적 상황과 예수의 전반적인 가르침의 맥락에서 벗어나 해석되어왔다. 더구나 예수께서 성전세에 관하여 말씀하는 경우마 17:24-27를 대부분 무시하므로, 성전세 납부와 가이사에게 납세하는 것에 관한 예수의 언급을 함께 연관시킨 설명은 거의 제공하지 못하였다.[91]

---

91) 이 장에서 나는 납세와 관련된 복음서의 구절들이 예수에 대해 신뢰할 만한 역사적 정보를 제공한다는 전제를 가지고 다루려 한다. 이런 접근법은 복음서들이 자체적으로 보증하고 있는 것인데, 복음서를 제일 먼저 읽었던 초기 독자들이 자신들의 현재와는 여러 면에서 상이한 과거의 것으로 복음서를 읽지 않을 수 없었을 것이다. 따라서 마태(나는 마태복음이 주후 70년경에 쓰였다고 생각함)는 예수께서 성전세를 이야기(마 17:24-27)하신 후에 또한 예수께서 성전에서 그것을 청결하게 만드시는 이야기(마 21:12-13)를 전하신다. 마태가 복음서를 기록할 이때는 이미 성전이 파괴된 후라, 더 이상 존재하지 않는 건물에 대한 논의를 역사적 현실로 보고 그에 대

이 장에서는 우리는 이 두 구절에 관하여 연구하려고 하며, 상호 연관되는 가르침이라는 측면과 예수의 전반적인 가르침과의 연관성이라는 측면에서 살펴보려고 한다. 특히 우리는 그 당시의 정치적 상황의 맥락에서 본문을 이해하는 것이 주해를 정확히 하기 위해 얼마나 필수적인지 알게 될 것이다.

성전세

마태복음 17:24-27[92]

24 [예수와 제자들이] 가버나움에 이르렀을 때, 반 세겔 세금을 받는 자들이 베드로에게 나아와 말하기를 '너의 선생은 반 세겔을 내지 아니하느냐?'

25 그가 말하기를 '내신다' 하였다. 그리고 그가 집에 들어가니 예수께서 먼저 이르시되 '시몬아 네 생각은 어떠하냐? 세상 왕들은 누구에게 관세와 국세를 받느냐? 자기 아들에게냐 타인에게냐?'

26 베드로가 이르되 '타인에게니이다.' 예수께서 이르시되 '그렇다면 아들들은 세를 면하리라

27 그러나 우리가 그들[세금 거두어 들이는 자들]이 실족하지 않게 하기 위

하여 예수께서 반응하는 이야기로 서술하고 있다. (로마 사람들은 이미 로마세를 유대인의 성전세로 대체했으므로, 마 17:25-26에 나오는 예수의 논쟁을 로마세에 관한 것으로 보면 전혀 이치에 맞지 않는다.)

92) 저자의 사역에서 제시한 의미를 반영하되, 기본적인 한역은 개역개정판에 의거하여 번역자가 저자의 영문 번역을 한역하였다. 저자의 주장은 다음에 나오는 논문에서 이미 주장한 것으로 그 자세한 의미를 참고할 수 있다. Bauckham, 'The Coin in the Fish's Mouth,' in *Gospel Perspectives* 6: *The Miracles of Jesus*, ed. D. Wenham and C. Blomberg (Sheffield: JSOT Press, 1986), pp. 219-252. 또한 다음의 중요한 논문을 참고하라. W. Horbury, 'The Temple tax,' in *Jesus and the Politics of His Day*, ed. E. Bammel and C. F. D. Moule (Cambridge: Cambridge University Press, 1984), pp. 265-286.

하여 네가 호수에 가서 낚시를 던져라. 먼저 오르는 고기를 가져 입을 열면 돈 한 세겔을 얻을 것이니 가져다가 나와 너를 위하여 주라 하시니라.'

여기 질문에 나오는 세금은 성전세로써, 모든 유대의 성인 남자들에게 매년 반 세겔씩 부과되는 것이다. 그것은 예루살렘 성전에서 공적인 제사 의식에 충당하기 위하여 성전의 관리들이 직접 추징하는 것이다. 이 세금은 그 기원이 비교적 오래지 않은 것으로 추측되나, 성전을 운영하는 바리새파와 사두개파의 제사장 관리들이 생각하는 바로는 이것이 모세에 의하여 제정된 것으로, 출애굽기 30장 11-16절출 38:25-26 참조에 근거했다고 보았다. 그러나 출애굽기 30장 11-16절에 대한 이런 해석은 예수 당시의 몇몇 유대인들이 거부하고 있는데, 그들은 일 년에 반 세겔 성전에 납세하는 의무를 거부하였다. 성전세에 대한 적법성이 논쟁 중이었다는 사실이 성전세 받는 자가 베드로에게 한 질문24절의 의미를 설명해주고 있다. 그들은 예수가 납세 의무를 인정하는지의 여부를 살펴보고 있었던 것이다. 여기서 주목해야 할 중요한 점은 성전세도 일종의 세로 여겨졌다는 것, 자원하여 납부하는 것이 아니라는 것, 모든 성인 남자에게 동일한 금액이 법적으로 부과되고 있다는 것, 그리고 가난한 이들에게도 예외가 없다는 것이다. 더 나아가서, 이 세는 하나님에 의하여 부과되고 하나님께 바치는 것으로 매우 직설적으로 표현되고 있었다. 이것은 성전 당국에 의하여 하나님의 이름으로 집행되는 일종의 신정정치를 구성하는 이스라엘이라는 개념의 일부분이었다. 이 세금을 현대적인 개념에서 정치적인 사안이라기보다는 교회적인 사안이라 여겨 오해할 소지가 있는데, 이는 이스라엘에서 그러한 영역의 구별이 단지 상대적인 것에 지나지 않을 정도로 이스라엘은 종교-정치적 실체였기 때문이다. 대제사장들과 산헤드린 공회Sanhedrin는 유대의 정부로써, 하나님의 이름으로 통치했으며, 또한 로마의 지배자들과 당시 상황 속에서 협력관계에 있었다.

예수께서 베드로에게 던진 25절의 질문을 통하여 그가 의도한 것이 엄밀히 말하면 무엇인지에 대한 논쟁이 있다. 어떤 이들은 주장하기를 왕들이 자기의 민족, 즉 '그의 아들들' 에게는 세금을 부과하지 않지만, 지배하에 있는 타민족인 사람들에게는 세금을 부과함이 본 절의 핵심이라고 생각한다. 그러므로 여기서 언급하려는 의미는 주도적 국가가 자기 민족의 이익을 위하여 제국 전체를 착취하는 제국주의적 정책이라 할 수 있다는 것이다. 그러나 이 해석의 경우에서 우리가 생각하는 것은 예수께서 자신의 관점을 세우기 위하여 과장된 표현을 하는 사람으로 그리고 있지 않나 하는 점인데, 그 이유는 고대 세계에서 왕들이 자기 민족에 대한 세금을 면제해 주었다는 것은 일반적으로 사실이 아니기 때문이다. 예를 들면, 로마 제국의 경우에 있어 과세 부담의 가장 큰 몫이 유대인과 같은 종속적 국가에 지워지지만, 로마 시민들도 역시 세금을 내야 했다. 예수께서 언급한 두 가지 종류의 과세를 고려해 보면, 왕의 가족은 간접세사용세를 냈으나 직접세조세나 공물는 내지 않았다. 추정해 보건대, 왕의 '아들들' 로 예수가 왕의 집안그의 고용인들과 고위 행정관들을 언급하였다고 볼 수 있는데, 그들이 세금을 내지 않은 것은 왕의 비용으로 그들이 유지되기 때문이다. 그런데 이것은 예수의 담화에 자연스럽게 배어드는 의미가 아니므로, '아들들' 이란 용어를 문자적으로 간주하는 것이 가장 좋을 듯하다. 이렇게 보면, 왕들은 그들의 자녀에게 세금을 부과하지 않지만, 그 이외의 다른 모든 신민에게는 세금을 부과한다는 의미이다.

예수는 여기서 그의 가르침이 가진 매우 특별한 방법을 통해서 하나님의 통치와 세상 왕의 통치 사이를 유추하는 논증을 제시하고 있다. 만일 우리가 하나님 곧 하늘의 왕이 그의 백성을 다스리는 방법을 세상의 왕들이 자기의 백성을 다스리는 방법과 비교한다면, 예수의 주장은 왕이 그들의 신민subject이 아니고 그들의 자녀들을 대우하는 방법으로 왕권을 행사한다고 유추해야 옳다는 것이다. 예수는 특별하게도 하나님 통치의 본질에 대한 관건으로서 하나님의 부성父性을 포착하고 있다. 하나님의 그의 백성에 대한 통치는 실제로 세상 왕의 것이 아니라, 세상의 아버지의 다스림과 같다. 왕들도 자기의 자녀들에게 세금을 걷지 않는 것과 같이 그의 백성들의 아버지인 하나님은 그들에게 세금을 받지 않으신다. 예수는 여기서 하나님의 사람들 곧 '아들들' 로서의 특권을 갖고 세금을 내지 않는 하나님의 사람들을, 하나님이 세금을 부과하는 어떤 다른 사람들과 구별하지 않고 있다. 그 '아들들' 은 모두 하나님의 백성이다. 예수의 가르침에서 아들이라는 신분은 한 나라로서의 이스라엘의 위상으로 간주하며, 막 7:27; 마 8:12; 15:26 동시에 예수의 사역은 이스라엘을 불러 그의 제자들이 핵심을 이루는 갱신된 이스라엘 안에서 그 나라의 위상을 성취하는 것에 있었다.

그러므로 예수께서 반대하는 것은 신정주의적 과세 즉, 하나님의 이름으로 하나님의 백성에게 세금을 부과하는 것인데, 그것은 예수께서 이해하는 하나님의 통치 방법과 일치하지 않기 때문이다. 초대교회도 이 점을 이해한 것처럼 보인다. 고린도후서 8-9장에서 사도 바울이 그리스도인들의 연보가 과세와 같다는 생각을 매우 조심스럽게 거부하고 있는 점을 유의하라. 예수는 사실 세금 거두는 자를 '실족하지 않게 하기 위하여' 성전세를 내고 있다. 이들은 충성심으로 직무를 수행하고 있는 그 지방 사람들이었을 것이고, 예수가 세금 납세를 거절하였다면 이는 세금으로 유지되는 성전에서의 제사 의식을 비판하는 것으로 그들이 생각하기 쉬웠을 것이다. 그러나 예수께서 세금을 내시는 방법은, 대부분의 현대 해석자들이 느끼는 것처럼 매우 당혹스러운 것인데, 이는 그의 관점을 강화하기 위하여 고안된 것이다. 이 기적은 하나님께서 자신의 신민에게 돈을 부과하는 어떤 왕과 같지 않고, 오히려 하나님이 그 반대로 자기 자녀의 필요를 공급해주는 아버지와 같다는 점을 보여준다. 베드로에게 성전 세겔을 바치라고 요구하기보다 하나님께서는 실제로 그에게 한 세겔을 주신 것이다.

과세의 현실

이 성경 구절에 나오는 예수의 과세에 대한 태도는 놀랍게도 부정적이다. 만일 하나님께서 그의 백성에게 세금을 부과하지 않는다면, 이에 연결해서 유추해 볼 수 있는 생각은 적어도 과세가 정부의 이상적인 도구가 되지 못한다는 것이다. 예수는 세상의 왕들이 그의 백성에게 세금을 부과하는 권리를 가졌음을 부인하지 않지만, 군주의 통치가 이러한 면에서 하나님의 통치와 전혀 다르다는 것을 시사하고 있다.

과세에 대한 이런 부정적인 태도는 그리 놀랄 만한 것이 못 된다. 과세의 부담은 예수 당시의 평민들이 그들의 정권을 억압적인 것으로 느끼고 있는 주된 이유이다. 유대인들은 헤롯 왕가의 통치에 대해서도 로마의 집적적 통치만큼이나 부담스럽게 여겼는데, 실제로 헤롯 안디바스가 갈릴리 지방에서 과세했던 것이 유대 지방에서의 로마의 그것보다 훨씬 더 큰 것이었을 것이다. 과세가 유대인들에게 특별히 더욱 부담되는 이유는 시민의 조세에 더하여 유대의 종교적 관원들에 의하여 부과되는 신정적 세금도 의무적으로 내야 했기 때문이다. 매년 십일조와 제사장의 몫이 되는 다른 형태의 의무들, 곧 제사장들과 레위 지파를 지원하기 위한 것, 매 3년마다 내어 가난한 사람을 돕는 '제 이의 십일조' 그리고 매년 반 세겔의 성전세 등이다. 더욱이 성전세는 매일의 제사 의식의 비용을 충당하기 위한 것이었기 때문에, 다양한 형태의 의무적 제물들은 원칙적으로 과세에서 구분될 수 없었다. 이런 과세 부담을 힘들어하는 평민들에게는 성전의 신정정치theocracy가 또 다른 형태의 강압적인 통치로 여겨지기 쉬운데, 실상 그와 같은 납세 대부분은 성전을 운영하는 고위 제사장 귀족의 손안에 놓여있었다. 대제사장 가문들의 두드러진 부는 광범위한 분노를 자아내게 했으며, 또한 그 부는 그들의 성전 재정 장악과 관련되어 있었는데, 바로 이 부는 성전세가 주요 공급원이었다. 달리 말하면, 신의 이름으로 그들의 예배를 위하여 부과되는 세금들이, 백성을 희생시킴으로 신정적 지배 계급, 곧 사두개인 귀족에게 이익을 안겨다 주었다. 이런 면에서 그 세금들은 세상 왕들의 가렴주구苛斂誅求 수단과 다를 바가 없었다.

고대 세계에서 세금은 평민들이, 자신들의 유익을 얻는 것이 별로 없으면서도 그것의 대부분을 부담하고 있다는 사실을 보통 알아차리지 못한 채, 납부 했음을 기억하는 것이 중요하다. 과세는 지배자들을 위한 것이지 피지배자들을 위한 것이 아니었다. 로마 공직자의 고급스런 전통에 의하면, 거만한 정신을 가진 로마의 총독들은 로마의 평화Pax Romana를 세상을 위한 로마의 진정한 선물로 여겼을 텐데, 이는 마치 빅토리아 시대[93]의 영국 사람들이 대영제국에 대하여 가진 생각과 같았을 것이다. 로마

93) 역자 주: 빅토리아 여왕이 통치하던 64년간의 치세로서 대영제국 시대에 해당된다.

공직자의 관점에서 보면, 로마가 부과하는 세금은 제국의 군사력과 관료 조직을 유지하기 위하여 요구되는 것인데, 달리 말하면 로마 제국의 백성들이 로마의 통치로써 은총을 입는 그 평화와 안전을 위함인 것이다. 이 관점은 예루살렘의 제사장 관료들과 같은 지역의 지배 계급에 의하여 공유되었는데, 이들은 로마의 권력과 협력하고 그들의 통치로부터 이익을 얻었다. 그러나 물론 이 관점은 착취를 미화하는 데 일조한 것이지, 탈취당한 자들을 설득하는 데 있는 것 같지 않다.[94] 로마에 종속된 많은 백성에게 있어서 과세는 경제적 부담이었고 그들의 종속의 징표였다. 유대인들은 소외된 백성의 특징인 냉소주의적 태도를 가지고 말하기를, 로마가 훌륭한 다리를 만들어 놓는 것은 단순히 다리의 사용료를 징수하기 위해서라고 했다.[95] 주인과 노예의 관계 양식에서 나타나는 권위적 통치는 통상 백성들에 의해 착취적인 것으로 여겨졌는데, 삼상 8:10-18 참조 백성은 종종 제대로 상황을 이해하고 있었다. 예수 당시의 정부 아래서 납세 의무가 있었다는 것은 다른 사람들에 의해 착취당하는 처지에 빠졌다는 의미이다.

이런 면에서, 예수의 과세에 대한 부정적인 태도는 다른 말씀에서 논의하고 있는 당시의 정부에 대한 그의 견해와 상통한다. 예수는 당시의 평민들이 공유했던 생각, 곧 정부는 압제적이라는 견해에 당연히 동의하고 있었다: "이방인의 집권자들이 그들을 임의로 주관하고 그 고관들이 그들에게 권세를 부리는 줄을 너희가 알거니와 너희 중에는 그렇지 않을지니" 막 10:42-43; 비교 눅 22:25-26 여기서 예수는 당시의 권위주의적 정치가의 통치를 하나님의 통치 아래서 이루어진 상황에 대조시키고 있다. 마

94) 다음과 비교하라. K. Wengst, *Pax Romana and the Peace of Jesus Christ* (London: SCM Press, 1987), pp. 26-37.
95) Babylonian Talmud, *Shabbat* 33b.

태복음 17장 25-26절에서도 예수는 같은 관심을 가진다. 성전세는 가난한 자들을 무겁게 짓눌렀던 인두세처럼 하나님의 이름에 의하여 징수되었고, 그 결과 하나님을 자기 백성들을 탈취하는 하나의 폭군으로 나타내고 있었다. 그러나 하나님의 통치는 결코 그와 같지 않다!

성전에서 시위하신 예수

마태복음 17장 24-27절에 나오는 성전세에 대한 예수의 태도를 살펴볼 때, 우리는 일반적으로 '성전 청결' 이라고 알려진 예수님 사역 중의 한 사건을 새롭게 이해할 수 있는 도움을 얻게 된다. 이 사건을 '예수의 성전 시위' 라고 부르는 것이 더 나을 법한 이유는, 그것이 성전 뜰에서 벌어지는 일들에 대한 일종의 선지자적 항의 행위였기 때문이다.[막 11:15-17][96] 이 항의의 한 부분이 돈 바꾸는 자들의 상을 뒤엎는 예수의 행위이다.

당시 돈 바꾸는 자들은 바로 유월절 직전 성전에 있었는데, 이때는 백성들이 성전세를 납부해야 했고 세금으로 사용되는 소위 '성전 세겔' 이라는 돈으로 바꾸려면 환전상들이 필요했다. 환전은 성전 경내 안에서 행해지는 개인 사업의 일환이 아니라, 성전 재정관에 의하여 설치된 부서로써 성전 관리들이 운영하는 사업이었음에 틀림이 없다. 예수는 환전상의 탁자를 공격하였는데, 이는 성전세를 징수하는 그들의 작업이 가장 가시적으로 나타난 것이기 때문이다. 예수께서 이것으로 의미하고자 한 것은 종종 제기되어 온 것처럼, 돈 바꾸는 일이 거룩한 경내에서 행해져서는 안 되고, 다른 어느 곳에서 시행되어야 한다는 것을 주장하려 함이 아니다. 마찬가지로 자주 제기되고 있지만, 환전상이 고객들을 속임

---

96) 이 부분에서 저자는 다음의 논문에서 발견되는 자세한 논의를 요약하였다. Bauckham, 'Jesus' Demonstration in the Temple,' in *Law and Religion*, ed. B. Lindars(Cambridge: James Clarke, 1988).

수로 거래하며 부정한 수익을 만들고 있음을 암시하지도 않는다. 예수의 반대는 환전 사업을 통해 수월하게 납부하도록 만들어진 세금 그 자체였고, 하나님의 이름으로 성전의 세금을 거두어들이는 사람들을 반대하고 있었다.

예수께서 환전상의 상을 엎은 것은 성전의 재정 사업에 반대하여 행한 몇 가지 항의 행위 중 하나이다.[막 11:15-16; 참조 요 2:14-16] 이러한 항의는 예수의 성전세에 대한 반대가 더 큰 항의의 일부분이라는 점을 우리가 이해하도록 도움을 주는데, 그 이유는 제사장 귀족들이 성전의 재정을 이익을 생산하는 사업의 일환으로 운영하여 충당하고, 예배를 수월하게 드리도록 하기보다는 국민에게 압제적인 경제적 부담을 지우며, 이 모든 것에 하나님의 이름으로 백성을 통치한다는 명분 아래 두려 하기 때문이다. 예수께서 일시적으로 훼방하였던 상업행위 가운데, 희생제로 바치는 비둘기 매매를 특별히 언급하였다는 사실은 매우 중요하다.[막11:15; 마 21:12] 비둘기는 가난한 사람들의 제물이었다. 몇몇 경우에서는 비둘기가 모든 사람의 제물로 요구되기도 했다.[레 15:14, 29; 민 6:10] 그러나 대부분의 경우, 비둘기는 더 비싼 짐승을 제물을 바칠 수 없는 이들을 위한 대체적 예물이었다. 이것은 자원적 제사[레 1:14]일 뿐 아니라 분명히 의무적 제사의 일종이기도 했다.[레 5:7; 12:6-8; 14:22] 그러므로 비둘기 제사는 가난한 자들을 향한 또 다른 종류의 신정적 세금에 가까웠을 것이다. 가난한 사람이 비둘기 외에 다른 동물로 제물을 바치는 경우는 아마도 매우 드물었던 반면에, 비둘기는 상당히 빈번하게 바쳐졌을 것이다. 그러므로 예수께서 비판하고 있는 것은 제사제도 그 자체가 아니고, 성전이 제사에 합당하도록 검증받은 비둘기를 파는 일을 독점하고 있었다는 사실이다. 더구나 이로써 성전 금고의 수익을 도모하기 위하여 그 가격을 높이 올릴 수 있게 되었다는 점이다. 다시 말하면, 가난한 자들이 예배를 드리는 것이 가능하도록 특별히 고안된 율법, 값비싸지 않은 봉헌을 드릴 수 있도록 고안한 율법이 현실적으로 그들에게 재정적인 짐이 되도록 시행되었다.

이 상황에 대한 예수의 언급[막 1:17]은 성경에서 선포된 성전을 위한 하나님의 뜻과 성전 관리들이 그것을 조작하여 만들어 낸 뜻과 적절하게 대조시킨다. 성전은 '만인이 기도하는 집' 이라는 의미[사 56:7]는 곧 모든 그의 백성들이 은혜롭게 접근할 수 있는 곳이며, 그들이 드리는 희생제물의 봉헌은 기도의 수단일 뿐이라는 뜻이다. 그러나 제사장 귀족은 성전을 '도둑의 소굴' 로 만들어 놓았으니,[렘 7:11] 말하자면 성전은 그들이 백성을 강탈하는 장소가 되었다. 제사장들은 제사 예식의 진정한 목적을 혼란스럽게 만들었고, 그것을 재정적 강탈의 수단으로 바꾸어 놓았다. 결과적으로 하나님의 통치는 이방 나라들의 그것과 너무도 유사한 것으로 나타나게 되었다. 백성들의 필요를 채워 주시는 자애로운 아버지 하나님 대신에, 성전의 관리들을 통하여 드러난 가난한 이들에게 발견된 하나님은 하나의 경제적 탄압을 허가한 하나님이 되었다.

가이사에게 바치는 세금

마가복음 12:13-17

13 그들이 예수의 말씀을 책잡으려 하여 바리새인과 헤롯당 중에서 사람을 보내매

14 와서 이르되 선생님이여 우리가 아노니 당신은 참되시고 아무도 꺼리는 일이 없으시니 이는 사람을 외모로 보지 않고 오직 진리로써 하나님의 도를 가르치심이니이다 가이사에게 세금을 바치는 것이 옳으니이까 옳지 아니하니이까

15 우리가 바치리이까 말리이까 한대 예수께서 그 외식함을 아시고 이르시되 어찌하여 나를 시험하느냐 데나리온 하나를 가져다가 내게 보이라 하시니
16 가져왔거늘 예수께서 이르시되 이 형상과 이 글이 누구의 것이냐 이르되 가이사의 것이니이다
17 이에 예수께서 이르시되 가이사의 것은 가이사에게, 하나님의 것은 하나님께 바치라 하시니 그들이 예수께 대하여 매우 놀랍게 여기더라

여기서 문제가 되는 세금은 예수께서 마태복음 17장 25절에서 언급한 두 번째 유형의 세금이다. 이것은 로마의 직접적인 지배 아래 있는 지역에서 로마에 바치는 직접세 형태의 세금으로써, 당시에는 갈릴리가 아닌 유대 지방에서 시행되었다. 그래서 이것은 본토에 있는 유대인들의 감정을 상당히 자극하는 방법, 곧 이방 황제의 우상 숭배적 형상이 새겨져 있는 로마의 동전 데나리온으로 세금을 바침으로 이방 지배에 복종해야 하는 것에 대한 거부감을 불러일으키는 것이다.[97]

처음부터 예수의 로마 납세에 대한 태도를 그의 성전세에 대한 태도와 결부시키는 것은 어렵게 느껴진다. 그가 신정적 납세를 하나님의 통치에 부합하지 않는 부적절한 것으로 거부하였던 것에 반하여, 로마의 세제는 그 압제적 성격을 간과하고도 정당한 것으로 받아들이는 것처럼 보이는 때문이다. 그러나 여기서 바리새인들과 헤롯 당원들이 간교한 질문을 던지는 논쟁적 배경을 인식하는 것이 매우 중요하다. 가이사에게 납세해야 하는 칙령이 처음 유대 지방에 내려졌던 서기 6년[행 5:37]에 발생

97) 동전에 관하여 다음을 보라. H. St J. Hart, 'The Coin of "Render unto Caesar..." (Mark 12:13-17에 대한 몇 가지 견해를 정리함; Matt. 22:15-22; Luke 20:20-26)', in Bammel and Moule, ed. *Jesus*, pp. 241-248.

했던 갈릴리인 유다의 봉기 이후로부터, 로마의 과세에 대한 유대인들의 반기가 경제적인 것뿐 아니라 종교-정치적인 견지에서 일어났다. 열심당원[98]의 주장은 이스라엘과 그 인접 땅은 하나님께 속했고 오직 하나님만이 그의 백성의 합법적인 통치자라는 것이다. 가이사는 하나님의 백성들에 대한 정당한 주권이 없다. 가이사에게 바쳐야 하는 세금은 그의 통치권에 대한 인정이자 노예제도에 대한 복종의 표시로 인정될 수 있는 것이기 때문에, 제지되어야만 함이 마땅하다. 외국의 지배에 대한 분노와 과세 부담에 대한 거부를 종교적 국수주의와 혼합함으로써, 열심당 운동은 가이사에게 바치는 과세의 문제를 로마에 반항하는 봉기에서 대중의 지지를 유도하는 가장 확실한 기반이 되게 만들었다.[99]

예수의 대적은 분명히 그에게서 열심당원의 견해에 공감하는 의견을 유도해 내길 원했을 터인데, 그것은 로마인들의 귀에는 매우 위험하게 여겨지는 선동이었을 것이다.[눅 23:2 참조] 그들이 이를 희망하고 있었다는 사실은 예수가 열심당원처럼 하나님 나라의 도래에 관하여 말하였을 뿐 아니라, 그가 간간히 이방의 정부들에 대하여 언급한 것들이 우호적인 것과는 거리가 멀었다는 사실에 연유하였을 것이다.[마 17:25; 막 10:42]

예수의 반응은 그러나 분명히 드러나는 반열심당[anti-Zealot]의 견해인데, 하나님의 자기 백성에 대한 요구는 가이사가 세를 거두어들이는 권

98) '열심당원'이란 용어는 갈릴리인 유다의 반란으로부터 주후 70년 예루살렘 함락의 때까지, 유대인들의 로마에 대한 모든 저항운동을 묘사하기 위하여 널리 사용되었다. 아마도 이 어휘를 이렇게 광범위하게 사용하는 것은 부정확한 일인데(요세푸스는 주후 66년에서 70년 사이의 특정한 혁명 봉기 무리들을 지칭할 때만 사용하였다.), 저자는 이곳에서 편의를 위하여 광범위한 용법을 따른다. 왜냐하면 그 모든 운동은 어느 정도 연속성과 일관성을 지녔기 때문이다.

99) 이 단락을 위하여 다음의 글을 보라. F. F. Bruce, 'Render to Caesar,' in Bammel and Moule, ed., *Jesus*, pp. 254-57; E. Schürer, *The History of the Jewish People in the Age of Jesus Christ* (175 B.C.—A.D. 135), revised by G. Vermes, F. Millar and M. Black, vol. 2 (Edinburgh: T. & T. Clark, 1979), pp. 603-604.

리를 가진 것과 상충하지 않는다는 것이다. 예수는 이 점을 자신의 주장 속에서 두 단계로 밝히고 있다. 첫째의 주장은 가이사의 얼굴이 있는 동전은 그에게 속한 것이므로 그에게 다시 돌려주어야 한다는 의미이다. 이것은 엄격한 논리적 논쟁 보다는 훨씬 더 수사학적인 것이다. 비록 그것은 일종의 논적論敵을 향한 공격적 논증ad hominem의 가치는 있을지라도, 논점을 엄격하게 증명할 수는 없다. 그러나 동전에 그려진 우상숭배적 성격을 가진 형상에 대하여 엄격한 유대인들의 예민함이라는 관점에서 생각하면, 이 사건은 의미심장하다. 나는 예수께서 하나님의 율법에 어긋나는 그런 동전은 이방인에게 속하고 그런 이유로 그들에게 돌려주어야 한다는 의미로 말씀하셨다고 생각하지 않는다.[100] 우상숭배의 문제는 그것보다 더욱 심각하다. 열심당원에게 있어서, 동전의 우상숭배적 본질은 가이사의 과세 요구에 담겨진 보다 더 근본적인 우상숭배성을 지적하고 있는데, 그것은 곧 하나님의 백성들에게 세금을 부과함으로써 가이사가 하나님의 주권을 강탈한다는 것이다. 그러므로 그 우상숭배적인 동전에 새겨진 가이사에게 세를 바친다는 것은, 오직 하나님만이 주장할 수 있는 권리를 신성모독적으로 요구하는 가이사를 인정하는 행동이 된다. 그러나 예수는 의도적으로 모든 우상숭배의 문제를 함구하고 있다. 예수에게 있어서 동전에 새겨진 이미지는 또 다른 중요성을 갖고 있는데, 그것은 가이사가 자신에게 종속된 유대인들에게 세금을 부과할 수 있는 합법적 권리를 나타내는 합법적 소유권의 표시이다.

예수의 주장에 포함된 두 번째 요소는 예수께서 어떤 면에서 가이사의 권리를 하나님의 권리로부터 구별한다는 점이다. 열심당원은 그렇게 구별하기를 거절하였다. 그들에게 하나님의 자기 백성들에 대한 권리는

100) 브루스에게는 양해를 구하며 적는다. Bruce, 'Render to Caesar', pp. 259-260.

배타적이며, 가이사의 요구는 불법적이다. 예수는 다른 한 편으로, 구약에 나타난 '하나님의 일'과 '왕의 일' 사이의 차이점을 인용대상 26:32, 참조 26:30; 대하 19:11하며,[101] 이로써 성경이 열심당원의 견해를 지지하지 않고 있음을 드러낸다. 예수께서 단호하게 붙드는 경구epigram, 警句를 포함하는 구약적 배경은 예수의 담화가 가이사의 과세권을 인정하지 않는다고 다른 방식으로 이해하려고 애쓰는 사람들의 주장에 결정적으로 반대하는 증거로 여겨진다.[102] 예수가 한 유대인 왕에 대해 언급하는 구약의 구절을 가이사에게 적용하려고 한다는 점을 주시해야 한다. 예수에게 있어서 이방의 황제는 유대의 군주가 갖는 만큼의 과세권을 갖고 있음을 알았다. 만약 이면에서 예수께서 당대 유대인들의 민족주의에 동조하여 구약과 다른 위치에 서게 된다면, 이는 결국 구약과 충돌하게 된다. 왜냐하면 구약성경은 바벨론과 페르시아 제국이 유대에 부과한 납세를 결코 부정한 적이 없기 때문이다.[103]

일단 예수께서 열심당원의 생각에 얼마나 논쟁적으로 거부의 의사를 표명하려 했는지 우리가 이해할 때, 분명해지는 것은 그가 일정 한도 내에서만 가이사의 권세를 인정한다는 것이다. 예수께서는 마치 정치적인 일들이 하나님께 굴복하지 않은 것처럼, 가이사가 가진 권위의 영역과 하나님의 영역 사이를 절대적으로 구별하지는 않고 있다. 이런 가능성은

101) 나는 이 점에서 다음의 글에 도움을 얻었다. J. D. M. Derrett, 'Luke's Perspective on Tribute to Caesar', in *Political Issues in Luke-Acts*, ed. R. J. Cassidy and P. J. Scharper (Maryknoll, New York: Orbis Books, 1983), p. 42. 역대상 26장의 재정적인 배경에 있어서 30절과 32절은 아마도 징수제를 언급한 것으로써, 역대하 19:11에 나오는 두 단락은 법적 실례의 두 가지 양식을 말하는 것이다. 이 구약 구절들의 불명료한 점에서 볼 때, 예수의 담화는 아마도 이 구절들이 당대에 유대인들의 법적 논의에 사용되었다는 것을 미리 가정하고 있는 것 같다.

102) 예를 들면, J. S. Kennard, *Render to God: A Study of the Tribute Passage* (New York: Oxford University Press, 1950); Wengst, *Pax Romana*, pp. 58-61.

103) 다음과 비교하라. Bruce, 'Render to Caesar', pp. 255-56.

예수에게나 또는 하나님의 율법은 삶의 모든 영역에 적용된다고 여기는 그의 유대인 청중들에게 있어서나, 있을 법한 일이 아니다. 예수께서 인용하는 구약의 두 구절을 통해 보여준 '하나님의 일들' 과 '왕의 일들' 사이에 존재하는 구분은, 보편적인 신학적 구분이 아닌 실용적인 구분을 짓는 것이다. 예수의 관점은 하나님이 가이사를 통제하는 권한이 없다는 것이 아니고, 하나님의 권한이 가이사의 것을 배제하지 않는다는 것이다. 물론 가이사가 과세에 대한 자기의 권리를 행사하면서, 때로는 하나님의 율법과 충돌하는 경우가 있을 수 있다. 아마도 실제로 가이사가 그 권한의 한계를 초과했을 수도 있으나, 그 권리 자체는 하나님의 법으로 허용된 것이다. 이것이 곧 예수가 유일하게 주장하고 있는 관점이다.

그러므로 예수가 강조한 가르침은 '교회는 정치에 관여하지 않아야 한다' 는 현대적인 주장과 상통하는 것이 거의 없다. 이 같은 가르침은 그러나 예수 당시의 일부 유대인들 가운데 유행하였던 일종의 신정적 정치를 거부한다. 예수와 열심당원과의 토론은 아주 빈번하게 그들 사이의 이견異見의 중요 관심사가 정치적 폭력이었다는 인상을 준다. 그러나 우리의 논의는 사실상 그 상이점이 상당히 광범위하였다는 사실을 인지하게 만든다.

예수와 유대인의 정치

우리가 이제까지 연구해 왔던 예수의 두 가지 경우의 가르침, 즉 성전세와 가이사에게 바치는 세금을 비교할 때, 몇 가지 흥미로운 결과가 도출된다. 예수께서 기본적으로 반대하시는 것은 신정적theocratic 정치인데, 이것이 보여주는 양태는 자기 백성들을 다스리시는 하나님의 이름으로 시행되는 성전 관리들의 과세의 모양일 수도 있고, 혹은 자기 백성을 다스리시는 하나님의 이름으로 로마의 과세제에 대한 열심당원의 저항의 모양일 수도 있다. 성전세의 경우에 보이신 예수의 가르침을 참고하면, 가이사에게 바치는 납세에 대해 예수께서 열심당원의 견해에 반대하는 단서를 우리가 발견할 수 있다. 예수에 의하면, 하나님께서는 세상 왕처럼 자기 백성을 다스리시지 않는다. 예를 들어 하나님은 자기 백성을 자신에게 세금을 내지 않는 빚진 자들로 다루지 않으신다. 그러나 이러한 하나님의 특별한 구별되심은 열심당원이 가진 관심사가 아니었으니, 그들은 단순히 과세의 권한을 포함한 모든 주권을 가이사에게서 하나님에게로 옮기려 한 것이다. 가정하건대, 열심당원의 정권은 그것이 이스라엘의 하나님 이름으로 통치하는 유대인의 정부라는 것 외에는 가이사의 정권과 다를 바가 없다는 것이다. 그러므로 예수 당대의 유대인들이 주장하는 것 같은 신정적 정책들은, 예수께서 이해하고 있는 하나님의 통치를 시행하지 않는다. 그 정책들은 일상의 정치적 목적을 위하여 '하나님' 이라는 이름을 이데올로기적 정당화를 위한 수단으로 이용하는 것인데, 예를 들어 열심당원의 경우에는 민족적 주권을 위하여 그의 이름을 이용하는 하나의 방법에 더 가까웠다. 결과적으로 열심당의 주장은 가이사가 자신의 신성神性, divinity을 선언하는 경우와 별반 다를 바가 없다.

예수는 분명히 로마의 통치를 압제적인 것으로 보았으며, 이방의 왕들에 대한 그의 비판적인 언급은 압제적 로마에 대한 의심의 여지를 남겨놓지 않는다. 예수와 같이 서기 1세기의 팔레스타인 땅의 평민들을 돌아보는 사람이라면, 그렇게 생각하지 않을 사람이 없었을 것이다. 그러나 예수에게 있어서 논점이 되는 것은 유대인의 통치냐 아니면 이방인의 통치냐의 사안이 아니다. 실제적인 논점은 하나님께서 그의 백성을 다스리시는 통치의 성격이었으며, 그러므로 예수께서 예루살렘에 도착했을 때 그의 공격 대상은 빌라도가 아니라 성전 관리들, 곧 유대적 신정정치의 공식적 우두머리들이었다. 그들은 하나님의 통치를 압제적인 것으로 오도하였고, 하나님의 통치를 그들의 억압적 권력을 재가하는 수단으로 사용하였기 때문이다.

물론, 이방인의 통치는 억압적이었다. 예수가 이 점을 부각시킬 필요는 거의 없었다. 그러나 그가 드러내야 할 필요를 느꼈던 점은 하나님의 통치 아래 있는 하나님의 백성들은 반드시 이방인들과는 달라야 한다는 점이다. 만약 유대인들이 자기들의 동족 유대인만을 사랑하고 자국의 적들은 미워한다면, 그들은 이방인들과 다를 바가 없다.[마 5:43–47] 만일 하나님의 백성들이 우선적으로 물질적인 안전과 번영만을 염려한다면, 그들도 이방인들과 별로 다를 바가 없다.[마 6:32] 만일 하나님의 백성들의 지도자가 될 만한 사람들이 권력과 위신만을 위해 싸운다면, 그들은 이방의 왕들보다 나을 바가 없는 것이다.[막 10:42–44] 하나님의 통치는 이 세상 왕의 그것과 급진적으로 다른 것이기 때문에, 하나님의 통치에 순응하는 삶은 통상적으로 인간사를 운영하는 방식과 달라야 할 것이다. 그와 같은 삶은 하나님의 백성에 대한 하나님 아버지와 같은 돌봄을 드러내며, 전 인류에 대한 차별 없는 관심[마 5:45]을 반영하는 삶이다. 그것은 하나님의 공급하심[마 6:23–33]에 대한 확신, 다른 사람들을 위한 희생적 봉사[막 10:43–45]와 원수를 사랑하는 것[마 5:38–47]에 대한 근본적인 신뢰로 특징지어질 수 있다.

예수 당시의 유대인들이 다양하게 취했던 정치적 선택들은 로마 정부보다 이러한 선한 가치들에 대한 더 많은 관심을 기울이지 않았다. 어떤 정부의 변화도 예수가 이해했던 것과 같은 하나님의 통치를 진전시키는 데 거의 기여하지 못했을 것이다. 마음의 혁신적인 변화, 즉 하나님의 백성들이 자신과 하나님과의 근본적인 관계를 새롭게 하는 것, 이것이 예수의 우선순위였다. 그러나 그런 마음의 변화가 정치와 무관하다는 것을 인정하는 것은 아니다.

과세를 위한 합당한 조건

분명히 말하지만, 예수는 로마 제국의 과세 제도를 결코 마음 깊은 곳으로부터 인정하려고 하지 않았을 것이다. 종속된 나라에 세금을 부과하는 것은 하나님의 통치와는 완전히 다른 것이다. 그것은 예수께서 자기를 따르는 사람들에게 명하는 하나님의 방법들마 5:45, 48을 조금이라도 모방하려는 기미幾微조차 없다. 그러나 다른 한편으로 예수는 가이사가 세금을 부과하는 권한을 부정하지 않았다. 하나님의 율법은 과세를 허용하였는데, 그것이 없는 인간 정부는 가능하지 않기 때문이다.

예수의 과세에 대한 이러한 양면적인 태도는 한편으로 하나님께서 자기 백성들에게 과세한다는 것을 반대하는 동시에, 다른 한편으로는 시민의 과세에 대한 정당성을 수용하는 것으로 구성된다. 이러한 태도는 바울에게 다시 나타나는데, 먼저 로마 정부가 그리스도인들을 포함하여 그의 백성에게 과세하는 권리를 받아들이는 것롬 13:6-7과 함께, 예루살렘의 가난한 그리스도인들을 힘껏 구제하기 위하여 그가 모금하면서 이것이 세금과 구별되는 점을 조심스럽게 설명하는 것이다. 바울은 주장하기를, 그의 모금의 가치는 그것의 자원적인 특성에 달렸으며, 그것은 사랑에 의한 것이지 강요에 의한 것이 아니며, 각 개인이 그 선물의 분량을 스스로 정해야 한다고 했다.롬 15:26-27; 고후 8:3-5, 8; 9:5, 7 우리가 다시 명기할 것은 모금의 목적인데, 이는 가난한 사람들을 위한 부의 재분배고후 8:14이다. 이는 또한 하나님의 다스림이 가진 본질을 잘 드러내는 것으로, 당시의 세제의 대부분의 양식들 곧 가난한 사람들을 희생시켜 지배계급들이 이익을 취하는 제도들보다 더 낫다고 할 수 있다. 바울의 모금은 예수의 하나님 나라에 대한 이해 속에서 납세의 제도를 대체해야 할 대안이 무엇인지를 보다 잘 묘사하고 있다.

예수와 바울의 시대에, 한편으로 하나님의 통치 아래서 삶의 이상理想을 추구하는 것이나, 다른 한편으로 예수의 제자 된 삶을 통한 유사한 그 이상의 성취는, 오직 당시의 정치 제도를 비판적으로 검토함으로 이룰 수 있었다. 그런데 인간 정부와 하나님의 통치 사이에는 불가피한 심연이 있는 것이 아닐까? 혹은 인간의 정부가 어느 정도 하나님의 통치가 요구하는 원칙을 반영할 가능성은 있는 것인가?

인간 정부는 하나님의 통치가 될 수 없다. 신정정치는 그런 의미에서 하나의 위험한 환상이다. 하나님의 통치를 주장하는 인간 정부는 그 자체를 절대화하려 들며, 정책과 그 시행의 도덕적 모호성을 부인하고, 비판을 거부하고, 반대의견을 억누르려는 경향이 있으며, 압제의 자기 정당화 아래서 그 이상理想을 상실하게 된다. 좋은 정부는 오류를 범하는 가류적可謬的, fallible 인간 한계성에 대한 인정을 요구한다. 좋은 정부는 인간 정부 그 자체와 하나님의 나라의 간격을 겸손한 자세로 기억하기를 요구한다. 그러므로 신정정치에 대한 선언은 항상 예수께서 가르쳤듯이, 하나님의 방법과 실제적인 인간 정부들의 경험적 사실들 사이의 대조를 강조함으로 논박되어야 할 필요가 있다.

그러나 신정정치에 대한 유혹에 저항하는 동안, 인간 정부들 혹은 인간 정부에 참여하는 그리스도인들은, 상황이 허락하는 한 그리고 인간 심성의 견실함이 허락하는 한, 하나님의 통치를 이루는 원칙을 모방하려고 노력해야 한다. 그들이 과세를 없앨 수는 없지만, 하나님께서 그리하시듯이 자원적인 기부에 의존할 수 있다. 그러나 그들은 그렇게 함으로, 가이사의 정부보다 더 나은 정도로, 세금을 내는 사람들이 공공선을 위하여 자원하여 기꺼이 기부하려는 그런 이상적인 상황에 더욱 근접할 수 있다. 인간의 마음에는 죄악이 있어서, 공공선을 위하여 기부하지 않으려는 사람들은 항상 과세를 강제적인 것으로 경험한다. 그러나 과세가 지배 계급을 위해서가 아니라 모든 사람의 유익을 위하여, 특히 필요한 이들에게 이익을 가져다주는 것으로 여기는 곳에서, 모든 사람이 인식할 수 있는 가능한 공정한 방법으로 세금이 산정되는 곳에서,[104] 그리고 민주주의적인 체제 안의 행정이 국민에게 책임감 있게 작동되는 곳에서, 과세는 사회적인 착취의 형태가 될 필요가 없고 오히려 사회적 사랑의 형태를 향해 접근해 갈 수 있다.

---

104) 여기에 관련된 문제들을 설명하기 위하여 다음을 참고하라. R. M. Green, "Ethics and Taxation: A Theoretical Framework", *Journal of Religious Ethics* 12(1984), pp. 146-61.

토의문제5. 납세에 대한 예수의 가르침

1. 성전세에 대한 본문을 읽어보라. 마 17:24-27 이어서 가이사에 대한 납세를 가르치는 예수님의 말씀을 읽으라. 막 12:13-17 이 두 종류의 세금을 받는 사람은 누구인가?

2. 저자 리처드 보쿰은 성전세가 당시 이스라엘 사회의 정치-종교적 지배세력과 관련된 세금이라고 설명하고 있다. 예수님께서 성전세를 납부하는 것이 합당한 것이라고 말씀하시는가, 아니면 부당하게 보시는가? 보쿰의 관점에서 대답해보라.

3. 예수께서는 하나님 아버지께서 이루시기 원하는 신정적 통치는 로마 정부, 헤롯 왕가, 그리고 산헤드린의 정치 방식과 다르다는 관점, 즉 아버지의 자애로운 부성적 통치라는 면에서 조망하고 있다. 성전세에 대한 그리스도의 부정적 입장은 성전 청결 사건과 어떻게 연결될 수 있을까?

4. 예수님께서는 로마 정부에 납세하여야 하는 문제에 대한 질문을 받으시고, "가이사의 것은 가이사에게, 하나님의 것은 하나님께 바치라"

가르치셨다. 보쿰은 세속정부의 몫에 대한 예수님의 "인정"이 구약의 말씀대상 26:30, 32에 어떻게 기초를 두고 있다고 해석하는가?

5. 하나님은 창조주이시며, 만유의 주재이시므로 모든 만물의 소유자이시다. 예수께서 가이사의 몫, 즉 세속정부에 대한 납세를 인정한다면, 이는 하나님의 몫과는 어떻게 차이가 있는가? 하나님께서 위임한 정치적 권위를 가진 지도자는 어떻게 하나님의 봉사자이자 대리인으로 활동할 수 있는가?

6. 무너진 도시 : 계시록 18장

로마 제국에 대한 신약성경의 태도는 각 책이 기록된 시기와 장소, 그리고 당시의 교회 상황에 따라 다양하다. 그러나 기독교 역사의 아주 이른 초기 단계부터, 로마라는 국가가 요구하는 것에 의해 촉발된 산발적인 갈등이 일어났다. 그 이유는 로마 황제와 로마의 전통적인 신들에 대한 숭배와 같은 종교적 형태로 표현된 로마의 절대적인 정치적 충성에 대한 요구 때문이다. 이러한 충성의 요구는 그리스도를 제외하고는 어떤 절대적인 주권을 인정하기를 원치 않는 기독교인의 거부를 마주 대하게 되었다. 국가와 교회의 이 같은 갈등의 필연성은 계시록에서 가장 분명하게 나타나는데, 이는 묵시[105]라는 문학적 형식을 사용하여 1세기 말 정치적 상황이 가진 심오한 종교적 진상을 밝혀주고 있다. 계시록의 주목할 만한 특징은 로마에 대한 비판을 로마의 기독교인 박해 문제에만 제한시키는 것이 아니라, 이 박해 문제를 다루되 로마의 제국주의적 권력을 이루는 체제 전체에 깊숙이 뿌리내린 악을 찾아내어 표면적인 것으로 드러내 보이려는 점이다. 이러한 특징은 계시록을 로마에 대한 가장 맹렬한 공격 중 하나로 만들고, 계시록을 초기 로마 제국 시대의 가장 효과적인 정치적 저항을 담은 문학 작품 중의 하나로 만든다. 우리는 계시록 18

105) 역자 주: 환상, 상징, 비유 그리고 숫자를 사용한 비밀스런 계시를 전하는 방식.

장을 로마 비판의 표본으로 삼을 것이다.

요한계시록 18장

18:1 이 일 후에 다른 천사가 하늘에서 내려오는 것을 보니 큰 권세를 가졌는데 그의 영광으로 땅이 환하여지더라

18:2 힘찬 음성으로 외쳐 이르되 무너졌도다 무너졌도다 큰 성 바벨론이여 귀신의 처소와 각종 더러운 영이 모이는 곳과 각종 더럽고 가증한 새들이 모이는 곳이 되었도다

18:3 그 음행의 진노의 포도주로 말미암아 만국이 무너졌으며 또 땅의 왕들이 그와 더불어 음행하였으며 땅의 상인들도 그 사치의 세력으로 치부하였도다 하더라

18:4 또 내가 들으니 하늘로부터 다른 음성이 나서 이르되 내 백성아, 거기서 나와 그의 죄에 참여하지 말고 그가 받을 재앙들을 받지 말라

18:5 그의 죄는 하늘에 사무쳤으며 하나님은 그의 불의한 일을 기억하신지라

18:6 그가 준 그대로 그에게 주고 그의 행위대로 갑절을 갚아주고 그가 섞은 잔에도 갑절이나 섞어 그에게 주라

18:7 그가 얼마나 자기를 영화롭게 하였으며 사치하였든지 그만큼 고통과 애통함으로 갚아주라 그가 마음에 말하기를 나는 여왕으로 앉은 자요 과부가 아니라 결단코 애통함을 당하지 아니하리라 하니

18:8 그러므로 하루 동안에 그 재앙들이 이르리니 곧 사망과 애통함과 흉년이라 그가 또한 불에 살라지리니 그를 심판하시는 주 하나님은 강하신 자이심이라

18:9 그와 함께 음행하고 사치하던 땅의 왕들이 그가 불타는 연기를 보고

위하여 울고 가슴을 치며

18:10 그의 고통을 무서워하여 멀리 서서 이르되 화 있도다, 화 있도다, 큰 성 견고한 성 바벨론이여 한 시간에 네 심판이 이르렀다 하리로다

18:11 땅의 상인들이 그를 위하여 울고 애통하는 것은 다시 그들의 상품을 사는 자가 없음이라

18:12 그 상품은 금과 은과 보석과 진주와 세마포와 자주 옷감과 비단과 붉은 옷감이요 각종 향목과 각종 상아 그릇이요 값진 나무와 구리와 철과 대리석으로 만든 각종 그릇이요

18:13 계피와 향료와 향과 향유와 유향과 포도주와 감람유와 고운 밀가루와 밀이요 소와 양과 말과 수레와 종들과 사람의 영혼들이라

18:14 바벨론아 네 영혼이 탐하던 과일이 네게서 떠났으며 맛있는 것들과 빛난 것들이 다 없어졌으니 사람들이 결코 이것들을 다시 보지 못하리로다

18:15 바벨론으로 말미암아 치부한 이 상품의 상인들이 그의 고통을 무서워하여 멀리 서서 울고 애통하여

18:16 이르되 화 있도다, 화 있도다, 큰 성이여 세마포 옷과 자주 옷과 붉은 옷을 입고 금과 보석과 진주로 꾸민 것인데

18:17 그러한 부가 한 시간에 망하였도다 모든 선장과 각처를 다니는 선객들과 선원들과 바다에서 일하는 자들이 멀리 서서

18:18 그가 불타는 연기를 보고 외쳐 이르되 이 큰 성과 같은 성이 어디 있느냐 하며

18:19 티끌을 자기 머리에 뿌리고 울며 애통하여 외쳐 이르되 화 있도다, 화 있도다, 이 큰 성이여 바다에서 배 부리는 모든 자들이 너의 보배로운 상품으로 치부하였더니 한 시간에 망하였도다

18:20 하늘과 성도들과 사도들과 선지자들아, 그로 말미암아 즐거워하라 하나님이 너희를 위하여 그에게 심판을 행하셨음이라 하더라

18:21 이에 한 힘 센 천사가 큰 맷돌 같은 돌을 들어 바다에 던져 이르되 큰 성 바벨론이 이같이 비참하게 던져져 결코 다시 보이지 아니하리로다

18:22 또 거문고 타는 자와 풍류하는 자와 퉁소 부는 자와 나팔 부는 자들의 소리가 결코 다시 네 안에서 들리지 아니하고 어떠한 세공업자든지 결코 다시 네 안에서 보이지 아니하고 또 맷돌 소리가 결코 다시 네 안에서 들리지 아니하고

18:23 등불 빛이 결코 다시 네 안에서 비치지 아니하고 신랑과 신부의 음성이 결코 다시 네 안에서 들리지 아니하리로다 너의 상인들은 땅의 왕족들이라 네 복술로 말미암아 만국이 미혹되었도다

18:24 선지자들과 성도들과 및 땅 위에서 죽임을 당한 모든 자의 피가 그 성 중에서 발견되었느니라 하더라

짐승과 음녀로서의 로마

요한 계시록은 로마라는 악한 세력에 대하여 두 가지 주요 이미지를 사용하는데, 이 둘은 상호보완적이다. 하나는 13장에 소개된 바다 괴물, '짐승' 이다. 그것은 제국의 권력, 정치 제도의 정점에 있는 로마 황제, 그리고 특히 로마 제국이 세워진 기반이 되는 그들의 군사력을 나타낸다. 다른 이미지는 14장 8절에서 처음 이름이 붙여진 큰 도시 바벨론인데, 17장에서는 '큰 음녀' 로 묘사된다. 바벨론은 일곱 언덕 위에 세워진 계 17:9 도시 로마이며, 전 제국의 백성에게 부패한 영향력을 행사하는 특별한 도시이다. 17장은 두 개의 이미지를 함께 제시하는데, 음녀와 짐승이며, 음녀는 일곱 머리를 가진 짐승 위에 앉아 있다. 17:3, 9–10 다시 말해

서, 로마 문명은 타락한 영향력인데, 그것은 로마의 군사력이란 등에 타고 있다. 도시 로마는 부와 권력을 가져온 군사적 정복을 통해 크게 성장했고, 로마의 경제적, 문화적 영향력은 제국의 군대를 따라 온 세상에 퍼져나갔다.

요한은 로마의 권력이 전쟁과 정복에 기반을 두고 있다는 것을 결코 잊지 않았지만, 그러나 그는 로마의 권력이 군사적인 것으로만 환원될 수 없다는 것도 인정했다. 로마는 짐승이라는 저항이 불가능한 군사력뿐만 아니라 큰 음녀의 속이는 교활함도 가지고 있다. 이 장에서 초점을 맞추려는 것은 바로 후자에 관한 것이다.

요한 시대에 행사된 로마 권력의 사탄적, 적그리스도적 성격은 로마의 국가 종교에 의해 가장 분명하게 입증되었는데, 바로 이 종교에 의하여 국가 권력이 신격화되고 국가 숭배가 모든 신민에게 요구되었다. 요한이 짐승과 음녀라는 두 가지 뚜렷한 상징을 이용하여 로마 권력의 두 가지 핵심인 황제와 로마라는 도시를 묘사한 의도는 아마도 이 두 가지가 함께 국가 종교의 특성에 의해 도움을 받았기 때문으로 여겨진다. 로마의 종교는 신성화된 황제에 대한 숭배뿐만 아니라 일종의 로마 도시가 의인화된 '여신 로마' the goddess Roma에 대한 숭배도 포함했다. 계시록 17장에 나오는 여자에게서 요한의 독자들은 로마라는 여신을 알아보았을 것이다.[106] 환상을 통해서 여신의 진정한 성격이 드러났는데, 그녀의 이름은 자기의 이마에 두른 머리띠에 나타난 것처럼 음녀 로마였으며[17:5], 로

106) J.M. Court, *Myth and History in the Book of Revelation*(London: SPCK, 1979), pp. 148-52. 아시아의 도시에서 행해진 로마 숭배에 대해서는 다음을 참고하라. D. Magie, *Roman Rule in Asia Minor to the End of the Third Century after Christ* (Princeton: Princeton University Press, 1950), pp. 1613-14; S.R.F. *Price, Rituals and Power: The Roman Imperial Cult in Asia Minor* (Cambridge: Cambridge University Press, 1984), pp. 40-43, 252, 254.

마의 거리에서 매춘하는 여자였다.[107]

요한은 계시록 13장 4절에서 제국 숭배에 대한 충동을 묘사하는데, 사람들은 "짐승에게 경배하여 이르되 '누가 이 짐승과 같으냐 누가 능히 이와 더불어 싸우리요'"하고 외친다. 저항할 수 없는 로마의 군사력은 신성한 것으로 여겨지면서 숭배를 불러일으킨다. 이 구절은 18장 18절에 등장하는 바벨론과 관련하여 일종의 평행을 이룬다. 그곳에서 로마의 몰락에 대해 탄식하는 사람들은 "이 큰 성과 같은 성이 어디 있느냐"고 외친다. 로마라는 도시의 군사력이 다소 겁에 질린 사람에게 우발적인 경배를 불러일으킨 것처럼, 여기서는 로마의 부와 영광이 사람들의 칭송을 불러일으킨다. 핵심을 너무 과장하지는 말아야 한다. 만일 큰 음녀의 모습이 로마의 여신을 모방한 것이라면, 요한은 실제로 짐승을 경배의 대상으로 삼지 않은 것처럼 실상 음녀도 경배의 대상으로 묘사하지 않는다. 요한의 강조점은 여기서 더 나아가 음녀가 타락시키는 영향력을 통하여 로마의 우상 숭배적 종교를 조장하고 있다는 것이다. 그러나 바벨론, 곧 로마는 자신을 교만스럽게 자랑하며 스스로 신격화하고, '나는 여왕으로 앉은 자요 과부가 아니라 [나는] 결단코 애통을 당하지 아니하리라' 18:7 고 외친다. 이것은 고대 바벨론의 허풍사 47:7-8뿐만 아니라, 현재 로마가 영원한 도시라는 스스로 조작한 명성의 메아리를 다시 듣게 만드는 것이다.[108] 이 도시는 신앙고백의 조항처럼 결코 망할 수가 없는 도시로 믿었던 곳이었으나, 계시록 18장은 그 도시의 멸망을 예고하고 있다.

---

107) R.H. Charles, *A Critical and Exegetical Commentary on the Revelation of St. John*, vol. 2 (International Critical Commentary: Edinburgh: T. & T. Clark, 1920), p. 65.

108) A.Y. Collins, 'Revelation 18: Taunt-Song or Dirge?,' in *L'Apocalyptique Johannique dans le Nouveau Testament*, ed. J. Lambrecht (Gembloux: J. Duculot/Leuven: University Press, 1980), p. 201.

팍스 로마나의 속임수

요한은 로마의 많은 신민이 그의 통치를 환영하고 고마워했음을 인정한다. 로마 통치의 혜택이라고 여겨지는 측면은 '로마의 평화' 라는 유명한 문구, 팍스 로마나Pax Romana를 사용하여 제국을 선전함으로 촉진되었다. 로마는 지중해 세계에 단결, 안정, 안보와 같은 번영의 조건을 부여했다고 여겨졌다. 아우구스투스 황제를 '전 인류의 구세주' 로 기리는 할리카르나소스의 감사 비문에는 다음과 같은 글이 적혀 있다.

> 땅과 바다는 평화로우며, 도시는 좋은 법률 제도 아래에서 번창하고, 조화와 풍부한 식량으로 가득한 중에, 모든 좋은 것이 풍부하고, 사람들은 미래에 대한 행복한 희망과 현재의 기쁨으로 가득 차 있다.[109]

그러나 요한의 예언적 관점에서 볼 때, 이러한 외견상의 혜택은 겉으로 보이는 것과 다른 것으로서, 높은 가격을 지불하고 구매한 창녀의 애정일 뿐이라는 점이다.

음녀의 이미지는 요한이 로마를 이해하는 데 있어 기본을 이룬다. 18장에서와 같이 그가 도시에 대해 주도적으로 묘사할 때, 그는 그 도시가 음녀임을 잊지 않는다. 그러므로 17장 1-6절의 묘사에서 사용된 용어는 18장 3절17:2 참조과 18장 16절18:4 참조에서 반복된다. 물론 기본 개념은 그 음녀와 교제하는 자들이 그 누리는 특권에 대하여 그녀에게 돈을 지불하는 것이다. 그런데 로마는 평범한 음녀가 아니다. 그녀는 값비싼 옷과 보

---

109) K. Wengst, *Pax Romana and the Peace of Jesus Christ* (London: SCM Press, 1987), p. 9.

석[17:4]을 가진 부유한 정부情婦인데, 그녀의 사치스러운 생활양식은 애정행각을 벌이는 사람들이 지불한 것으로 유지된다. 이 그림의 의미가 우리에게 펼쳐지는 때는 바로 그 음녀의 옷과 보석이 같은 용어로 18장 16절에서 다시 설명될 때이다. 여기서 그것들은 명백히 도시 로마의 부를 상징하는 은유로서, 그 모든 사치품은 18장 12-13절에 열거되었으며, 이것들은 제국 전체에 걸친 거대한 무역망을 통해 로마에 보내졌다. 다시 말해서, 로마가 음녀인 이유는 제국의 백성들과의 그녀의 관계를 통해서 그녀 자신의 경제적 이익을 챙기려는 때문이다. 팍스 로마나는 실제로 제국의 경제적 착취를 위한 시스템이다. 왜냐하면, 로마의 선물, 즉 팍스 로마나의 안전과 번영을 위해 그녀의 연인들은 비싼 대가를 음녀에게 치르기 때문이다. 그녀의 신민은 그녀가 주는 것보다 그녀에게 훨씬 더 많은 것을 준다.

물론 로마의 권력과 경제의 지배에 있어서 이미 기득권을 가진 왕, 상인, 선원들[18:9-19]과 같은 사람들도 있다. 로마와 이익을 공유하는 이 사람들에 대해 우리가 나중에 더 다룰 것이다. 그러나 로마의 많은 신민은 사실 그녀에게 착취당하고 있지만 그것을 깨닫지 못하고 있다. 그들은 로마의 선전에 사로잡힌 것이다. 그들은 로마의 영광에 현혹되었을 뿐 아니라, 팍스 로마나가 약속한 이익에 미혹된 것이다. 요한은 이 속임수를 음녀의 이미지와 연관하여 발전시킨 두 가지 추가적 은유를 사용하여 묘사한다. 요한이 제국의 지배 계급이 아니라 제국의 백성들에 대한 음녀의 영향력을 언급할 때, 첫째로는 그녀가 음행의 포도주로 그들을 취하게 하거나[14:8; 17:2; 18:3] 둘째로는 그녀가 마법으로 그들을 속인다[18:23]고 말한다. 후자는 아마도 매춘부가 고객을 유혹하기 위해 사용하는 나훔 3장 4절에서와 같은 주술을 언급하거나, 아니면 이사야 47장 12절처럼 단순히 로마가 마녀인 것처럼 자신을 위장하는 모습으로 묘사할 수 있다. 어쨌든 요한이 의미하는 바는 분명하다. 로마의 신민, 즉 제국의 평범한 사람들이 그녀의 통치를 환영하는 이유는 그녀가 그들을 유혹하고 미혹했기 때문이다. 그들은 창녀의 간계와 그녀의 상업적 속임수에 속아 넘어갔다.

그러므로 우리는 계시록 17-18장에 등장하는 음녀 형상이 제시하는 주된 의미가 경제적인 것임을 보았다. 이것은 구약의 한 출처인 이사야 23장 15-18절이 주는 이미지와 일치하는데, 이 구절에서 두로Tyre는 음녀로 불린다. 거기에 언급된 내용은 분명히 도시 두로를 부요하게 만든 막대한 무역 활동에 대한 것이다. 두로의 상업적 사업이 매춘으로 비유되는 이유는 이익을 위해 다른 나라와 연합하기 때문이다. 요한이 바벨론의 멸망에 관하여 예언할 때, 이 구절을 염두에 두고 있었을 가능성이 매우 크다. 그 이유는 우리가 나중에 알게 되겠지만 그의 바벨론의 멸망에 관한 예언이 바빌론에 대한 구약의 예언뿐 아니라 두로에 대한 구약의 예언에도 근거하기 때문이다. 그러나 그는 또한 은유로서의 음행이 구약에서 훨씬 더 일반적으로 사용된 표현임을 알고 있었음에 틀림이 없다.[110] 일반적인 용법의 경우에는, 우상 종교가 음행으로 묘사된다. 왜냐하면 하나님의 백성들이 다른 이방 신들을 섬기는 예식을 선택할 때, 그들은 자신의 남편인 하나님께 부정不貞을 행하는 것이며, 그리고 다른 신들과 '음행을 하는 것' 이다.렘 3장 구약에서 음행이라는 의미는 엄격하게 하나님의 백성에게만 적용될 수 있지만, 요한은 음행과 우상숭배의 전통적 연관성을 이용하여 음행하는 도시의 타락시키는 영향력을 언급하였을 공산이 크다.19:2 음녀의 금잔에서 나오는 독한 술이 '가증한 것

---

110) 참고하라. Court, *Myth*, pp. 139-42.

과 음행의 더러운 것' 17:4이 아니고 무엇이겠으며, 그리고 도시가 음녀의 어미, 즉 어머니 도시, 대도시는 '땅의 가증한 것들' 17:5로 표현되지 않을 수 있었을까? 친숙한 구약성경의 용례를 따르는 '가증한 것들' 이라는 의미 있는 언급은 우상 숭배하는 종교에 대한 언급이다. 물론 로마는 제국의 모든 우상 숭배적 종교에 대해 책임을 질 수 없으며, 그 대부분은 로마의 정복 이전에 존재했다. 그러나 이교적 종교는 로마 제국 안에서 사회의 모든 측면과 분리될 수 없었다. 그것은 제국의 경제생활과 밀접하게 엮여있으며, 특히 로마 통치의 확장은 그로 인한 이익과 함께 황제숭배와 관련이 있었다. 음녀의 잔에서 나오는 취하게 하는 포도주는 팍스 로마나가 제시하는 속임수의 일부인데, 이는 그의 신민들에게 축복을 가져다주는 신성한 구세주로 숭배되는 황제에 대한 감사의 마음으로 표현되었다. 로마의 정치 종교the political religion는 가장 나쁜 종류의 거짓 종교였는데, 그 이유는 이 거짓 종교가 로마 신민을 향한 자신의 주장을 절대화시키고, 신민에 대한 착취를 종교적 충성이라는 의복으로 은폐했기 때문이다. 그러므로 요한에게 있어서 로마의 경제적 착취와 국교의 타락한 영향력은 동행하는 것으로 여겨졌다.

바빌론과 두로의 후계자인 로마

계시록 전체가 그렇지만, 계시록 18장도 구약에서 인용한 암시로 가득 차 있다. 계시록 각 장에는 적어도 구약에서 인용된 한 구절 이상이 메아리치지 않는 장은 존재하지 않는다.[111] 요한은 예언적 신탁의 오랜 전

---

111) 참고하라. A. Farrer, *The Revelation of St John the Divine* (Oxford: Clarendon Press, 1964), p. 189; 보다 더 상세한 것은 다음을 참조하라. Charles, *Revelation*, vol. 2, pp. 95-113; A. Vanhoye, 'L'utilisation d'Ezéchiel dans l'Apocalypse,' *Biblica* 43(1962), pp. 36-76.

통 속에서 기록된 문서를 깊이 의식하고 있는데, 그 결과로 그의 전임자들의 신탁을 끊임없이 되살리며 다시 적용시킨다. 이 장에서 요한은 로마의 파멸에 관한 시적 형태를 가진 신탁을 창작하는데, 이 신탁은 구약의 신탁과 동일한 문학적 형식을 채택하며 많은 문구와 아이디어를 인용한다. 그러나 요한이 창작한 이러한 신탁은 이전 것을 문학적 재료로 사용하는 것 이상이다. 그것들은 로마 이전의 악한 국가에 적용되었던 것이기 때문에, 로마에도 그대로 적용되는 신탁이다.

계시록 18장에는 구약의 두 주요 출처가 드러나 있는데, 하나는 바벨론에 대한 예레미야의 위대한 예언렘 50–51장과 두로에 대한 에스겔의 위대한 예언겔 26–28장이다. 그러나 구약의 선지자들에게서 발견되는 바벨론에 대한 짧은 신탁 네 가지 모두에 대한 암시도 있다.사 13:1–14, 23; 21:1–10; 47; 렘 25:12–38 물론 이러한 바벨론 신탁이 로마와 관련이 있음을 요한이 바빌론이라는 용어를 로마에 대한 암호로 사용하였음을 이미 언급하였다. 구약의 어떤 도시도 '땅의 왕들을 다스리는 큰 도시' 계 17:18로 불리기에 로마보다 더 합당한 경우는 없다. 로마는 교만하고 우상을 섬기며 억압적인 제국이라는 점에서, 특히 하나님의 백성을 정복하고 압제하는 세력이라는 점에서 구약의 바벨론과 닮았다. 로마는 정치적, 종교적 정책에서 하나님을 대적함으로써 자기 자신을 바벨론의 후계자로 선언했다. 그러나 두로에 대한 에스겔의 신탁이 계시록 18장에 기여하는 만큼, 바벨론에 대한 예레미야와 이사야의 신탁도 그에 못지않은 만큼 공헌하고 있다는 점을 주목하는 것이 중요하다. 18장의 중앙 부분, 9–19절은 왕들과 상인들과 선원들이 부른 조가를 통해 바벨론의 멸망을 보여주는데, 이것은 두로의 멸망에 대한 에스겔의 매우 유사한 그림을 통해 영감을 받았다.겔 26:15–27; 36 만일 로마가 정치와 종교 활동에서 바빌론의 상속자였다면, 경제 활동에서는 역시 두로의 상속자였다. 왜냐하면 두로는 구약 시대의 가장 큰 무역 중심지였는데, 그곳은 고대 세계의 모든 지방과 상업적인 거래를 통해 점차 부유해지고 교만해졌기 때문이다. 바빌론과 달리, 두로는 정치적인 제국이 아니라 경제적 제국으로 유명했다. 따라서 요한이 두로에 대한 에스겔의 신탁을 사용하여 로마에 재적용하는 이유는 로마의 경제적 착취에 대한 고발과 로마의 악이 가진 이 경제적 측면에 대한 심판 선언에 초점을 맞추려는 때문이다. 구약의 배경은 그러므로 계시록 18장에서 로마를 정죄하는 데 있어서 경제적인 주제가 얼마나 중심에 속하는지를 우리가 이해하는 데 도움을 준다.

이 장에 대한 구약의 배경을 인식하는 것은 우리가 그 구절의 중요성과 적실성을 또 다른 방법으로 깨닫는 데 도움이 될 수 있다. 그것은 구약이나 신약을 불문하고, 예언이 예언자의 동시대적 사회를 정죄하는 데 있어서 매우 구체적일 수 있다는 것과 유사한 악을 저지른 후기 사회에 재적용할 수 있는 패러다임이 될 수 있다는 것을 보여준다. 우리가 보게 되겠지만, 로마의 상업 활동에 대한 요한의 비난은 구약성서의 언어를 사용하는데도 놀랍도록 구체적이고 독특하다. 요한은 로마를 두 번째 두로가 아니라 그 자체의 정확도에 있어서 동시대적 현실로 인식한다. 그렇게 하지 않았다면, 요한의 예언적 공격은 표적에 적중하지 못했을 것이다.

그러나 동시에 요한은 구약 예언의 적용 방향을 바꾸는데, 구약 역사 속에서 이미 자신의 특정한 목표를 가지고 있었던 예언을 현대 로마라는 새로운 목표로 방향을 바꾼다. 바빌론에 대한 예레미야가 전한 계시의 의미는, 말하자면 고대 바빌론이 페르시아 고레스의 군대에 함락되었을 때 끝난 것이 아니다. 적절한 변형을 통해 그 핵심적인 의미는 요한 시대의 새로운 바벨론 속에서 신선하고 매우 고유한 대상으로 발견되었다. 같은 방식으로, 요한 자신의 계시는 고대 로마에 대한 적용으로 끝나지 않는다. 사실상 요한은 로마를 역사상의 모든 악한 제국의 정점으로 보기 때문에, 고대 로마에 대한 적용을 뛰어넘는다는 차원에서 사실 더욱 특별하다. 계시록 13장 1-2절의 짐승은 그 자체로 다니엘 7장 3-8절에 나오는 다니엘의 이상 중에 등장하는 네 짐승의 특징을 모두 합한 것처럼 보이는데, 이와 마찬가지로 계시록 18장의 바벨론도 그 자체로 예언의 말씀에 나오는 두 악한 큰 도시, 바벨론과 두로의 악을 합친 것이다.[112] 실제로 요한이 묘사하는 바벨론은 창세기 11장의 바벨=바벨론에서 시작된 인간의 사역, 즉 인간의 역사에서 오래된 사람의 힘을 조직하여 하나님을 향해 저항하는 사역의 최종적인 절정이다. 창세기 11장 6절에서 바벨탑의 건설은 앞으로 '인간이 할 일의 시작에 불과' 하다. 큰 바벨론은 그 결과이다. 아울러 이러한 견지에서 보면, 요한의 바벨론은 모든 로마 이전 제국을 포함한 것이기 때문에, 이 도시는 유죄인 것으로 끝나지 않는다. 바벨론은 따라서 제국주의 로마의 현재에 희생당한 살인의 죄만 아니라, 땅에서 죽임을 당한 모든 피에 대한 죄를 지은 것이다.계 18:24

그러므로 계시록의 바빌론은 당시 구체적인 로마의 환상적 이미지일 뿐 아니라, 종말론적 이미지이기도 하다. 다시 말해서, 그것은 원래 지시된 도시를 초월하여 역사의 종말에 무너져버릴 조직화된 인간 악의 전체 역사를 보여주는 상징이 된다. 계시록에서 바벨론은 무너지고,계 18장 그 결과로 부활의 새로운 세계에서 영원한 하나님 나라의 수도로서 새 예

112) 참조하라. G.R. Beasley-Murray, *The Book of Revelation* (New Century Bible; London: Marshall, Morgan & Scott, 1974), p. 264. 이 도시는 그 자체로 두 도시, 바벨론과 두로의 특성이 집약되어 나타났고, 또한 과거의 전제적인 권력의 사악함을 능가했다.

루살렘이 하늘에서 내려온다.[계 21장] 바벨론의 멸망과 새 예루살렘의 도래 사이의 연결은 계시록 19장 1-8절에서 분명하게 나타난다. 그래서 큰 바벨론이 모든 로마에 해당하는 선행 도시들을 포함하는 것처럼, 우리에게도 큰 바벨론은 세계의 정치, 종교, 경제적으로 세상의 악한 로마 제국의 모든 후계 도시를 포함해야 한다. 로마에 대한 요한의 계시는 그것이 이해되기만 한다면 모두가 주목해야 할 가르침이다.

그러므로 요한의 예언이 가진 구체적인 특성뿐 아니라, 패러다임을 제시하는 포괄적인 특성 모두를 염두에 두는 것이 중요하다. 예언의 천재성은 다음의 두 가지 측면에서 확연히 드러난다. 첫째는 요한의 첫 번째 독자들이 인식하고 식별하는 데 어려움이 없도록, 로마 당시의 실제 악이 가진 목표가 무엇인지 그곳에 아주 정확하게 도달하게 만든다. 둘째는 또한 후속 독자들에게 알려진 세계에서 새로운 목표를 계속해서 찾도록 도움을 주는 것이다. 그러나 예언의 본질적 구체성은 오늘날 단순히 우리가 일반화하여 아무것에나 적용하지 않도록 우리에게 경고한다. 계시록이 우리의 현대 세계를 조명하려면, '하나님을 대적하는 인간 사회' 에 대해 막연하고 일반적인 이야기를 하는 것은 좋지 않을 것이다. 요한이 바벨론의 악을 구체적으로 분별한 것처럼, 우리도 오늘날의 세상에서 구체적이어야 한다. 물론 계시록의 구체적인 적용이 쉽게 남용될 수도 있는데, 그러한 해석자들은 이러저러한 악한 제국이 요한이 예언하려고 했던 일차적 대상이며, 그 모든 인간 제국 중 마지막 제국에 대한 임박한 붕괴가 역사의 종말이 될 것이라 주장한다. 그것은 묵시적 예언을 읽는 방법이 아니다. 구체적 적용은 또한 이데올로기적 무기로 남용되어, 국가의 어떤 적을 사악한 바빌론으로 낙인찍어 그들을 악마화하고 그들에 대한 적대감을 조장하고 유지하는 데 사용될 수 있다. 대조적으로, 요한의 예언은 다소 교란시키는 특징을 가지고 있는데, 그것은 성경 예언에서 하나의 경향이다. 우리가 보게 되겠지만, 다른 사람들, 즉 도시 로마에 대한 정죄는 독자들, 즉 아시아 일곱 교회의 그리스도인들에게 부메랑이 되어 그들에게 상당히 고통스러운 도전이 된다. 그러나 계시록 18장의 특징을 설명하기 전에 18장이 당시 로마에 얼마나 구체적으로 적용되고 있는지를 예를 들어 설명하는 것이 유용할 것이다.

'네 모든 사치품과 너의 찬란한 상품'[113]

계시록 18장 12-13절에서 로마로 실려 온 화물 목록에 세심한 주의를 기울일 만한 가치가 있다. 구약의 선례로 두로의 무역에 대한 에스겔의 설명[겔 27:12-24]이 있는데, 이 두 목록 사이에 많은 공통점이 있음에도 불구하고, 요한의 목록은 에스겔의 목록을 수동적으로 베낀 것과는 거리가 멀다. 오히려 그것은 요한의 시대에 알려진 세계 전역에서 로마로 유입된 사치품의 정확한 목록이며, 철저하지는 않더라도 매우 대표적인 것을 수록한 목록이다. 에스겔의 목록에 없는 항목인 비단, 진주, 대리석, 각종 향목, 고운 밀가루, 수레는 로마의 값비싼 취향을 반영하는 매우 특징적인 항목으로 요한에 의해 포함되었다. 그러나 나열된 개별 항목뿐만 아니라 두로의 무역에 대한 에스겔의 설명과 로마의 무역에 대한 요한의 설명 사이에는 또 다른 중대한 차이점이 있다. 두로는 모든 무역을 매개하는 중개인이었으며, 무역의 이익을 통해 부요하게 되었다. 반면에 로마는 요한이 열거한 모든 값비싼 상품이 마지막으로 도착한 종착역이었다. 로마는 그것들의 소비자였다. 로마가 자신의 속주에서 약탈을 통해서, 그리고 세금을 부과하여 부유해졌다는 것은 말할 필요도 없다. 로

---

113) 계 18:14은 저자의 번역이다.

마가 이 구절에 열거된 엄청난 사치품에 탕진한 돈은 그의 신민들이 가진 부였다. 많은 깨달음이 있지만, 그 중의 중요한 하나는 돈을 물 쓰듯 하는 바빌론이라는 음녀는 군사적 정복자인 짐승의 등에 탔다는 것이다.

2세기 중반에 로마에 대한 송덕문을 썼던 아엘리우스 아리스티데스Aelius Aristides는 알려진 세계의 모든 곳에서 상품이 어떻게 로마로 쏟아져 들어왔는지 설명했다.

> 그러므로 이 모든 것을 보고자 하는 사람은 전 세계를 여행하거나 아니면 이 도시에 있어야 한다.… 그래서 수많은 상선이 이곳에 도착하여 모든 사람으로부터 시시각각으로 모든 종류의 상품을 하역하는 것을 보아야 한다. 그 결과 그 도시는 온 세상이 공유하고 있는 공동의 해외 대리점과 같다.… 그 결과 무역, 항해, 농업, 광산 제련, 존재하거나 존재했던 모든 공예품, 생산된 모든 것과 자라난 모든 것이 모여들었다. 무엇이든 여기서 볼 수 없는 것이라면, 존재하지 않았거나 존재하지 않는 것이다.[114]

요점은 요한의 목록에 품목이 잘 예시되어있다는 것이다. 스페인의 은, 모로코의 향목, 이집트의 밀과 세마포, 페니키아의 붉은 옷감, 그리스의 말, 아라비아 남부의 유향, 인도의 상아, 향료, 향수와 보석, 그리고 중국산 비단과 계피가 그것이다. 예를 들어 비단은 로마에 도달하기까지 먼 거리를 이동해야 했기 때문에 금만큼이나 비쌌다. 목록에 있는 거의 모든 항목은 사치품으로, 이 시기 로마 상류층의 천박한 부유함을

114) Oration 26:11-13, 다음에서 번역하였다. P. Aelius Aristides, *The Complete Works*, tr. C.A. Behr, vol. 2 (Leiden: E.J. Brill, 1981), p. 75. 또한 다음 작품 속의 인용을 보라. Wengst, *Pax Romana*, p. 186, 각주 183.

충족시켰다.

속주에 대한 착취는 로마의 상류층에게 과도한 부를 안겨주었고, 그들은 다른 사람의 눈에 띄는 돈 쓰기, 종종 터무니없는 방식으로 돈 쓰는 방법을 끊임없이 찾았다. 목록의 일부 항목에 대하여 순서대로 그 요점을 설명할 수 있다.[115] 순금 그릇을 사용하여 식사하는 것은 실제로 사치를 억제하기 위하여 주기적으로 법으로 금지되어야 하는 것 중 하나였지만, 은 접시를 사용하는 것은 흔한 일이었고 부유한 여성들은 은 욕조에서만 목욕했다. 막대한 가격의 진주는 보석으로 착용했을 뿐 아니라, 연회에 참석한 손님 앞에 놓인 포도주잔 속에 녹여 마심으로 아주 귀중한 무엇인가를 삼기는 전율을 느끼려 했다. 향기로운 향목은 특히 탁상용으로 사용되었는데, 나무가 탁상용으로 충분히 자라는 경우는 거의 없었기 때문에, 이 나무로 만든 탁자는 매우 비쌌다. 네로Nero와 동역한 수상 세네카Seneca는 대리석 다리가 있는 그 비싼 탁자를 300개나 가지고 있었다. 상아는 과시적인 장식에 너무 많이 사용되었기 때문에 로마의 풍자가 유베날Juvenal은 다음과 같이 불평하였다: '요즘 부자는 뒷발로 서서 크게 입을 벌린 견고한 상아로 만든 사자가 받치고 있는 널찍한 석판 위에서 저녁 식사를 즐기지 않으면 그의 가자미와 사슴고기도 맛이 없고, 그의 연고와 장미는 썩는 냄새가 나는 것 같다.' 로마가 제국이 되기 전까지 대리석은 로마에서 건축 목적으로 사용되지 않았는데, 이제 아우구스투스 황제에 이르러서는 너무 풍성하게 사용되어, 그는 로마를 찾았을 때는 벽돌이었으나 떠날 때는 대리석이었다고 자랑했다. 종종 은도금한 수레는 말이 끄는 바퀴가 4개가 달린 개인용 수레로서 부유한 로마인이 도시를

115) 다음 세부 사항의 대부분은 바클레이의 책에서 인용되었으며, 다른 실례도 발견할 수 있다. W. Barclay, *The Revelation of John*, vol. 2 (Daily Study Bible; Edinburgh: Saint Andrew Press, 1960), pp. 200-11.

질주하던 때에 사용된 것이다.

'고운 밀가루' 는 부자들을 위해 수입했지만, 밀은 물론 사치품이 아닌 주식이었다. 그러함에도 불구하고 로마가 이집트에서 수입한 막대한 양의 밀은 로마가 제국의 자원을 자기 자신을 위해 고갈시킨 방식에 대해 나름의 요점을 제시한다. 로마는 급격하게 팽창하는 인구를 먹이기 위하여 정부의 비용부담으로 매월 옥수수를 배급했는데,[116] 이는 소위 로마가 지기의 백성에게 행복을 주는 유명한 '빵과 서커스'[117]의 절반에 해당하는 것이었다. 그러나 물론 이것은 부자를 희생시키면서 가난한 사람을 부양한 것이 아니다. 그것은 제국의 나머지 지역에 있는 가난한 사람들을 희생시켜, 로마의 빈곤층을 부양하는 것이었다.

노예는 목록의 맨 끝에 오는데, 비록 특별한 아름다움이나 기술을 가진 노예는 매우 높은 가격에 팔 수 있었지만, 아마도 어느 정도 부유한 사람들에게 노예는 사치품이 아니라 필수품이었기 때문일 것이다. 그러나 요한은 의심할 여지 없이 부도덕의 절정을 의도하고 있다. 제국에 대한 로마의 경제적 착취가 드러나는 본질적인 비인간성은 제국의 나머지 지역에서 도시 로마로 노예들이 끊임없이 유입되는 과정에서 명백하게 드러난다. 요한의 시대에는 노예들이 도시 인구의 약 절반을 차지했다.

계시록 18장 13절의 헬라어로 쓰인 마지막 네 단어, "종들 그리고 사람의 영혼들이라"는 해석을 문자적으로 바꾸어 해석하면, '인간의 몸 그리고 혼'[118]이다. 요한은 에스겔 27장 13절에 사용된 구절인 '인간의 혼'과 함께 노예에 대한 일반적인 용어인 '몸' 을 조합했다. 아마도 우리는

116) 로마의 옥수수 배급에 대해서는 다음을 참조하라. M.I. Finley, *The Ancient Economy* (London: Hogarth Press, 1985), pp. 198-204.

117) 이 문구는 다음에서 나왔다. Juvenal 10:81.

118) 역자 주: 헬라어의 "소마톤 카이 프쉬카스 안트로폰"

많은 영어 번역을 따라 '노예, 즉 인간의 생명' 으로 번역할 수도 있다. 이 경우에 요한은 노예가 재산으로 사고 팔리는 단순한 동물 사체와 방불한 노예 시장에서 일반적으로 부르는 '몸' 이 아니라 인간임을 지적하고 있다. 그러나 요한이 또한 '노예와 인간의 생명' 이라 말하면서 마지막 두 단어를 통해 일반적인 노예무역보다 훨씬 더 사악한 것을 언급하려고 의도했을 수 있다. 왜냐하면 지체가 높은 가문에서 일하는 육체노동과 사무직 업무를 보는 노예뿐 아니라, 전쟁 포로나 유죄 판결을 받은 범죄자들과 같은 색다른 처지의 사람도 있었다. 그런데 이들은 시저가 특별히 만든 원형 극장에서 관객의 만족을 위하여 죽기를 무릅쓰고 싸우면서 생사가 갈렸다. 이 희생자들 역시 로마인의 입맛에 익숙해진 맛있는 과일 중의 하나였다.14절

일부 주석가들은 이 목록이 '문명화된 세계의 아름다움과 편의 시설' [119]을 요약한 것으로 보고 있는데, 요한도 그들의 우상 숭배적 오용을 개탄하는 동시에, 그들이 분명히 이를 고마워했음에 틀림이 없다고 주장한다. 의심할 여지 없이 로마의 상류층은 그들의 사치스러운 생활 방식을 인간 문화의 훌륭한 성취로 여겼지만, 그들이 그렇게 생각한 것은 오히려 타락의 표지였다. 요한은 [당시 세계에 대하여] 그다지 예의 바르지 않았으며, 우리도 그럴 필요가 없다. 로마의 수입 목록은 로마의 도덕론자와 풍자가가 정죄한 것과 같은 방종을 나타내며, 이는 매우 많은 수의 타인의 생명과 존엄성을 범죄적인 차원에서 무시하는 경우에만 향유할 수 있던 것이다. 원형 극장은 인간 생명에 대한 가학적인 경멸을 상징하는 것으로, 단순히 로마에 있었던 웅장함을 평가하는 것이 결코 아니며,

---

119) G.B. Caird, *A Commentary on the Revelation of St John the Divine* (London: A.&C. Black, 1966), p. 227.

그것이 바로 로마의 기초를 이루는 것임을 보여준다.

음녀를 애도하는 사람들

방금 언급한 몇몇 주석가들은 자신도 모르게 부적절한 해석학적 관점에서 본문을 읽으므로 실수를 저지른다. 그 해석은 로마의 풍요로움에 어느 정도 본능적으로 감탄하고 로마의 멸망을 생각하면서 오직 슬퍼하기만 하는 사람들의 시각을 무의식적으로 드러낸다. 그러나 유배지 밧모섬에서 글을 쓴 요한은 로마로 인해 고통받는 사람들의 눈을 통해서 로마의 위대함을 관찰했을 가능성이 훨씬 더 크다. 앨런 보에삭Allan Boesak은 현대 사회에서 소수 지배 계급의 풍요로움에서 소외된 채 사는 사람들의 관점에서 묵시록을 읽는데, 그는 이 점을 해석학적 관점에서 오히려 잘 표현한다. 그는 우리가 비판한 해석이 바로 '로마 수입 목록의 끝에 있는 항목이 의미하는 바가 무엇인지 모르는 사람들의 전형적인 관점' 이라고 한다.[120] 요한은 그 목록 마지막 항목에 노예를 위치 시키고 있다.

문제의 주석가들이 함정에 빠지도록 요한이 고의적으로 해석학적 함정을 놓았다는 주장도 일리가 있다. 예를 들어, 그들은 '요한이 이렇게 많은 재물을 잃은 것을 보고 한없이 슬퍼한다' 고 말할 때,[121] 그들은 바로 요한이 10절, 16-17절, 18-19절에서 바벨론의 멸망에 대하여 슬퍼했기 때문에 당시의 사람들도 요한처럼 동일하게 슬퍼한 것이라고 주장한다. 그러나 이것은 요한이 이 애가를 땅의 임금들,9절 땅의 상인들,11절 그리고 배의 선장들과 선원들17절과 같은 매우 명확한 세 부류의 사람들에게 돌린다는 사실을 간과한 것이다. 이들은 바로 로마가 제국을 경제적

120) A.A. Boesak, *Comfort and Protest* (Edinburgh: Saint Andrew Press, 1987), pp. 121-22.
121) Caird, *Revelation*, p. 227.

으로 착취할 때 이득을 본 사람들이다. 그들이 한탄하는 것은 그들 자신의 부의 원천이 파괴된 것 때문이다.

요한이 일관되게 '음녀와 더불어 음행한 자' 라는 오명을 씌운 "땅의 왕들"17:2; 18:3, 9은 자신의 왕국을 로마 제국의 우산 아래 두는 제후국 왕만 아니라, 더 일반적으로 로마 제국 전역에서 음녀의 지배로 한 몫을 분배받은 지방의 통치 계급이다. 그들에게 로마의 권위는 그들의 사회에서 자신의 지배적인 위치를 지탱시켜주는 역할을 했다. 그러므로 로마의 권세가 멸망한 것에 대하여 그들이 탄식하는 것은 너무도 당연하다.18:10 그러나 물론 그들이 로마와 공유한 힘은 경제적 이익이었다.[122]

'음녀로 말미암아 치부한' 15절 상인들에 대하여, 요한은 그들이 '땅의 왕족들' 이라고 언급한다.23절 로마 제국의 경제 발전을 찬양하기보다는 로마 제국에 대한 위대한 현대 역사가의 다음과 같은 진술이 아마도 정곡을 꿰뚫는 최고의 논평일 것이다.

> 자본주의적 방법은 제국이 유지되는 동안 경제 활동의 다른 어떤 부문보다 무역에서 더 성공적이었다. 상인들은 대토지 소유주들과 함께 그 시대의 가장 부유한 사람들이었다. 그들은 중요한 무역 회사와 협회를 결성했다. 나우클레리naucleri 또는 나비쿨라리navicularii라고 불리는 운송에 관심이 있는 상인들은 이러한 종류의 회사와 결합하여 제국에서 가장 강력한 경제 동맹 중 하나를 형성하였다.[123]

---

122) 다음을 참조하라. Wengst, *Pax Romana*, p. 26.

123) M. Rostovtzeff, *Rome* (New York: Oxford University Press, 1960), p. 264. 요한은 11절의 상인 중에 선주인 나우클레로이를 포함시켰고, 그래서 17절의 선원들 가운데 선주를 나열하지 않고 선장을 대신 포함한 것을 유념하라.

위의 인용문에서 마지막 문장의 요점은 도로 운송의 비용과 지연으로 인해 실제로 수익성이 있는 사업은 해운을 통한 무역뿐이었다. 이것은 바빌론을 위하여 슬퍼하는 사람 중 세 번째 이해 당사자가 왜 해상 운송업에 종사하는 사람들인가 그 이유를 설명한다: '바다에서 배를 가진 모든 사람이 너의 보배로운 상품으로 치부하였더니!' [19절] 로마의 모든 수입품은 바다를 통해 도시에 도착했다.[124]

그러므로 9-19절은 확실히 요한의 관점이 아닌 매우 명확한 다른 관점에서 로마의 몰락을 볼 수 있게 해 주는데, 다른 관점이란 바로 로마와 로마의 경제 체제에 참여함으로 강력해지고 부요해진 사람들의 관점이다. 그 사람들은 물론 로마의 멸망에도 책임이 있다. 그들이 슬퍼하는 것도 당연하다! 요한이 가진 관점은 땅과 바다에 있는 사람들의 관점이 아니라[9, 11, 17절] 하늘의 관점이다.[18:20][125][;19:1] 요한의 관점을 통해 보면, 바벨론의 무너짐이 기쁨과 하나님을 향한 찬양의 이유이다.

그렇다면 요한은 왜 우리에게 악에 빠진 로마의 협력자들, 즉 지배 계급, 거물 상인들과 해운업자들이 가진 관점을 우리에게 제시하는가? 나는 이미 요한이 일종의 해석학적 함정을 놓고 있다고 제안한 바 있다. 그와 같은 관점을 공유하고 있는 자신을 발견한 독자라면 누구든지 로마의 몰락에 대한 전망을 경악스럽게 바라보며, 그는 충격과 함께 그것으로 자신이 서 있는 위치와 그가 서 있는 곳의 위험을 발견하게 될 것이다. 그리고 그러한 독자들에게는 애통하는 사람들을 묘사한 광경에 앞서서 다

---

124) 다음을 참조하라. Aelius Aristides, Oration 26:11-13. 계시록에는 지중해에 대한 부정적인 이미지가 웽스트(Wengst)의 코멘트(*Pax Romana*, p. 130)를 통해서 나오는데, 이러한 연결성 속에서 생각해볼 의미가 있다.

125) 18장 20절은 확실히 개역표준역본(RSV)을 포함한 몇몇 일부 영어 역본처럼, 선원들이 애통하는 부분의 일부로 여겨지지 않는다. 필자는 자신의 강조점을 설명하려고 구두점을 약간 변경하였다.

음과 같은 명령을 듣게 되는 것이 가장 중요하다.

> 거기서 나오너라, 내 백성아,
> 그의 죄에 참여하지 말고
> 그의 받을 재앙들을 받지 말라.[4절, RSV]

이 명령은 예레미야 51장 45절[참조, 렘 50:8; 51:6, 9; 사 48:20]에서 빌려온 것인데, 예레미야서가 가졌던 문자적, 지리적 의미를 그대로 전달하지는 않는다. 요한계시록의 첫 번째 독자 중 누구도 로마에 살지 않았다. 이 명령은 독자들이 로마의 죄에서 분리되어 로마의 죄의식과 심판에서 벗어나라는 것이다. 그리하여 당시 바벨론을 위하여 애통하는 모습으로 묘사된 사람들과 함께 있지 말라는 명령이다.

계시록의 첫 번째 독자들은 계시록 2-3장에 있는 일곱 교회에 보낸 일곱 메시지에서 알 수 있듯이, 서머나교회의 그리스도인들처럼 가난하고 핍박받는 사람들이 결코 아니었다. 많은 사람이 부유하고, 자기 만족적이며, 타협적이었는데, 그들을 위하여 요한은 필요한 긴급한 계시를 전달하고 그들의 상황이 위급함을 알리려고 의도했다. 소아시아의 7개 도시 대부분은 로마의 통치와 로마의 상업에서 항구나 상업, 행정, 종교 중심지로서 상당한 이해관계를 가진 번영하는 공동체였다.[126] 그러나 이러한 도시의 사업이나 사회생활에 참여하기 위하여, 그리고 이처럼 부유한 시민들의 번영 속에 동참하기 위하여, 기독교인들은 로마 국교를 포함한 우상숭배에도 또한 참여해야 했다. 명백히 몇몇 교회에서 활동했던

126) 특히 다음을 보라. C.J. Hemer, *The Letters to the Seven Churches of Asia in the Local Setting* (JSNT 보충 시리즈 11; Sheffield: JSOT Press, 1986).

니골라당[2:6, 15]과 두아디라의 여선지자 이세벨은 분명히 그러한 타협이 허용될 수 있다고 주장했다.[2:14, 20] [127]

두아디라의 그리스도인들이 확실히 알아차렸던 것처럼, 우리도 요한이 두아디라 교회에 보낸 메시지에서 묘사한 계시록 2장의 이세벨과 17-18장에서 묘사한 음녀 바벨론 사이의 유사성에 주목해야 한다. 물론 이세벨은 요한이 여선지자에 대한 상징적인 표현으로 사용한 이름이며, 음녀 바빌론 역시 로마에 대한 요한이 사용한 상징적 이름이다. 이세벨을 거론한 것은 음녀 바벨론이 엘리야 시대에 이스라엘을 우상숭배로 유혹한 구약의 여왕과 비교하는 역할을 한다. 한때 구약성경에 드러난 이세벨의 '음행과 주술'[왕하 9:22]을 기억하고 그녀가 주의 선지자들을 학살한 일을 생각하면,[왕상 18:13] 우리는 바벨론의 음녀도 부분적으로 이세벨을 모델로 삼고 있음을 알 수 있다.[참조, 18:7, 23, 24] 따라서 두아디라 여선지자는 자신의 추종자들에게 양심의 가책을 느낌이 없이 그 도시의 번영하는 상업 생활에 참여하도록 격려하고 있었다고 볼 수 있는데, 그녀는 말하자면 두아디라 교회 안에 있는 음녀 바벨론의 지역 대표였던 것과 유사하다. 그녀를 통해, 상업과 우상숭배의 로마적 결합이라는 미혹하는 힘이 교회에 침투했다. 이세벨과 '더불어 간음한'[2:22] 추종자들의 일부는 그러므로 바빌론의 음란으로 획득한 재물로 부유해진 '땅의 상인들'을 보며, 깨달음을 동반하는 유익한 충격을 받고 자신의 실상을 발견할 수 있다.[18:3] 따라서 로마에 대한 요한의 예언은 또한 '거기서 나와야 한다'는 필요를 느끼는 기독교 독자들에게 고통스럽고 벅찬 도전이 될 수 있었다.

127) Hemer, *Letters*, pp. 87-94, 117-23.

피에 취한 도시

계시록 17장 1-6절에 나오는 음녀의 초상화는 술 취함이라는 새롭고 더 사악한 이미지를 제시하는 것으로 끝난다. 유혹하는 계략으로 땅을 취하게 만든 음녀는 자신도 '성도들의 피와 예수의 증인들의 피에 취한다.' [17:6] 18장 24절에서 나타나는 이번의 고발은 이제 사법적 이미지와 함께 반복된다. 계시록 18장은 바벨론에 대한 하나님의 심판을 선언했는데, 그 이유는 음녀가 가져온 땅의 부패, [18:3] 그녀의 사치와 교만, [18:7] 그리고 우리가 본 것처럼 이 장의 중심에 있는 바벨론의 경제적 착취 때문이다. 그러나 절정에 해당하는 음녀에 대한 결정적인 증거는 24절에 나오는데 다음과 같다: '선지자들과 성도들과 및 땅 위에서 죽임을 당한 모든 자의 피가 그 성 중에서 발견되었느니라 하더라.'

선지자들과 성도들은 여기서 기독교 순교자들이다. 많은 주석가들은 '땅에서 죽임을 당한 모든 자' 도 기독교 순교자로 이해하지만, 이것은 자연스러운 의미가 아니다. 그러한 해석은 이 구절이 가진 최상의 의미를 빼앗는다. 로마는 기독교인의 순교로 기소되었을 뿐만 아니라, 그의 살인적 정책의 무고한 희생자 모두를 학살한 죄로 기소되었다.[128] 요한은 바벨론이 곰의 앞발과 사자의 이빨을 가진 짐승을 탄다는 사실을 잊지 않았다.[13:2] 요한은 '로마의 평화' 가 타키투스의 표현을 빌리자면 '유혈이 있는 평화' [129]이며, 폭력적 정복으로 건설되고, 국경에서 계속되는 전쟁으로 유지되며, 아울러 반대 운동을 진압할 것을 요구한다는 것

128) '죽이다'라는 동사 스파조(sphazō)가 5:6, 9, 12, 13:8에서 어린양에게 사용되었다는 사실, 그리고 6:9에서 기독교 순교자들에게 사용되었다는 사실은 그 반대의 증거가 되지는 않는다. 왜냐하면 요한은 또한 6:4에서 그것을 전쟁에서의 일반적인 살육에도 사용하기 때문이다.

129) Wengst, *Pax Romana*, p. 10.

을 알았다.[130] 요한은 로마의 풍요함과 우상 숭배적 자기 신격화와 로마의 군사적, 정치적 잔인함의 결합을 알고 있었다. 자신의 권력과 번영을 절대화하는 모든 사회와 마찬가지로, 로마 제국도 희생자 없이는 존재할 수 없었다.

계시록 18장 24절에서 주목할 만한 것은 기독교 순교자들과 로마의 다른 모든 무고한 희생자들 사이를 묶어주는 연대감이 있다는 것이다. 요한이 그의 교회에게 로마의 정치적, 경제적 권력 구조로부터 자신을 분리하라고 촉구한다면, 이것은 그들을 자신의 운명에만 관심을 기울이는 내향적인 종파 집단으로 고립시키려는 것이 아니다. 오히려 로마의 희생자인 어린 양의 추종자들이 세상에 대한 예언적 증언을 하는 상황에서, 살인자들과 동맹을 맺을 수 없고 살인자들에 대항하여 증언해야 하기 때문이다. 필연적으로 그들은 자신을 희생자로 삼게 될 것이다. 버가모 교회에서 거론된 하나의 이름 순교자 안티바[2:13]는 계시록에서 로마 절대주의의 모든 익명의 희생자들을 대표하여 자신을 드러내 보인다.

더욱 주목할 만한 것은 계시록에서 말하는 믿음에 관한 것이다. 계시록의 믿음은 결국 미래가 '역사의 폭력적인 승리자들과 함께함이 아니라 그 희생자들과 함께한다' 는 점이다.[131] 이것은 죽임을 당한 어린 양의 승리에 대한 기독교 신앙을 통해서만 가능했다.[5:5-6]

오늘을 위한 결론

초기 기독교를 정적주의자[quietist, 靜寂主義者 132]의 비정치적인 운동으로 상상하는 사람들은 계시록을 연구해야 한다. 초대교회가 황제숭배 외에

130) Wengst, *Pax Romana*, pp. 11-19.
131) Wengst, *Pax Romana*, p. 129.
132) 역자 주: 정적주의는 참여에 대한 수동적 입장을 견지하는 철학적, 신학적 조류.

로마 통치에 대하여 비판할 것을 찾지 못했다고 생각하는 사람들도 마찬가지이다. 로마의 악에 대한 계시록의 폭로 속에서, 황제숭배와 그에 따른 교회의 박해는 고립된 일탈이 아니라 로마 제국의 근본적인 본질에서 비롯되는데, 그것은 로마가 자신의 권력과 경제적 이익을 일사불란하게 추구한 점이다. 예수의 추종자들이 국교가 요구하는 황제에 대한 종교적 충성 행위를 거부했을 때, 그들은 진정으로 하나님의 왕 되심에 따른 무조건적 충성을 가이사에게 드리지 않겠다고 거부한 것만이 아니다. 그들은 또한 가이사의 통치와는 다른 종류의 통치, 즉 착취적인 권력이 아니라 희생적인 봉사를 바탕으로 세워진 하나님의 왕국을 증거했다.

계시록 18장에서 다룬 경제라는 주제의 중요성을 고려할 때, 소위 제1세계와 제3세계 사이의 경제 관계에서 현대적 유사성이 발견되는 점을 간과할 수 없다. 수천 년의 문화적 거리가 떨어져 있지만, 파티 손님을 위하여 포도주에 녹인 진주를 제공하는 문화적 타락처럼, 몇 사람의 입을 만족시키기 위하여 수천 달러를 사용하는 사치를 깨닫는 것은 그리 어렵지 않다. 그러나 오늘날의 부유한 서구도 마찬가지로 터무니없는 형태의 사치스러운 소비를 하고 있다. 물론 로마가 제국을 약탈하고 세금을 부과함으로써 자신의 사치스러운 취향을 충족시킨 방식은 탈식민 시대의 세계와 유사하지는 않다. 그러므로 하나의 사건을 다른 사건에 투영하여 단순한 판단 전이를 하는 것에 대해 우리에게 경고해야 한다. 이 시대에 제1세계가 제3세계를 착취하는 형태는 이전과 다른 형태를 취하기 때문에, 이를 비난하고 반박하기에 앞서 그것은 진지한 경제적 분석을 통해 폭로되어야 한다. 그러나 끊임없이 증가하는 물질적 번영이라는 우상을 숭배하는 현대 서구사회[133]가 인간 생명을 매매하고 있다는 점을 계시록

133) 다음을 참조하라. B. Goudzwaard, *Idols of our Time* (Downers Grove, Illinois:

은 강력하게 암시하고 있다. 무너진 바벨론 때문에 애통하는 사람 중의 최고위층은 아마도 다국적 기업, 광고 산업 및 무기 거래상일 수 있다. 그러나 우리는 요한이 우리 모두를 위해 놓은 해석학적 함정도 역시 유의하지 않으면 아니 된다.

Inter-Varsity Press, 1984). 특히 5장의 "물질적 번영이라는 이데올로기"를 보라.

토의문제6. 무너진 도시: 계시록 18장

1. 계시록 18장 2-3절을 읽으라. 무너지는 큰 성 바벨론이라 명명된 도시는 역사상에 존재했던 어떤 나라를 의미하는가? 이 도시가 심판으로 무너지게 된 이유를 2-3절에서 찾는다면, 어떠한 종류의 죄가 있을까 논의하라. 이 도시를 심판하시는 자는 누구이신가?[18:8]

2. 저자 보쿰은 로마가 '짐승과 음녀' 로 상징되었다고 해석한다. 로마의 다양한 특성을 표현하는 상징적 표현 중에서, 짐승이라는 의미는 무엇을 전달하려고 선택된 이름인가? 로마를 음녀라고 부르는 이유는 무엇인가. 짐승을 탄 음녀로 표현된 짐승과 음녀의 관계는 어떠한가?

3. '로마의 평화' 라는 의미의 "팍스 로마나"Pax Romana는 짐승의 막강한 무력과 음녀의 상품을 기반으로 형성되었다. 팍스 로마나에 숨겨진 실상으로는 무엇이 있는가? 정치적 억압, 경제적 착취 그리고 종교적 미혹이라는 배경을 가진 로마의 제국주의적 통치의 그늘을 생각해보라.

4. 계시록 18장 12-13절에는 로마로 실려 온 상품 목록이 매우 세세하게

열거된다. 이 여러 물건을 유통하는 로마는 일종의 공동 대리점을 각국을 위하여 열어준 것과 같다. 이러한 로마, 바벨론이 일시에 붕괴될 때에 울게 되는 사람들은 누구인가?[18:17-19, 23] 로마의 멸망으로 오히려 기뻐해야 하는 사람은 누구인가?[18:20]

5. 로마에서 유통되는 물건 목록 중에 가장 나중에 나오는 "종들과 사람의 영혼들"[18:13]은 원어상으로 "인간의 몸과 그리고 혼"을 의미한다. 이는 또한 "노예와 인간의 생명" 으로도 해석한다. 사람마저 상품화되는 21세기 문명 속에서 아직 돈으로 살 수 없는 것이 무엇인지 살펴보라.

7. 출애굽과 섬김: 성경이 말하는 자유

지금까지 이 책에서 우리는 성경의 특정 구절에 대한 자세한 해석을 제공하는 일에 참여해왔다. 동시에 이러한 작업은 성경 전체의 맥락 속에 그 구절을 위치시키는 작업을 동반함으로 시행되었다. 특정 구절에 대한 이러한 종류의 섬세한 배려는 어떤 주제에 대한 성경의 가르침을 올바르게 이해하는 데 있어 필수적인 일이다. 그러나 이와 똑같이 중요한 것은 성경 전체에서 특정 주제의 넓은 윤곽을 추적하려는 노력이다. 성경은 많은 저자와 편집자들에 의해 매우 오랜 기간에 걸쳐 기록된 매우 다양한 형태의 저작물들의 모음이다. 이 때문에, 성경 각 권의 성격상 우리는 성경의 모든 부분적인 구성 요소가 이미 만들어진 가르침의 요약을 제공할 것으로 기대할 수 없다. 다만 이러한 생각에 부합하는 '큰 계명'에 대한 마태복음 22장 37-40절과 같은 [큰 주제의 요약을 제공하는] 몇 가지 경우가 없는 것은 아니다. 그러나 대부분의 경우, 어떤 주제에 대하여 성경이 제시하는 일반적인 핵심과 주요 구성 요소를 분별하는 작업은 우리에게 창의적인 해석을 요청하는 어려운 작업일 때가 많다. 그것은 성경의 모든 부분에서 관련된 정보를 수집하는 것보다 훨씬 더 많은 노력을 요구한다. 내용의 종합을 위한 적절한 범주는 성경 그 자체에 의해서 해석자가 금방 사용하도록 손쉽게 전달되지 않을 수 있다. 그는 가장 적절한 범주를 찾아내거나 아니면 새로운 범주를 발명해야 할 수도 있다. 성경적 증언의 어떤 부분도 무시하지 않고, 무엇이 중심이고 무엇이 주변인지, 무엇이 상대적이고 무엇이 절대적인지, 무엇이 잠정적이고 무엇이 지속되는 것인지 판단해야만 한다. 어떤 경우에는 특정한 성경의 서책이 도달한 실제적 입장을 단지 보고하여야 할 뿐만 아니라, 나아가 성경적 사고가 움직이는 방향을 분별해내는 것이 중요할 것이다. 성경은 역동적이고 발전하는 사상의 전통에 대한 기록을 담고 있으며, 해석의 목적은 성경이 독자들로 하여금 성경 자체의 사고 과정에 참여하게 하여, 그 결과 그들 자신의 사고가 성경이 정한 방향으로 계속 동행하도록 인도하는 것이다. 이 장에서 우리는 성경이 말하는 자유라는 주제를 조사함으로써 이 주제에 대한 성경적 가르침을 종합하는 작업의 실례를 만들어 볼 것이다.

서론

에른스트 블로흐가 관찰하기를, '단어의 개념이 클수록 이질적 요소가 그 단어 속에 숨어 있을 가능성이 큰데, 특히 자유라는 개념의 경우가 이에 해당된다'[134]고 말한 바 있다. 자유는 인간의 근본적인 열망에 호소하는 '큰' 단어이며 그 결과 정치적으로 매우 강력한 단어이기 때문에, 쉽게 남용된다. 한 형태의 자유를 옹호하거나 증진하는 것은 다른 형태의 자유를 억압하기 위한 정치적 구실로 자주 사용된다. 그 단어가 자유를 열망하는 사람들에게 인간 자아실현의 무궁한 지평을 열어주는 것처럼 보일 때마다, 정권을 획득하거나 유지하기 위해 그 단어를 사용하는 사람들에 의해 자유라는 단어의 진정한 의미가 최소화되는 경우가 많다. 너무도

134) E. Bloch, *The Principle of Hope* (Oxford: Basil Blackwell, 1986), p. 258.

자주 사람들은 성경을 선택적으로 사용하여 자유의 제한을 정당화하려고 하였다. '성경은 이런 종류의 자유만 지지하고 저것은 아니다' 라는 주장 때문에, 우리는 성경에 있는 자유의 실제적 차원에 대해 마음을 열어야만 한다. 아울러 자유라는 개념이 모호하여 우리 자신의 생각을 성경적 수사법으로 숨기기가 너무 쉽다는 이유 때문에, 우리는 자유에 대한 성경적 이해의 핵심 요점을 분별하기 위해 열심히 노력해야 한다.

우리는 오늘날 자유 사회를 위한 어떤 종류의 청사진을 성경에서 찾으려는 것이 아니다. 성경이 기록되던 시대 이래로 인간 사회의 형태가 필연적으로 변화되고 발전해 왔다. 특히 복잡성에서 더욱 발전해 온 것처럼 정치적 자유도 발전해 왔는데, 그것도 역시 지속적으로 발전해 왔다. 구체적 자유는 정치적으로 실현되고 보호되어야 할 필요가 있는데, 이러한 자유는 성격상 역사적이다. 그러나 상당 부분 그러한 자유는 근본적인 인간 본성에 뿌리를 내리고 있다. 우리는 성경 속에서 자유의 관념을 이미 만들어진 기성품으로 찾을 수 있다고 기대할 수 없다. 이는 예를 들어 언론의 자유나 심지어 종교적인 면에서 예배의 자유에 대해서도 성경이 우리에게 직접적으로 말해 주지는 않는다는 것이다. 우리가 찾고 있는 것은 성경이 가리키는 방향인데, 그것은 인간의 자유에 대한 하나님의 의지가 가진 근본적인 특성이다. 우리가 원하는 것은 바로 지금 우리가 사는 현대 세계에서 요구되는 해방의 차원으로 나가는 그 방향을 따르려는 것이다.

'자유' 라는 단어를 찾으려 할 때, 성경의 관련 자료는 아주 풍부하지만, 도무지 자유의 개념을 발견할 수도 없고 볼 수도 없는데, 그 이유는 자유라는 단어가 구약에서 전혀 사용되지 않았고 신약에서도 결코 일반적이지 않으며, 연관된 단어는 매우 많으나 아직도 여전히 그 주제의 범주에 정확하게 부합되지는 않기 때문이다.[135] 자유의 개념은 단어만으로 제안하는 형태보다 성경 메시지를 통해서 훨씬 더 중심적인 것이 나타난다. 예를 들어, 출애굽은 신·구약 성경 전체에서 자주 사건으로 회상되고, 이후의 사건과 경험에 대한 모델이나 은유로 사용되며, 항상 압제로부터의 해방이라는 강력한 의미를 담고 있다.[136] 구약성경의 이 사건으로부터 시작하여 하나님은 자신을 '너희를 종 되었던 집에서 구원한 여호와 하나님이라' 고 정체를 밝히신다.출 20:2 이것이 바로 하나님에 대하여 '구약이 말하는 정의로운 해방자 하나님' 이라는 의미이다.[137] 누가복음에서도 예수의 사명에 관한 한 해방자로서의 임무를 가지고 있음을 상당히 중요한 주제로 부각시킨다. 누가는 '포로 된 자에게 놓임을 선포하고 억눌린 자를 자유케 하며' 눅4:18라는 진술을 통해, 예수 사역의 초기로부터 해방의 임무가 프로그램화되었음을 서술한다. 우리는 자유라는 주제가 성경적 관심의 넓은 영역을 포괄하는 것으로 예상할 수 있다.

하나님의 해방된 노예

구약성경은 자유에 대한 추상적인 정의를 내리지 않지만, 매우 구체적인 용어로 자유를 이해한다. 분명히 노예화는 다른 사람의 의지에 복

---

135) 관련된 신약 단어에 대한 간략한 조사는 다음을 참조하라. R.T. France, 'Liberation in the New Testament,' *Evangelical Quarterly* 58(1986), pp. 9-12.

136) S. Croatto, 'The Socio-historical and Hermeneutical Relevance of the Exodus,' in *Exodus-A Lasting Paradigm*, ed. B. van Iersel and A. Weiler (Edinburgh: T. & T. Clark, 1987), Concilium 189(1/1987), pp. 126-29. 반대 견해는 다음을 보라. J. Barr, 'The Bible as a Political Document,' *Bulletin of the John Rylands University Library of Manchester* 62(1980), pp. 286-87.

137) J. Moltmann, in E. Moltmann-Wendel and J. Moltmann, *Humanity in God* (London: SCM Press, 1983), p. 57; 다음을 참조하라. Croatto, 'The Socio-historical and Hermeneutical Relevance,' p. 127. '바로 이스라엘 하나님의 그 이름은 압제-해방이라는 출애굽 경험과 불가분의 관계로 얽혀있다.'

종하는 것을 의미하며, 자유란 그러므로 제약이나 강압으로부터의 자유이다. 그러나 예를 들어, 이스라엘이 이집트에서 노예가 되었던 전형적인 사례에서 볼 때, 복속이라는 추상적인 상태가 아니라 압제라는 구체적인 악, 즉 견딜 수 없는 고된 노동, 강제된 유아 살해[출 1:11-16]가 있었음을 의미한다. 바로 이것이 백성을 괴롭힌 것이며, 하나님의 관심과 구원적 조치를 불러일으킨 것이다.[출 2:23-25; 3:7-10; 6:5-7] 이것은 구약 시대 사람들이 자유 자체에 가치를 두지 않았다고 말하려는 것이 아니라, 대부분의 사람이 그러하듯 자유의 가치를 단순하게 구체적인 혜택을 통해서 느꼈다는 말이다. 그 구체적인 혜택이란 바로 사람들의 기본적인 생필품을 제공받는 자유, 그리고 다른 사람에게 이용당하지 않고 삶의 기본적인 낙을 누리는 자유이다.

결과적으로, 이집트인의 지배권을 하나님의 주재권으로 바꾸는 것은 하나의 노예 상태에서 다른 노예 상태로 넘어가는 것이 아니었는데, 그 이유는 하나님께서 자기 백성의 유익을 위하여 전념하시며, 그의 다스림은 모든 인간의 지배로부터의 해방을 통하여 경험되는 것이기 때문이다. 이스라엘은 오직 한 분 하나님을 주인으로 모시는 해방된 노예로 구성된 나라라는 느낌 속에서, 모든 이스라엘 사람들은 고대 중근동의 상황에서 볼 때 비교할 수 없을 정도로 모든 이스라엘 백성이 동등한 권리를 가지고 자유를 획득하고 누리는 상황에 이르렀다. 레위기 25장 42절이 "그들은 내가 애굽 땅에서 인도하여 낸 내 종들이니 종으로 팔지 말 것이라" 말할 때, 그 구절이 제시하는 원칙은 이스라엘 백성 사이의 모든 복속 관계에 반대하는 실제 노예제도와 관련된 언급을 하는 중이다. 유사한 사상이 사무엘상 8장에서 드러나고 있는데, 이는 백성들이 어리석게도 하나님을 그들의 왕으로 삼는 것에 만족하지 않고, '열방과 같은'

종류의 인간적 왕을 원한다는 것이다. 사무엘의 주장은 백성들이 억압적인 종류의 전횡에 자신을 복속시키는 일을 구하고 있으며, 바로 사무엘은 당시의 군주제가 결국 다다르게 되는, 그리고 군주제가 시행하는 악의 모든 목록이 집결되어 나타나는 상황을 경고하고 있다. "너희가 그 [왕]의 종이 될 것이라." 삼상 8:17 복종과 지배라는 정치적 관계는 하나님께서 종살이로부터 구속하신 나라에서는 부적합한 제도라는 주장이 바로 그 본문의 의미이다. 삿 8:22-23 참조

고대 세계 전체에서, 그리고 고대만이 아니라 그 이후에라도, 어떤 사람의 자유는 반대로 다른 사람에게는 복속을 의미했다. 자유하게 된다는 것은 주인이 된다는 것을 의미했고, 따라서 노예를 가지는 것을 의미했다. 통치자는 신민을 희생시키면서 자유로웠고, 주인은 그들의 노예를 희생시켜, 부자와 권세자는 가난한 자와 연약한 자를 희생시켜 자유를 누렸으며, 결국 남성은 여성을 희생시키면서 자유롭게 되었다. 따라서 해방된 이스라엘에서 자유와 복종의 상관관계는 원칙적으로 해체되었는데, 그 이유는 이스라엘이, 그리고 그 결과 모든 이스라엘 사람이 하나님에 의하여 해방되었으며, 오직 하나님에게만 종이 되었기 때문이다. 그러므로 이스라엘에서 자유는 불평등이 아니라 평등을 수반했다. 이 자유의 원칙은 완벽한 일관성을 가지고 그 안에서 실현되지는 못했다. 예를 들어 다시 후에 언급하겠으나 여성의 지위나 노예제도는 일소되지 못했는데, 그렇다고 해서 원칙적으로 이러한 개방된 돌파구의 막대한 중요성을 모호하게 만들어서는 아니 된다.

경제적 독립

구약 율법의 많은 부분과 선지자들의 많은 비난은 사회적, 경제적 불

평등에서 발생하는 착취의 위험, 즉 그것으로 말미암는 자유의 상실에 그 관심을 집중한다. 그것은 모든 이스라엘 사람이 자신의 생명과 생계에서 해를 당하지 않을 권리를 소중히 여기도록 법 집행의 공정성을 요구하는 것으로만 완수되는 것이 아니다. 이것은 또한 율법과 선지자가 이스라엘 가족으로 하여금 경제적 독립을 유지하는 것에 적극적인 관심을 가지도록 함으로 성취되는 것인데, 이는 하나님께서 모든 이스라엘 사람에게 땅을 나누어 주심으로 얻게 되는 토지에 대한 양도할 수 없는 권리를 확보하는 것에 달려 있다. 경제적 독립의 상실은 백성들을 다른 사람들에 의한 착취에 취약한 상태에 처하도록 만들었고, 종종 실제로 그들의 노예화로 이어졌다. 이 때문에 선지자들은 재산을 축적하는 자들을 비난하기를 "가옥에 가옥을 이으며 전토에 전토를 더하여 한 에이커도 남기지 아니하고, 땅에 홀로 남아 거하려 하는 자들에게 화 있을진저" 사 5:8, NEB 라고 말한다. 따라서 경제적 독립을 상실한 외국인, 고아, 과부 등을 보호하려는 끊임없는 관심이 말씀 안에서 발견될 수 있다. 하나님께서 이스라엘을 구속하신 정확한 이유가 바로 이집트에서 토지가 없는 이방인으로서 압제를 받았기 때문이므로, 이스라엘 안에서는 누구도, 심지어 이방인이라 할지라도 착취당해서는 아니 된다. 출 23:9; 레 19:33-34; 신 24:18

그러므로 이스라엘에서 자유의 이상은 경제적 독립과 손해를 보는 두려움으로부터의 자유라는 구체적인 형태를 취했다. 이것은 반드시 주목해야 할 부분인데, 자유의 이상은 모든 법적인 체제가 부과하는 것과 같은 각양의 법적 제한을 제공함으로 타인과 타인의 재산에 발생하는 명백한 종류의 손해를 막으려고 했다. 이것뿐만 아니라, 자유의 이상은 또한 경제적 제한을 부과하는 것인데, 그 이유는 경제적 자원을 획득하는 상대적 평등을 이루는 것이 더 부유한 계급에 의해서 가난한 사람들이 속수

무책으로 압제당하는 상황에 떨어지지 않도록 하는 방어책이 될 수 있었다. 실제에 있어서, 사회·경제적 평등은 군주제 기간 중 심각할 정도로 많이 침식되었지만, 바로 이것이 많은 예언자의 불만스런 비판의 핵심을 이루는 엄중한 부담이었다. 또한 이 평등은 예언자들을 통해 반복되어 제시되는 종말론적 희망의 핵심으로서, 경제적 독립과 자유, 곧 모든 종류의 손해에 대한 두려움에서 해방되는 자유를 포함하는 것이다. "각 사람이 자기 포도나무 아래와 자기 무화과나무 아래에 앉을 것이라 그들을 두렵게 할 자가 없으리라" 미가 4:4 [138]

최종적인 관찰을 통해서 우리가 살펴보아야 할 바는 이스라엘의 자유가 순전히 타인의 억압으로부터 개인 또는 가족을 보호하기 위한 자유로 이해된다는 인상을 바로잡는 것이다. 이러한 자유에 대한 개인주의적 이해는 현대 사회로부터 쉽게 투영되어 이해된다. 우리가 자유를 타인의 예속과 관련하여 주권을 확보하는 것으로 생각한다면, 만인의 자유는 각자가 자신이 스스로 주인이 되며, 각자가 타인과 경쟁하면서 다른 사람을 자신의 자유에 대한 제한으로만 경험하게 된다는 것을 의미한다. 이것이 현대 자유주의적 개인주의이다. 고대 이스라엘인이 이러한 종류의 자유를 경험하지 못한 이유는 부분적으로는 이스라엘 사람 자신 스스로가 주인이 아니라 오직 하나님의 노예였기 때문이다. 하나님의 주권에 대한 그 자신의 인정은 그에게 동료 이스라엘 사람들에 대한 책임을 부여했다. 그러므로 구약 율법의 근본적인 특성이 반사회적 자유 남용에 대한 많은 제한을 구체화시켜 자유를 수호하려는 모든 현실적인 시도를 감행하는 것과 마찬가지로, 구약 율법의 또 다른 동일한 특징은 다른 사람들을 적극적으로 배려하는 보살핌을 명령하는 것이다. 내 이웃은 단순히

138) 참조. 사 32:18; 렘 30:10; 겔 34:25-29; 습 3:13.

내 자유를 속박하는 존재가 아니라, 나 자신처럼 사랑해야 하는 대상이다.레 19:18 신약성경이 말하는 자유가 타인으로부터의 자유가 아니라 타인을 위한 자유라는 이해는 이미 구약성경이 말하는 사회적 책임이라는 의미 속에 함축되어 있다.

구약의 노예제도

노예제도는 구약의 이스라엘에도 물론 존재하였으며, 구약의 율법 안에는 그것을 규제하기 위한 아주 많은 법이 포함되어 있다.[139] 고대 근동의 일반적인 관행에 따라, 노예는 전쟁 포로로 잡힌 외국인과 동시에 비참하게 빚에 떨어져 자신을 노예로 팔아버린 이스라엘 사람으로 구성되었다. 노예제도는 주인이 자기 노예에 대해 상당히 큰 권리를 가진다는 것을 의미했으며, 노예의 권리는 완전히 폐지된 것은 아니지만 매우 제한적이라는 것을 의미했다.

그러나 무엇보다 먼저 이스라엘 백성을 노예화시키는 행위는 이집트의 종살이에서 구속된 모든 하나님 백성이 누리는 근본적인 자유와 평등에 일치되지 않음을 구약성경이 이미 완벽하게 인식하고 있었음을 주목하는 것이 중요하다. 입법의 차원에서 노예제도가 존재한다는 사실을 인정하지만, 가능한 한 그것이 최소화되도록 하려고 그 제도를 비정상적인 것으로 취급한다. 그러한 결과, 6년 동안 일한 노예에게 자유를 줄 때, 이에 대한 대가의 지불 없이 석방의 기회를 제공하며출 21:2, 동시에 그 이후의 사실상의 실업자가 된 기간 동안 상황을 이겨나가도록 그들을 돕는 배려

139) 일반적으로 다음의 자료를 보라. H. W. Wolff, *Anthropology of the Old Testament*(London: SCM Press, 1974), pp. 199-205; C.J.H. Wright, *Living as the People of God: The Relevance of Old Testament Ethics*(Leicester: IVP, 1983), pp. 178-82.

를 마련한다.신 15:13-14 오직 자유로운 선택에 의해서만, 종은 6년 후에 풀려나는 대신 주인을 섬기기 위하여 영구적으로 종으로 남는 것을 선택할 수 있었다.출 21:5-6; 신 15:16-17 이러한 율법은 노예제도를 낳는 엄혹한 경제적 현실에 직면하여 이스라엘 백성의 근본적 기본권인 자유에 대한 지속적인 바탕을 제공하려고 의도한다. 주인이 종을 6년 동안 부린 후에 해방시켜야 하는 것은 바로 '네가 애굽 땅에서 종이 되었고 네 하나님 여호와께서 너를 속량하셨다' 신 15:15라는 역사적 사실에 기반을 두는 때문이다.

레위기 25장 39-43절에 있는 율법은 더 나아간다. 이스라엘 사람들이 외국인 노예를 소유하도록 허용하면서,25:44-46 동료 이스라엘 사람들이 실제적으로 노예화되는 것을 금지하는데, 율법은 이스라엘 사람이 빈곤으로 몰려도 일종의 준 노예 상태로만 전락하도록 배려한 것이다. 일부 학자들은 노예제도에 관한 다른 모든 법률은 비이스라엘인 노예에게만 적용된다고 주장하면서, 이스라엘에 관련된 노예제도의 실행에서는 아마도 기존의 노예제도의 법적 지위를 박탈하려는 시도가 보인다고 추론한다.[140] 어떠한 경우이든 동료 이스라엘 사람들을 노예로 삼지 않으려고 제시하는 신학적 이유는 주목할 만하다. "그들은 내가 애굽 땅에서 인도하여 낸 내 종들이니 종으로 팔지 말 것이라." 레 25:42

자유에 대한 모든 이스라엘 사람의 기본적인 권리를 인정하는 것 외에도, 일부 율법은 다른 고대 사회에는 유례가 없는 방식으로 노예제도의 어려움을 상당히 완화 시키고 인도적인 처우를 받게 하는 효과를 보여준다. 주인으로부터 노예를 보호하는 법출 21:20-21, 26-27은 현대적 맥락

140) 같은 맥락의 저술로는 다음을 보라. C.J.H. Wright, 'What Happened Every Seven Years in Israel? Part 2,' *Evangelical Quarterly* 56(1984), pp. 193-201; 그러나 이에 반대하는 견해의 일례로 다음을 보라. A. Phillips, 'The Laws of Slavery: Exodus 21:2-11,' *Journal for the Study of the Old Testament* 30(1984), pp. 51-66.

에서 볼 때 독특하며, 노예를 가재도구에 불과한 것으로 취급하는 당시의 법적인 처리 이상의 단계를 나타낸다. 단순한 재산으로서의 노예는 주인으로부터 당하는 손해로부터 자신을 지킬 수 없었는데, 이제 그들은 인간으로 보호받게 되었다. 석방된 노예 및 도망친 노예에 관한 율법 출 21:2-6; 신 15:12-18; 23:15-16이 유효하다면, 이스라엘에서 노예제도가 실제로는 매우 억압적이 아니었음에 틀림이 없다. 그 이유는 가혹한 주인이 보통 자기 노예를 살려둘 수 없었음에도 불구하고, 유대에서는 그 노예를 살리라고 하기 때문이다. 도망친 노예를 그들의 주인에게 돌려보내야 하는 의무는 고대 사회에서 당연한 것으로 여겨졌기 때문에참조, 삼상 30:15, 반대로 이스라엘 백성에게는 도망친 노예를 숨겨주라고 명령하는 법신 23:15-16을 다시 한번 주목하여 살필 만한 가치가 있다. 비록 그 동기가 명시되지는 않았지만, 이스라엘 사람들은 즉각적으로 이스라엘이 도망친 노예들의 나라였음을 쉽게 기억하곤 했을 것이다. 그러므로 이러한 사람들의 동정심은 그의 주인이 아니라 도망친 종에게 쏟아져야만 했다.[141] 이로 보건대, 구약의 율법은 고대 세계에서 보편적이었던 하나의 제도를 실제로 폐지하지는 않았지만, 이스라엘이 이집트에서 해방된 경험의 결과로 그 제도의 시행을 상당히 인도주의적으로 만들었고 심지어는 그 제도를 전복시켰다고 말할 수 있다. 전쟁에서 사로잡힌 첩들조차도 존중받을 권리가 있는 인간으로 대우받았다.신 21:10-14

율법과 선지자참조, 렘 34장가 노예제도에 대한 태도의 근거를 출애굽 해방이라는 구원사적 사건에 두었다면, 지혜 문학의 통찰 또한 창조-신학적 근거에서 동일한 결론에 도달하는데, 이는 곧 같은 하나님이 주인과 종 모두를 창조하셨기 때문이다.욥 31:13-15 결국 이 두 종류의 논증 모

141) 참조. Wolff, *Anthropology*, p. 202.

두가 노예제도의 폐지를 요구한다면, 이러한 구약의 원칙이 가리키는 한 방향을 따라 그 지시하는 지점까지 일관되게 그 원칙을 따르는 것이 전적으로 타당하며, 심지어는 이 점에서 구약의 실천과 신약의 실천을 넘어서 전진하는 것이 가능하다. 정말로 그것은 좁은 의미로 정의된 노예제도의 폐지보다 더 멀리 우리를 인도한다. 한 인간이 다른 인간에 의해 착취되는 것을 허용하는 모든 종속 관계는 구약성경이 계시하는 바와 같이 하나님의 근본적인 뜻에 위배 되는 것이다. 그러한 억압적 관계는 창조된 인간의 지위라는 견지에서 볼 때 근거가 없으며, 모든 인간은 동등하게 하나님께 복종하여야 하며, 하나님의 역사적 목적은 그러한 모든 억압적 관계를 폐지하는 것이다. 그분이 이스라엘을 노예 상태에서 해방시킨 것은 결국 이스라엘에게만 주어진 배타적인 특권이 될 수 없으며, 이는 모든 인류가 유사하게 하나님의 해방시키는 주권 아래로 들어가야 한다는 그분의 뜻을 원형적으로 보여주고 있다.

신약성경의 자유

자유의 개념은 신약성경에서 핵심적인 발전을 이룩했다. 자유의 개념을 간략히 설명하기 위해 우리는 자유의 네 가지 측면에 초점을 맞추려고 하는데, 이는 자유의 정치적 형태에 대한 우리의 특별한 관심에 연결되어 있다.

첫째로, 신약성경은 자유와 종속이라는 전체 주제를 심화시키고 확장시켜 정치와 법의 영역 이상으로 발전시킨다. 따라서 예수의 사역은 노예화된 인간을 자유케 한 것은 아니지만, 그들을 죄책감과 죄의 노예됨에서 해방시키고, 귀신에게 사로잡힌 자, 질병과 장애에 눌린 자, 자기 스스로에게 갇힌 자, 그리고 죽음에 예속된 자를 해방시켰다. 따라서 출애굽의 해방은 신약성경에서 죄와 죽음의 노예가 된 사람들을 풀어주는 그리스도의 해방이라는 유형예: 계 1:5-6으로 진전되었다. 그러나 이것은 엄밀하게 말하면 구약의 자유 개념을 확장하고 심화한 것이지 그것을 대체하는 것이 아니다. 모든 압제로부터의 자유는 정치적인 것보다 훨씬 더 나아가는 동안에도 정치적인 영역을 배제할 수 없다.

둘째로, 그리스도 안에 있는 자유의 함의는 확실히 교회의 사회생활, 즉 새로운 출애굽에 의해 해방된 하나님의 새로운 백성이 살아가는 사회생활에 영향을 미쳤다. 신약에서 그리스도인의 자유는 순전히 내면적이고 개인적인 것이 아니라, 교회 밖의 것에도 관심을 가지는데, 이는 교회 안에 있는 그리스도인이 가지는 사회적인 관계에 관련된 것이다. 원칙적으로 그리스도인들 사이에는 '종이나 자유자' 갈 3:28 사이의 지배, 복종의 관계가 있을 수 없다. 주인과 종에 대한 신약의 일부 조언은 근본적인 주종관계를 변경하지 않고 단순히 상황을 개선하려는 것으로 이해될 수 있으나, 빌레몬서 1장 16절은 기독교의 기본 원칙을 보다 더 일관되게 밀고 나갔다. 빌레몬은 도망친 종 오네시모를 '이제 더 이상 종이 아니라' 종 이상의 '사랑하는 형제로' 돌려받아야만 한다. 노예제도의 법적 형태는 유지되지만, 주인과 노예는 더 이상 주종관계가 아니라 형제 관계로 존재하는 것이다.

아마도 더 주목할 만한 것은 에베소서 5:21-6:9의 언급인데, 여기서는 세 가지 유형의 권위관계인 아내와 남편, 자녀와 부모, 노예와 주인의 관계가 거론된다. 이중 처음 두 관계에서 각 당사자에게 주어진 비대칭적 조언은 '그리스도를 경외함으로 피차 복종하라' 는 에베소서 5장 21절의 핵심 규정에 의해 통제되어야 하고, 마지막 세 번째 관계도 함께 완벽한 상호관계라는 견지에서 예외 없는 균형을 이루어야만 한다. 상호 섬김이라는 자유의 원칙은 가족 관계에 대한 논의에서 더 나아가, 이제는 사회적으로 결정된 권위 요소의 기초가 된다. 그러나 독자가 세 번째 노예와 주인의 관계에 도달할 때까지 규정의 요점을 잊어버리지 않도록, 매우 놀라운 형태로 거기서 다시 가르침이 반복된다. 주인은 자신의 노예에게 '똑같이 하라' 고 할 때[6:9], 그 참고가 노예로서 서비스를 제공하는 것[6:7]을 언급하는 것이다. 다시 말하면, 종들이 '주인에게 하듯' [6:7] 선한 종이 되라 권고받는다면, 주인도 자신의 종에게 섬기는 종이 되기를 '주님께 하듯하라' 고 제안받는다. 아마도 주인은 그들의 권위를 행사해야 할 때, 마치 그들의 노예가 노예의 사역을 통해 자신을 섬기는 것처럼 그와 같은 방식으로 그들은 노예를 섬겨야 한다. 그러한 충고를 진지하게 받아들이면, 자유와 복종이라는 지속되는 외적 질서가 상호 섬김의 자유로움이라는 새로운 기독교 원칙에 의해 내부적으로 변화되어야 할 것임을 의미한다.[아래 네 번째 항목 참조] 여기서 주인과 노예의 관계를 뛰어넘는 방식은 모든 사람을 주인으로 만드는 것이 아니고, 모든 사람을 노예로 만드는 것임을 주목해야 한다. 이점은 바로 다음에서 다룰 것이다.

셋째, 신약은 자원봉사의 자유를 아주 새롭게 강조한다. 비록 신약이 하나님의 주님 되심에 대한 복종을 자유라는 말과 동일시하는 다소 역설적인 언어를 계속 사용하고 있지만,[예: 벧전 2:16] 자유에 대한 이해의 핵심은 하나님의 아들 예수를 통해서, 그리스도인들이 아버지 하나님의 자유로운 아들과 딸이 된다는 점이다.[요 8:32; 갈 4:7; 롬 8:14-17] 요점은 바로 다음과 같다. 아들은 예수님처럼 아버지의 뜻에 헌신적으로 순종하면서 자신을 성취하는데, 이것이 노예의 비자발적 복종이 아니라 아들의 기쁨을 동반하는 자발적 봉사라는 점이다. 하나님에 대한 자발적인 봉사는 또한 예수의 모범을 따라 다른 사람들에게 자발적으로 봉사함을 의미한다. 주인과 노예가 있는 사회 모델을 바꾸어 모든 사람이 자신을 주인으로 만드는 모델로 대체하는 대신, 예수와 초대 교회는 모든 사람이 다른 사람의 노예가 되는 모델로 대체했다. 다만 이 '노예'는 전적으로 자발적인 것임을 이해하는 모델이었다. 눅 22:26-27; 요한 13:14; 갈 5:13 다르게 표현하면, 자유는 사랑하는 자유이다: '형제와 자매들이여 너희가 자유를 위하여 부르심을 입었으나 그 자유로 육체즉, 이기심의 기회를 삼지 말고 오직 사랑을 통하여 서로 종노릇 하듯 섬기라' 갈 5:13 [142] 구약이 하나님의 백성을 자유한freed 종으로 강조하였다면, 신약은 하나님의 백성을 자유로운free 종으로 강조한다.

교회의 권위도 이 원리로부터 예외가 되지 않는다. 그것은 오직 섬김의 형태로 존재하며, 그 결과 모든 사람이 모든 사람에게 상호 복종하고 섬기는 모습의 연속으로 존재한다. 바울은 이점을 '우리 자신이 예수를 위하여 너희의 노예slave가 된 것' 이라 표현하였다. 고후 4:5, NRSV; 참조, 막 10:43-44; 마 23:10-11 [143] 그러므로 이러한 형태의 자유는 기쁘고 사랑에 찬 봉사의 정신으로 존재하며, 독립적이고 경쟁적인 개인들의 집합을 만들어내지 않고 상호 의존적인 진정한 공동체를 창조한다. 착취적인 관계는 자유를 부여하는 관계로 대체된다.

넷째, 이것은 초대 교회가 당시 사회에 존재하던 정치적, 사회적인 종속 구조에 대하여 어떤 태도를 가졌는지 어느 정도의 설명을 제공한다. 그들은 자유의 이름으로 그것들을 폐지하려고 시도하지 않았지만, 그 구조들을 가능하기만 하다면 자원하는 섬김이자 상호 복종적인 관계로 전환하여 내부로부터 변형시키려고 시도했다. 이것은 우리가 이미

142) 저자 보쿰의 번역이다.
143) 이미 구약에 나오는 개념으로 왕상 12:7을 참조하라.

주목한 바와 같이, 결혼, 부모의 역할 및 노예제도와 관련하여 에베소서 5:21-6:9에서, 그리고 정치 구조와 관련하여 베드로전서 2:13-17에서 가장 분명하게 나타난다. 이 마지막 경우 정부는 전적으로 교회의 영향력 밖에 남아 있었으므로 상호 복종을 명할 수는 없었지만, 국가의 권위에 대한 기독교인의 인정은 특히 '하나님의 종들의 자유' 벧전 2:16와 현저하게 연관되어있다.

논쟁의 여지는 있지만, 권위주의적 구조를 내부로부터 변혁시키려는 기독교적 개혁의 전략은 새로운 평등주의적 구조를 설정하려는 어떠한 시도보다 더 실용적이고 그 자체로 효과적이었다. 결국 평등주의적 구조의 확보도 필요하지만, 그 자체로는 완벽한 의미의 자유를 생산할 수 없다. 그러한 구조들은 여전히 자신을 위한 섬김에 예속된 경쟁적 자유competitive liberty를 위한 수단일 수 있지만, 공동체community를 만드는 진정한 자유가 되기는 어렵다.

자유의 개념

교회의 역사 속에서 하나님은 자주 자유를 진작시키는 분이라기보다는 자유를 억압하는 존재로 너무나 오해되어왔다. 하나님은 하늘의 전제군주가 되어 지상의 억압적인 체제를 이루는 모형이자 그것을 승인하는 존재로서, 국가의 신권 군주제, 교회의 성직 통치, 그리고 가정에서 가부장적 지배를 옹호한다고 보았다. 성경의 하나님이 이러한 가르침을 세우는 폭군과 같은 존재가 아님은 분명하다. 그의 주권은 오히려 모든 인간의 주권으로부터 우리를 해방한다. 하나님의 노예는 인간인 주인의 노예가 될 수 없다. 레 25:42 하나님을 아버지라고 부르고 그리스도를 자신의 주님이라고 부르는 사람들은 아무도 다른 사람을 아버지와 주로 부르지 않을 것이다.마 23:9-10 이것은 신성한 주님이 자신의 주권을 성취하실 때, 지배자가 됨을 통해서가 아니라 노예를 섬김는 종으로 완성하시기 때문이다.빌 2:6-11

그렇다면 성경의 하나님이 권장하시는 자유는 어떤 종류의 자유일까? 서구 민주주의에서 여전히 큰 영향력을 행사하고 있는 존 스튜어트 밀John Stuart Mill 144의 자유주의적 개인주의에 따르면, '자유라는 명칭을 붙일 수 있는 유일한 자유는 우리 자신의 방식으로 우리 자신의 선을 추구하는 자유로서, 더 이상 우리가 다른 사람의 선을 박탈하지 않고, 선을 얻으려는 타인의 노력을 방해하지 않는 것' 이다.[145] 아마도 자유에 대한 명확한 성경적 이해에 기반을 둔 자유의 개념은 밀의 정의와의 관련성 속에서 공식화할 수 있을 것이다. 그는 본격적으로 자유라고 칭할 만한 유일한 자유는 타인이 선을 자유롭게 추구하도록 돕는 자유로서, 다른 사람의 자유를 빼앗지 않고 그들의 자유를 촉진하는 것으로 보았다.

밀의 개념 규정은 이미 규정된 자유와 평등 사이에 긴장을 만든다. 공동선을 향한 국가의 적극적인 활동은 자신의 선을 추구하는 개인의 자유와 상충하는 것 같다. 개인의 자유와 사회 정의 사이의 긴장은 현대 영국 정치에 깊이 만연해 있는데, 이는 정치인과 다른 많은 사람 사이에서도 발견된다. 예를 들어, 정부가 최대화하려고 시도하는 종류의 자유는 소비자의 선택이라는 자유지만, 이것은 가난한 사람들이 빈곤 외에 다른 것을 선택할 수 없을 정도의 무능력 상태에 빠지도록 함으로 너무 쉽게 부유한 사람들에게 혜택을 주는 종류의 자유가 된다.

---

144) 역자 주: 영국의 철학자, 정치경제학자, 정치가, 정치평론가로서 『자유론』이라는 저술을 남김

145) 다음에서 인용함. A. Passerin d'Entréves, *The Notion of the State* (Oxford: Clarendon Press, 1967), pp. 204-205.

우리의 자유의 개념은 개인이 가장 자유롭게 되어 자신을 위한 자기 실현을 이룸이 아니라, 한발 더 나아가 다른 사람을 위해 자기를 내어줄 때 성취되는 것이라고 본다. 이러한 자유야말로 자유와 사회 정의의 긴장에서 벗어나게 한다. 그러나 개인의 자유는 정치 영역에 적용하자마자 다른 종류의 긴장, 곧 자유와 강제 사이의 긴장을 유발한다. 정부는 결코 배타적이지는 않지만, 그 특징적으로 볼 때 강압적 권위의 행사이며, 심지어 민주주의 아래서도 국가는 사람들이 공동선에 공헌하도록 강제하는 것을 의미한다. 물론 선량한 시민, 우리가 의미하는 진정으로 자유로운 사람은, 예를 들어, 복지 국가를 지원하기 위해 세금을 내야 하는 법을 환영할 것이며, 동시에 즐겁게 그리고 기꺼이 그 법에 순종할 것이다. 그러나 자발적이지 않은 납세자는 장 자크 루소Jean-Jacques Rousseau가 주장한 것처럼 '강제로 자유로워지는 것' 이 아니다. 간단하게 말하자면, 그는 이러한 지점에서 자유롭지 않다. 루소가 옳다면, 전체주의 국가는 자유에 대한 우리의 정의를 만족시키는 가장 근접한 정치적 구조가 될 것이다. 그러나 루소는 틀렸다. 왜냐하면 자유가 강압에 의해 만들어질 수 있다고 생각하는 것 자체가 모순이기 때문이다. 이러한 결과로 볼 때, 민주주의 체제는 정치 영역에서 자유를 위한 유일한 적절한 구조적 맥락을 제공한다. 그것은 자유와 강제 사이의 긴장을 최대한으로 줄여 주지만, 긴장은 여전하다. 민주주의 체제 내에서 정치 교육은 그 긴장을 어느 정도 더 감소시키지만, 그것을 제거할 수는 없다.

신약성경을 정치와 관련시킬 때 자주 그러하듯이, 정치적 영역은 그 자체로 중요하지만 모든 것을 포함하지도 않고 자기충족적일 수 없다는 것이 분명하다. 실질적이며 건강한 정치공동체를 창설하는 자유는 정치적 수단으로는 단지 한정된 부분에 있어서만 그 창조가 가능하다. 그것은 예수의 해방이라는 과제가 지시하고 있는 더욱 심오한 차원의 자발적 섬김의 노예 상태와 자발적 자유의 차원에서 발생한다.

자유의 여러 차원

성경 속의 자유는 광범위하고 복잡한 개념이다. 예를 들어, 그것은 출애굽 때 이스라엘 백성에게 주어졌던 이집트의 압제로부터의 자유에서 시작하여, 예수께서 인류에 대한 사랑과 아버지의 뜻에 따른 신실함으로 고통과 죽음을 받아들인 자유까지 확장된다. 그것은 예를 들어 착취로부터의from 자유, 예를 들어 선택의of 자유, 예를 들어 타인을 위한 섬김을 위한for 자유, 예를 들어 희망을 향한to 자유 모두를 포함한다. 그것은 인간의 삶만큼 복잡해서, 어떤 한 모델로는 적절하게 분류할 수 없다. 그러나 자유를 특정한 유형의 자유로 축소하려는 빈번한 경향에 대응하기 위하여 도움을 줄 수 있는 어떤 모델이 있다면, 그것은 인간의 삶과 경험의 다양한 양상에 상응하는 다차원적 자유의 모델이다.[146]

인간의 삶은 다양한 차원을 가진 것으로 이해되어야 하는데, 이러한 차원에는 심리적 차원, 몸과 관련된 육체적 차원, 사람과 사람의 관계와 같은 직접적인 사회적 차원이 존재하고, 경제적, 문화적, 정치적, 과학기술적 차원, 그리고 자연에 대한 인간 사회의 관계를 포괄하는 환경적 차원이 있다. 이러한 다양한 차원에 관한 목록은 유연하다. 따라서 다른 차원을 추가하고, 다양한 방식으로 다시 구분할 수 있다. 그 이유는 이들이 인간 경험에 내재된 절대적인 구분이 아니라, 복잡하고 총체적인 것에 속한 생각을 위한 편의적인 범주이기 때문이다. 이 차원은 구별할 수 있지만

146) 다차원적 해방의 개념은 다음의 자료를 참조하라. J. Moltmann, *The Crucified God* (London: SCM Press, 1973), pp. 329-335.

상호연관되어 있다. 한 차원에서의 행동이나 경험은 다른 차원에 영향을 미친다. 예를 들어, 거의 확실하게 경제적 차원에 속하는 실업은 아주 극단적으로 심리적, 사회적 차원에 영향을 미치는데, 이는 또한 사람들을 육체적으로 아프게 할 수도 있으며 정치적 행동을 불러일으키기도 한다. 우리는 어떤 한 차원이 다른 차원을 고유하게 결정하는 것으로 보는 시도에 저항해야 하는데, 예를 들어 경제적 조건이 마치 단순히 영향을 미치는 것과는 별개로, 다른 모든 차원을 결정하는 것으로 보면 아니 된다는 것이다. 어느 한 차원이 다른 모든 차원을 일방적으로 결정하지 않는다. 오히려 각 차원은 매우 다양하고 복잡한 방식으로 상호 연관된다.

정치적 차원은 정부를 위한 그리고 정부에 의한 인간 삶의 질서를 부여함을 의미하는데, 이는 전체주의의 주장처럼 다른 모든 것을 포함하는 총체적인 차원이 아니라, 다른 모든 차원에 영향을 미칠 수 있고 또 그들에 의해 영향을 받는 하나의 차원일 뿐이다. 특별히 신앙적 활동의 영역으로서 종교적 차원도 어떤 의미에서 다른 많은 차원 중 또 다른 하나의 차원으로 취급될 수 있지만, 그러나 하나님과의 관계라는 차원에서 하나의 실제로 전포괄적全包括的, all-encompassing인 차원으로 더욱 적절히 이해될 수 있다. 하나님은 그 모든 차원 속에서 창조주이시며, 인간 생명의 주님이자 구세주이시다. 하나님을 아는 것은 모든 삶의 차원 속에서 그분과의 상관관계를 가지는 것이다.

다차원적 사고를 통해 우리는 자유와 해방에 대하여 보다 유연하게 사고할 수 있다. 노예화와 억압이 단순히 각기 다른 삶의 지평, 예를 들어 경제적 착취, 심리적 억압 등과 같은 차원에서 따로 발생하는 것이 아니다. 대부분의 억압 형태는 여러 지평에 영향을 미치며, 반대로 하나 이상의 차원에서 발생 되는 해방 활동으로 공격받을 수 있다. 그러므로 예를 들어 신체장애는 한 차원, 곧 신체적 차원에서 발생한 문제처럼 보이고, 그 해결도 그 차원에서 해결해야 하는 문제처럼 보인다. 만일 핸디캡 자체를 제거할 수 없다면, 핸디캡으로부터의 해방은 불가능하다고 생각할 수 있다. 그러나 실제로 신체장애 그 자체는 장애인의 문제 중 가장 작은 문제일 수 있다. 왜냐하면, 장애 문제는 장애인을 다른 부류의 사람으로 취급하는 사람들의 태도와 장애인을 대부분의 정상적인 사회에서 배제하는 사회 조직 및 건물 설계의 결과로 복잡해지기 때문이다. 장애인을 위한 자유는 이 문제에 관련된 다른 차원에서의 치유적 행동을 통해 달성될 수 있으며, 물론 자신의 상황에 대한 장애인 자신의 태도 변화에서 일어나는 일종의 심리적 해방을 통해서도 달성될 수 있다.

이러한 관점으로 초대 교회가 노예제도를 어떻게 처리했는지 다시 살펴보는 것이 필요하다. 노예제도는 노예와 주인 모두의 삶 거의 모든 차원에서 영향을 미치는 억압의 한 형태였다. 그것은 사회와 경제의 급진적인 구조 변혁과 광범위한 대중적 지지에 기반을 둔 강력한 정치적 행동에 의해서만 제도로서 폐지될 수 있었다. 초기 기독교인들은 이것을 시도할 수 없었고 시도하지도 않았기 때문에, 그들이 노예제도를 용인했다는 비난을 받을 수 있었다. 그러나 그들이 실제로 한 것은 가능한 다양한 차원에서, 즉 심리적이고 즉각적인 사회적 차원에서 노예제로부터의 해방을 촉진한 것이다. 심지어 이교도 주인을 가진 노예들조차 노예 상태가 주는 심리적 비인간화로부터 일종의 해방을 찾았다. 그들은 그리스도인이 형제, 자매로 대우받는 공동체에서 인간 평등이 부여하는 존엄성을 회복했다. 이것이 전부는 아니었지만, 충분히 소유할 가치가 있었다. 교회가 실패한 지점은 정치적 영향력과 여론을 형성할 수 있는 힘을 얻어 제도로서의 노예제를 폐지하기 위해 마땅히 시도할 수 있는 최소한의 조치도 취하지 못하고 안이하게 현상에 만족하는 수준에 그치는 데 있었다. 이 실패의 지점에서, 그리고 19세기에 이르기까지, 교회는 한 차원에 속하지 않고 모든 차원에 넘쳐흐르는 성경적 자유의 역동성을 인위적으로 정지시켰다.[147] 교회 자체의 사회적 관계라는 영역 내에서 노예제도를 폐지한 것은 미래에 결국 전체 반죽 덩어리를 부풀게 하는 누룩이 될 수 있었다.

자유의 다양한 차원 사이의 상호관계는 내적 자유와 외적 자유, '영적' 자유와 '세속적' 자유, 실존적 자유와 구조적 자유 사이의 관계로 매우 자주 제기된다.[148] 이러한 이분법은 영속적이지도 않고 쉽게 구분되지도 않지만, 한편으로는 자유의 경제적, 정치적, 사회적 구조와, 다른 한편으로는 억압적인 구조에도 불구하고 가능한 개인적 자유라는 종류로 크게 구별할 수 있다.[149] 후자에 속하는 종류의 자유가 실제적이고 중요하다는 것은 예를 들어 수용소Gulag에 있는 소련의 반체제 인사들이 그들을 참을 수 없을 정도로 억압하는 체제로부터 자유로운 상태로 그들의 사고가 유지될 수 있었던 것과 같은 극단적인 경우에서 볼 수 있다. 또한 로마 제국 당시 기독교 순교자들은 그 시대에 진정한 의미에서 가장 자유로운 백성으로 간주될 수 있었는데, 그들도 죽음의 위협 속에서도 굴복되는 것을 거부했다. 억압적 구조 안에서 그리고 억압적 구조에도 불구하고, 개인의 내면적 자유는 실제적일 뿐만 아니라 억압적 구조로부터 해방이라는 명분을 이룸에 필수적이다. 러시아 반체제 인사들이 공개적으로 항의하고 체제 변화를 희망할 수 있는 것은 오직 체제로부터의 내적

147) 노예 제도에 대한 교회의 이후의 태도에 대한 간략한 설명으로 다음을 참조하라. R.N. Longenecker, *New Testament Social Ethics for Today* (Grand Rapids: Eerdmans, 1984), pp. 60-66.

148) 이러한 구분에 대해서는 다음을 보라. A.O. Dyson, 'Freedom in Christ and Contemporary Concepts of Freedom,' *Studia Theologica* 39(1985), pp. 55-72.

149) 바울의 이러한 종류의 자유에 대해서는 다음을 보라. B. Gerhardsson, *The Ethos of the Bible* (London: Darton, Longman & Todd, 1982), pp. 76-78.

해방을 누렸기 때문이다. 불가항력적인 파라오의 권세에 굴복하지 않고 백성들을 탈출시켜 이집트에서 인도해 내기 위해서는 하나님에 의해 해방된 모세가 필요했다. 아울러 백성들이 바로의 군대에서 탈출한 뒤에도 그들을 이집트에서 온전히 해방시키기 위해서는, 백성들 자신의 점진적인 심리적 해방을 이룸이 필요했다.

여기서 기억할 핵심적인 통찰은 진정한 자유란 한 차원에 국한될 수 없다는 것이다. 내적 자유는 외적인 부자유에 만족할 수 없는데, 비록 외적 자유를 얻을 수 없는 상황 속에서 모순을 겪어야 하는 어려운 환경 안에서도 역시 그러하다. 실존적 자유의 경험이 구조적 억압과 행복하게 공존하는 경우, 억압에 대한 반작용보다 단지 그것에 대한 보상을 구해야 하는 상황이더라도, 혹 그 상황이 행복하더라도 진실한 행복이라 할 수 없다. 일반적으로 볼 때, 예컨대 억압받는 사람들의 교회가 달리 견딜 수 없는 어떤 상황에서 삶을 견딜 수 있게 만들었던 정황을 너무 강조해서는 안 된다. 예를 들어, 남아공의 아프리카 독립교회는 악명 높은 비정치적인 입장을 견지하지만, 그들은 아파르트헤이트 하에서의 삶이 가진 심리적, 육체적 악행으로부터의 해방은 건져내었다. 그들은 억압하는 사람들을 위해 순전히 '영적인' 자유를 장려하는 억압자들인데, 그렇다고 그들이 복음을 남용한 것에 대해 정죄 받아야 한다는 방식으로 비난받아서는 안 된다. 그러나 더 인상적인 예는 복음의 해방을 경험하는 동안 노예화의 비인간적인 영향으로부터 내적 자유를 얻은 미국 흑인 노예의 경우이다. 그들은 노래하기를 '나는 영혼의 자유를 누리는 하나님의 자녀이니, 예수님 내게 자유주셨네' 라고 노래하였다. 그들은 확실히 그들의 속박과 화해하지 않았다. 반대로 해방자 하나님에 대한 그들의 경험은 외적 자유에 대한 갈망을 지속시켰으며, 다음의 소망을 노래하였다.

'나의 주님은 다니엘을 구원하셨다, 왜 그가 나를 구원하지 못하실까?' 이 신앙은 당시에는 현상유지적일지 모르나 미래를 바라볼 때, 종말론적이다. '자녀들아, 우리는 자유 하리라. 주께서 나타나실 그때에.' 동시에 그들은 또한 현실적이 되어, '파라오의 군대가 수장되었다. 오 메리, 울음을 멈추라' 고 노래한다.[150]

진정한 자유의 본질에 대하여 신약성경의 통찰이 주는 공헌은 이기심의 노예 상태로부터의 해방에서 출발하여, 타인을 위해 자신을 내어주는 자유에까지 이르는데, 이것은 현재의 맥락에서도 중요성을 더한다. 자유를 갈망하면서도 억압당하는 자는 아직 그들을 억압하고 있는 체제로부터 진정으로 해방된 자가 아닐 수 있다. 그 이유는 자신이 원하는 자유가 바로 자신을 억압하는 자가 가진 자유이기 때문이다. 자신만을 위한 이 같은 자유는 그들의 투쟁이 다른 사람에게 무엇을 의미하는지 상관하지 않는다. 그러한 상황에서 해방을 위한 투쟁은 단지 그들이 반대하는 체제의 거울과 같은 동일한 모습을 만드는 것일 뿐이다. 그것은 자신의 이익을 위해 무자비해지고, 해방 시키는 만큼 많은 희생자를 만들고, 낡은 것을 대신하는 새로운 종류의 전제를 다시 만들어낸다. 그 이름에 합당한 진정한 외적 해방은 다른 이들을 위하여, 한 걸음 더 나아가서 모든 이들, 심지어 그들의 압제자를 위하여 자유롭게 된 사람을 필요로 한다.[151]

---

150) 흑인 영가의 내적 및 외적 자유에 대해서는 다음을 참고하라. J.H. Cone, *The Spirituals and the Blues* (New York: Seabury Press, 1972), 3장; Idem, *God of the Oppressed* (London: SPCK, 1977), 7장; idem, *Speaking the Truth: Ecumenism, Liberation, and Black Theology* (Grand Rapids: Eerdmans, 1986), pp. 31-34.

151) 이런 점에서, 출애굽이라는 구약의 해방 패러다임은 가나안 족속의 정복과 제거로 끝나는데, 이는 신약의 해방에 대한 새로운 이해라는 차원에 도달할 때 비로소 초월에 이르게 된다.

토의문제7. 출애굽과 섬김: 성경이 말하는 자유

1. 성경은 "자유"라는 주제에 대하여 기성품과 같은 정확한 개념이나 성경 전체에서 전하는 자유의 의미를 요약하여 제공하지 않는다. 그러나 성경은 자유, 사랑과 정의 같은 중대 개념에 대한 방향성을 제시한다. 출애굽 사건은 어떤 "섬김"을 위하여 자유를 주는지 살펴보라.[출 3:12, 18, 4:23, 7:16]

2. 이스라엘의 출애굽은 외견상 '파라오의 종'에서 '여호와의 종'이 됨을 의미하는 것 같다. 하나님은 이스라엘 백성이 여호와 종이므로 "다른 사람에게 종으로 팔지 말라"[레 25:42]고 가르친다. 유대인이 유대인을 종으로 삼는 것은 몇 년 동안 허용되었나[출 21:1–2]? 이러한 법은 자유의 방향을 어떻게 제시하는가?[출 20:2, 23:9, 레 25:42]

3. 구약이나 신약이 노예제도를 폐지하지는 않았지만, 신자의 자유를 심화, 확장하여 심리적, 사회·경제적, 그리고 정치적인 면에서의 자유와 해방에 이르도록 인도한다. "그리스도 안에서 남자나 여자, 종이나 자유자, 그리고 유대인이나 이방인이 차별이 없다"[갈 3:28, 5:13, 몬 1:16]는 것은 어떠한 심리적, 사회적 영향력을 가지는가?

4. 구약이 하나님의 백성을 억압적 구조로부터from 해방 시켜 자유롭게 된freed 종으로 삼았다면, 신약은 자유로운free 예수의 제자로서 공동체를 위해for 피차 종노릇하라고 가르친다. 사랑의 공동체를 세운 예수님은 어떻게 섬김을 위한 적극적 자유를 보여주셨는지 생각해보라. 빌 2:6-11

5. 자유로운 삶은 정치적, 경제적, 사회적인 측면과 함께, 문화적, 심리적, 정신적, 의학적 견지에서도 이루어지는 "전포괄적인"all-encompassing 것이다. 신자의 자유가 지배-복종의 자리를 바꾸는 것이 아닌 모든 사람이 함께 자유로움을 누리는 것이라면, 기독교 종말론은 공산주의의 종말론인 "프롤레타리아의 독재"와 어떻게 다른가?

8. 에스더서와 유대인 대학살

8장과 9장에서 우리가 다루려는 것은 구약의 예상치 못한 곳에서 발견되는 특별한 사건, 현대적인 관점에서 보아도 정치적 관련성을 다분히 가진 사건의 기록이다. 이러한 사건들은 새로운 상황에 비추어 성경 본문을 다시 읽게 될 때, 현대와의 관련성이 어떻게 나타날 수 있는지를 보여준다. 8, 9장은 모두 최근까지의 관심사에 보면 그저 미미한 정치적 의미만을 가진 것 같은 성경의 본문에 대한 소개이다. 그러나 이 두 경우를 새로운 상황에서 살펴볼 때, 사실상 기독교 역사 전체에서 가장 중요한 의미를 가진 사건으로 부상된다는 사실에서 이는 매우 놀라운 사례가 된다.

여기서 다룰 에스더서는 적어도 루터 이후 많은 기독교 독자들의 마음을 상하게 했다. 다른 사람에게 자주 인용된 루터의 말은 실제로 에스더서에 대한 루터 자신의 견해를 대변하는 것은 아니고, 후대의 많은 비평가에게서 흔히 볼 수 있는 것으로서 다음과 같은 내용으로 소개된다. "나는 마카비하와 에스더서에 매우 큰 반감을 가지고 있어서, 그 책들이 존재하지 않았다면 좋았을 것이라 기대했다. 왜냐하면 그것들은 너무 심하게 유대화되었고 이교도의 부적절함을 많이 가지고 있기 때문이다."[152] 앤더슨B.A. Anderson은 이후에 이어지는 많은 비난을 다음과 같이

152) 루터는 아래에서 인용된다. C.A. Moore, ed., *Studies in the Book of Esther* (New

요약하여 기술한다.

> 그 책은 기독교 복음을 듣는 데 익숙한 사람들의 귀에 불협화음으로 들린다. 그것은 순전히 유대교 축제 부림절Purim을 승인하고 규정하려는 것을 주요 목적으로 삼는 강력한 유대교 서책이다. 어떤 구절에도 하나님에 대한 명확한 언급이 없다.… 무엇보다도 이 책은 산상 수훈과 현저하게 모순되는 맹렬한 민족주의와 노골적인 복수심에 의하여 영감을 받았다. 분명히 이 책은 땅에 속한 조야한 책이다. 에발트Ewald가 한때 언급한 것에 의하면, 성경의 다른 책에서 이 책으로 눈길을 돌릴 때, '우리는 문자 그대로 하늘에서 땅으로 떨어진다.'[153]

우리는 다음에서 에스더에 대한 이러한 비판적 반응을 집중적으로 다룰 것이다. 앞으로 살펴보겠지만, 에스더서가 가진 현대 정치적 관련성은 어느 정도 에스더서에 대한 공격적 해석의 이유가 본문 안과 마찬가지로 또한 우리 자신에게 있음이 밝혀질 때만 드러나게 된다.

에스더서의 역사성의 문제는 우리의 목적에 그다지 중요하지 않다. 나는 에스더서가 역사와 역사 소설 사이의 스펙트럼 어딘가에 속한다는 견해를 취하고 싶다. 다시 말해서 에스더서는 지금은 재생시킬 수 없는 일부 실제 사건[154]의 내용 자체를 충실하게 보고하는 것 보다 이야기를

York: Ktav, 1982), p. 370.

153) B.W. Anderson, "The Place of the Book of Esther in the Christian Bible," in Moore, ed., *Studies*, p. 130.

154) 모르드개의 역사성에 대한 가능한 외증은 다음의 자료에서 확인 가능한 것으로 보인다. 다음을 참조하라. C.A. Moore, 'Archaeology and the Book of Esther,' Moore, ed., *Studies*, pp. 380-81.

효과적으로 전달하는 것에 훨씬 더 관심을 두고 쓰였다. 사실 이 책의 이야기를 전달하는 기술은 최악의 적들에게도 원치 않는 찬사를 받을 정도로 탁월하다. 줄거리의 구성은 그러나 상당히 허구적일지도 모른다. 그래도 이 책의 진정성은 역사적 상황에 대한 통찰력을 전달함에 있으며, 이 통찰로 줄거리가 구성되고 이야기가 전개되는 방식을 통해 우리에게 전달된다.

최종적 해결책

에스더서에 대하여 책임 있는 현대적 독해가 이루어지려면, 그것과 관련되지 않을 수 없는 현시대의 맥락에서 시작하는 것이 좋을 것이다. 에스더서에 대한 많은 반대가 그 힘을 상실하는 순간이 생기는데, 이는 우리가 현대사의 한 사건과 에스더서와의 관련성이 불을 보듯 명확하게 드러나는 것을 주목하게 될 때이다. 이때 우리는 에스더서의 주제를 시대와의 연관성 속에서 분명히 이해할 수 있게 된다. 이 사건은 바로 반유대주의 역사의 끔찍한 절정으로 드러난 홀로코스트 즉 대학살을 통하여 유대인 600만이 죽은 사건이다. 이 조명 아래서 에스더서를 연구하면, 여기서 우리는 에스더서가 홀로코스트 상황과의 상호 작용에서 얻은 새로운 의미에 대해서 거의 두말할 필요조차 없게 된다. 적어도 처음에는 대학살이라는 상황이 에스더서가 처음부터 전하려는 의미의 핵심이라는 사실을 강조하는 방식에 만족할 수 있다. 에스더서는 재미있는 외적 상황과 동양 궁정의 음모 이야기라는 장치 아래서 벌어지는, 유대 민족을 말살하려는 정치적 시도에 관한 이야기이다. 에스더서의 진정한 정치적 쟁점은 보복적인 민족주의를 가르치려는 것이 아니라, 반유대주의의 위협에 직면한 유대 민족의 생존 문제이다. 대부분의 주석가들이 이 주제를 인식하면서도, 2차 대전 후에 이 책에 대한 논의에서조차 그 주제가 거의 주목을 받지 못한다는 것은 놀라운 일이 아닐 수 없다.

에스더서는 페르시아 제국의 정치 이야기이고, 그 배경은 궁정과 후궁後宮이며, 전형적인 장면은 잔치이다. 이 궁정의 분위기는 이미 1장에서 왕후 와스디의 폐위라는 예리한 풍자적인 묘사로 설정되어 있다.[155] 그러한 정치는 경쟁, 열정, 상처 입은 자존심, 지위와 권력을 다투는 하만과 같은 조정 신하들의 원한에 의해 결정되는데, 이는 이론적으로 절대권력을 가진 대왕의 권력을 조종하므로 이루어진다. 이러한 상황에서는 모르드개와 같은 신하들의 충성심과 정직함에 의해서만 구원받는다. 유대 민족의 생존이라는 책의 핵심은 이러한 맥락에서 드러난다. 학살을 시도하려는 하만의 분노를 유발한 것은 바로 모르드개가 하만과 같은 고관에게 관례적인 예절을 보이는 것을 자랑스럽게 거부한 유대인으로서의 행동 때문이다. 한 사람의 불복종 행위에 대한 이처럼 기괴하고 과도한 반응을 보인 것은 그 고위 대신의 엄청나게 부풀려진 자만심으로 설명될 수 있다. "하만이 모르드개만 죽이는 것이 가볍다 하고"에 3:6, 새영어성경, NEB 그러나 그의 계획에는 더 깊은 의도가 있다. 표면상으로는 하만이 모르드개를 보복하려는 것이지만, 그의 시도에서 궁정의 음모는 제국의 현실을 고려해야 했고, 결국은 반유대주의라는 무거운 증오의 무게가 표출되었다.

왕에게 드리는 하만의 조언에 3:8 속에는, 유대인들이 완전히 제거되어야만 정치적 문제가 모두 해결될 수 있다는 가설적 소문이 담겨 있다. 문제는 제국의 전역에 흩어져 사는 유대인 디아스포라의 실상이 거주하

155) 참조. D.J.A. Clines, *The Esther Scroll: The Story of the Story* (JSOT Supplement Series 30; Sheffield: JSOT Press, 1984), pp. 10-11, 31-33.

는 곳에서 자신들의 인종적, 문화적 정체성을 보존하려는 결의를 굽히지 않는 데서 생겨난다. 에스더 3장 8절에 대한 무어C.A. Moore의 다소 적절한 번역은 그들은 '흩어져 있지만 동화되지 않은' 상황[156] 속에 있다는 점이며, 새영어성경NEB 또한 이를 동일하게 번역하고 있다. "한 민족이 왕의 나라 각 지방 백성 중에 흩어져 거하는데 그들이 자신을 분리시켰나이다." 그가 제시하는 의미는 유대인의 이질적 요소에 대한 지적이며, 그들의 배타주의는 사악하고 아마도 전복적인 것이 될까 우려스럽다는 것이다. 하만은 단지 대다수 사람의 적대감과 의혹을 불러일으키는 유대인의 관습이 가진 정치적 결과를 묘사하고 있는데, 이는 모세 율법에 규정된 관습을 엄격히 준수하여 그들 집단이 자신의 고유한 정체성을 유지하므로 이방인과 사회적 접촉이 제한되고 그들 자신이 타민족에서 구별되려는 상황에 있었다. 벌써 유대인 디아스포라의 초기 상황 속에서 친밀한 문화와 인종의 역학이 작동하고 있었는데, 한 집단이 자신의 문화를 지키기 위하여 자신의 고유한 정체성을 강조하였고, 그것에 의하여 다수 인구의 적대감과 의구심이 증대되었다. '그들의 법은 다른 모든 민족의 법과 다릅니다' 라는 하만의 말은 지속적으로 의미가 있다.NEB 광대한 페르시아 제국의 많은 민족 집단은 고유한 관습을 보존했으며, 제국은 문화적 다양성에 대한 관용에 자부심을 느꼈다. 그러나 이 경우 하만은 한 민족의 법이 제국의 법과 충돌한다고 암시하며, '그들은 폐하의 법을 지키지 않습니다' 라고 말한다. 하만은 물론 모르드개가 유대인이었기 때문에3:4 자신을 공경하기를 거절한 것을 일반화하고 있지만, 그러나 일반화가 타당한 이유는 유대인의 분리성과 그들 자신의 법에 대한

156) C.A. Moore, *Esther* (Anchor Bible 7B; Garden City, New York: Doubleday, 1971), p. 34.

절대적, 종교적 충성심에서 찾을 수 있다. 그러므로 이 전복적인 지하 운동의 그림은 제국의 전역에 퍼져있는 모든 세포 차원에서 일어나는 것이다. 그 결과 하만은 '그들을 용납하는 것은 폐하에게 도움이 되지 않습니다' NEB 라고 분명히 말한다.[157]

하만은 왕에게 문제가 되는 민족의 정체를 밝히지 않았고, 왕도 그들이 누구인지 묻지 않았다. 그는 총리를 암묵적으로 신뢰하거나, 적어도 그의 호화로운 뇌물 3:9 에 휘둘렸을 수도 있다. 따라서 아하수에로 왕의 편에서 어떤 특별히 반유대주의적 편견이 있다고 전제할 수 없다. 그러나 하만의 조서 3:13 속에서 제국에 널리 퍼진 반유대주의를 상정할 수 있다. 그 조서가 명령하는 대량 학살을 이루려면, 그것을 실행할 의향이 있는 대중의 여론이 필요하다. 에스더가 자신의 유대인 됨을 신중하게 숨겼다는 사실 2:10 또한 당시에 반유대주의적 정서가 보편적으로 퍼져있었음을 보여주는데, 이것은 에스더서의 핵심 문제가 유대 민족의 생존 문제이기 때문이다. 그 이후의 많은 소수민족 학살에서와 마찬가지로, 악의적이지만 그럴듯한 정치적 주장은 대중적인 반유대주의적 태도를 악용할 수 있다는 것이다.

하만의 계획은 그러나 평범한 인종 학살이 아니라, '유대인 문제' 에 대한 진정한 '최종 해결책' 을 제시한 것이다. 조서의 공교한 공식 언어는 다음과 같다. "열두째 달 곧 아달월 십삼일 하루 동안에 모든 유다인, 젊은이와 늙은이, 어린이와 여인들을 막론하고 죽이고 도륙하고 진멸하고 또 그 재산을 탈취하라." 3:13 이러한 조서의 명령은 어쨌든 이미 분명

157) 에스더서 3:8의 전형적인 반유대주의에 대해서는 아울러 요세퍼스와 탈굼(Targums)의 확장에 대하여는 다음을 참고하라. L.B. Paton, *A Critical and Exegetical Commentary on the Book of Esther* (Edinburgh: T. & T. Clark. 1908), pp. 203-204. 또한 다음을 보라. S.M. Lehrman, *A Guide to Hannukah and Purim* (London: Jewish Chronicle Publications, 1958), Chapter 6.

한 의도를 강조하여 설명하며,[3:6, 9] 이야기가 진행됨에 따라 한 번 이상 다시 강조된다.[4:13; 7:4] 독자는 책의 서두에서부터, 아하수에로의 제국이 '인도에서 에티오피아까지' 확장되었음을 잘 알고 있다. 사실상 세계의 모든 유대인이 아하수에로의 권력과 하만의 음모에 떨어지게 되었다. 페르시아 제국 시대가 아닌 역사상 어느 때에도 유대인 전체를 일격에 몰살시키려는 정치적 계획이 구상되지 않았다는 사실은 중대한 의미가 있다고 아니할 수 없다. 만일 하만의 이러한 프로젝트가 극단적인 형태로 드러난 고대 역사적 사실의 하나가 아니라면, 저자는 반유대주의가 그의 백성에게 가하는 위협의 규모를 입증하려고 결국 상상을 통해 그들의 환경 속에서 역사적 배경이 될만한 기회를 포착하려고 했을 것이다. 그러나 아우슈비츠 이후 우리는 그가 틀렸다고 거의 말할 수 없게 되었다.

히틀러는 하만의 음모가 가진 개인적인 요인에 있어서까지 흥미로운 유사점을 제공한다. 하만이 자신의 존엄성을 손상당했다는 마음을 갖게 된 것은 유대인 모르드개가 그의 자만심을 세우기 위해 아첨하기를 거부한 것 때문이며, 이에 따라 복수를 추구하게 된다. 1939년 히틀러는 연설에서 이렇게 말했다.

> 나는 살아오면서 아주 자주 예언자가 되었고, 보통 그 때문에 조롱받았다. 나의 권력투쟁의 시간 동안 내가 미래 언젠가 국가의 지도력을 장악하고, 그것으로 전체 민족을 장악할 것이며, 그러면 무엇보다도 유대인 문제를 해결하리라고 예언했는데, 가장 먼저 나의 예언을 웃음으로 받아들인 사람들은 유대 민족이다. 그들은 소란스러울 정도로 웃었다. 그러나 내 생각에 이후로 그들이 다시

즐거워서 웃지 못하게 만들 것이다.[158]

하만이 히틀러를 예표豫表하는 정도를 과장해서는 안 된다. 하만이 유대인을 제거하려는 동기는 전적으로 개인적이며, 히틀러처럼 거대한 정치적 설계의 일부분은 아니다. 그러나 고대 페르시아 궁정 정치의 실제적인 범위 내에서, 하만은 제3제국에서 이루어지는 독특한 20세기 정치를 예시하고 있다. 더욱이 저자는 하만이 예언자적 중요성을 가지고 있다는 말을 일부러 꾸며내지 않고도, 그가 당시의 이야기를 초월하도록 의도하고 있다는 통찰을 제공한다. 하만이 '아각 사람' 3:1; 8:3; 9:24이라는 것은 그가 아말렉 왕가,민 24:7; 삼상 15:8-9, 32-33 즉 고대 이스라엘의 불구대천의 원수출 17:8-16; 신25:17-19; 삼상 15; 대상 4:43라는 것이다. 하만이 아말렉 왕 아각의 후손이었을 가능성은 매우 희박하며, '아각 사람' 이라는 용어는 원래 페르시아 사람에게 중요한 의미를 가졌을지도 모른다. 그러나 이야기 속에서 하만과 아각의 연관성은 하만에게 상징적인 의미[159]를 부여하는데, 이는 하만의 상대인 모르드개가 한때 전투에서 아각을 물리친 사람삼상 15장 사울 왕삼상 9:1-2과 같이 베냐민 지파이며, 사울왕과 동일하게 기스의 후손이라는 사실로 확인된다.2:5 '아각 사람' 인 하만은 유대인의 원형적인 적이 되었고, 또한 단순히 '유대인의 대적' 3:10; 8:1; 9:10; 참조 7:6 혹은 '모든 유대인의 대적' 9:24이라고도 불릴 수 있다. 원형으로서 하만은 유대인의 미래의 적들이 할 수 있는 역할을 하고, 또한 모르드개를 위해 세운 엄청나게 높은 교수대에 매달리는 대적의 종말에 대한 예언

158) N.H. Baynes, ed., *The Speeches of Adolf Hitler April 1922-August 1939*, vol. 1 (London: Oxford University Press, 1942), pp. 740-41.

159) B.S. Childs, *Introduction to the Old Testament as Scripture* (London: SCM Press, 1979), p. 605; 다음을 참조하라. Moore, *Esther*, pp. 35-36.

을 보여준다. 아브라함 코헨Abraham Cohen은 물론 유대인 세대를 언급하면서, "수많은 세대가 이 [에스더서의] 이야기를 자신들의 이야기로 인정했고, 암울한 역사의 순간에 그들이 알던 하만이 멸절될 것이라는 희망을 얻었다"[160]고 기록하고 있다.

그리스도인들이 하만을 교회를 박해한 폭군으로 본 적이 전혀 없었다는 의미는 아니다. 그러나 에스더서 3장 8절의 전형적인 반유대주의적 주장이 분명히 보여주듯이, 에스더서는 유대인의 생존에 관한 특별한 이야기이다. 에스더서를 통하여 신약에 나타난 다른 형태의 대량 학살 미수나 하나님 백성에 대한 박해를 유추하는 것이 잘못된 것은 아니지만, 여전히 에스더를 읽는 기독교 독자들은 책의 중심 쟁점인 반유대주의의 위협에 직면한 유대인의 생존을 피하지 않도록 주의해야 한다. 우리는 에스더의 더 넓은 의미를 지닌 또 다른 측면을 고려한 후에, 이 문제로 다시 돌아갈 것이다.

하나님의 지시가 부재한 정치

에스더서가 보복적 민족주의라는 비난과 함께 자주 비판받는 또 다른 특성은 흔히 주장되는 바와 같이 비종교적인 책이라는 것이다. 이점은 하나님에 대한 명시적인 언급이 전혀 없다는 점에서 가장 분명하게 드러난다. 사실 고대 유대인 독자라면, 유대인이 완전한 멸망의 위협에서 놀라운 탈출을 이룬 이 이야기에서, 하나님의 선택을 받은 백성을 보호하고 구출하시는 그의 목적과 능력을 분별하지 못한 채로 이 책을 읽을 수 있었을 것 같지는 않다. 어쨌든 이스라엘을 향한 하나님의 목적을 보여

160) A.D. Cohen, '"Hu Ha-goral": The Religious Significance of Esther,' in Moore, ed., *Studies*, p. 122.

주는 성경의 역사에서, 이 책이 가진 정경적 맥락은 성경을 읽는 독자들이 성경을 그러한 신성한 목적의 성취와 연관해서 읽어야 할 의무를 부여한다. 다른 한편으로 그러나 에스더서는 해설자나 이야기 속 인물에 의해 이 기록에 대한 명확한 신학적 해석을 제공하지 않으며, 이러한 면에서의 이 책 자체의 부족함은 구약의 나머지 이야기들과 너무나 현저하게 대조가 된다. 그러므로 이것은 어느 정도 의도된 것임에 틀림없다. 그러므로 우리가 에스더서를 심각히 고려하지 않으면, 그 의미를 바르게 이해하지 못할 수도 있을 것 같다.

그렇다고 해서 에스더의 이야기가 전개되는 노골적으로 세속적인 분위기 때문에, 에스더서 이야기 자체를 거부할 필요는 없다. 오히려 그 반대로 우리가 그것을 올바르게 해석한다면, 에스더의 현대적 관련성이 바로 이러한 세속적 특징에 의해 상당히 증대되었음을 발견할 수 있다. 그 측면이 정치 문제 속에서 하나님의 목적과 활동을 분별하는 이 매우 어려운 질문에 답변하려는 우리를 도울 수 있다.

에스더 이야기를 출애굽 이야기와 비교해 보면, 그 요점을 이해하는데 도움이 될 것이다.[161] 이 두 이야기 모두 이스라엘이 이방 세력으로부터 구원받은 이야기이다. 에스더가 아하수에로의 궁정에서 하는 역할은 파라오의 궁정에 있는 모세의 역할과 어떤 면에서 비교된다. 그러나 두 이야기 사이에는 중요한 차이점도 있다. 출애굽 이야기에는 하나님의 목적과 활동이 분명하다. 선지자 모세는 하나님의 뜻을 듣고 선포한다. 구름 기둥과 불기둥은 하나님께서 자기 백성을 인도하시는 모습을 가시적으로 보여준다. 그러나 에스더의 이야기에는 하나님의 뜻에 대한 그러한

161) 비교를 위해, G. Gerleman의 제안에 대한 Moore의 논의를 참고하라. Moore, ed., *Studies*, pp. XLVI-XLVIII.

선언이 없다. 에스더나 모르드개는 하나님께서 자신의 뜻을 알려주어 깨닫게 한 선지자가 아니다. 권위 있게 하나님의 손길의 방향을 가리키는 사람도 없고, 그에 해당하는 초자연적인 징조도 없다. 다시 말하면, 에스더서 기자는 정치적 행동이 벌어지는 일상적인 세계를 묘사하고 있는데, 그것은 그가 경험한 세계와 우리도 대부분의 시간 동안 경험하는 세계, 즉 신성한 뜻에 대한 명시적인 표시가 없는 세계였다. 하나님의 백성이 어떻게 하나님의 지시 없이, 불기둥이나 예언의 말씀도 없이 어떻게 정치적 행동을 취하는가?

요점은 하나님께서 이 에스더의 이야기에서 드러나게 일하지 않는다는 점이 아니다. 저자는 자신의 백성 이스라엘에 대한 하나님의 섭리적 돌보심을 전적으로 당연한 것으로 여기지만, 독자가 그것을 스스로 분별하기를 원하기 때문에 명시적으로 언급하는 것을 삼갈 뿐이다. 왜냐하면 그러한 이야기 속의 등장인물은 이야기 외부에서 제공되는 어떠한 해석도 없이 그 의미가 파악되어야 하기 때문이다. 문제는 하나님이 어떻게 일하시며 그분의 활동이 어떻게 분명해지는가 하는 점이다. 신자에게 있어서 깨달아지는 이 이야기의 한 가지 특징은 하나님의 섭리적 활동으로 분명히 제공되고 있는 주목할 만큼 반복되는 일련의 우연적 일치이다. 이 이야기는 예측 불가능한 사건들의 조합으로 전개되고 있는데, 이야기 속의 인간 행위자들은 결코 자신들이 고의로 만들어낼 수 없었지만, 그것이 없었다면 이스라엘은 멸망했을 수도 있는 사건들이다. 모르드개가 아하수에로 왕을 죽이려는 음모를 발견한 일[2:22], 왕비의 퇴위와 그 직분을 채울 수 있게 된 에스더의 역량[2:1-18], 그 특별한 밤에 발생한 왕의 불면증[6:1], 그날 아침 하만이 궁전에 일찍 도착한 일[6:4] 등 이러한 우연한 사건의 조합이 플롯을 결정한다. 사실상 이 이야기에서 역사적으로 있을 법하지 않다고 느끼게 만드는 것이 바로 우연의 일치이다. 그러나 저자는 의도적으로 이 우연이 하나님의 활동을 드러내는 신호가 되는, 기적을 대신하는 이야기로 제공한 것이다. 우연의 일치가 그 자체로 무엇인가를 증명하는 것은 아니다. 그러나 저자가 당연하게 여기고 그의 독자들도 당연하게 여기는 하나님의 뜻에 관한 한 가지 전제, 즉 자기 백성의 생존을 위한 하나님의 확고한 약속이라는 전제에 비추어 보는 순간, 그 우연들은 하나님의 손길을 드러낸다. 이것은 하만의 아내 세레스[6:13]의 이야기에서 표현될 수 있을 정도로 잘 알려져 있다. 비록 '비신학적' 형식으로 전달되고 하나님에 대한 언급이 없음에도 불구하고, 이러한 이야기는 그녀의 입술로 제공한 적절한 표현일 뿐 아니라 동시에 하나님에 대한 노골적인 언급도 없는 상태를 잘 유지하고 있다. 하나님의 목적이 그의 백성 이스라엘을 보존하는 것임을 감안할 때, 우연한 사건에 의해 유대인들이 보존되었다는 이 이야기가 표현하려는 사실은 하나님의 섭리적 활동을 가리킨다고 할 수밖에 없다. 그런 의미에서 데이빗 클라인스 David Clines의 말처럼 '이야기 속 인물로서의 하나님은 자신이 부재할수록 더욱 현저하게 눈에 띈다.'[162] 그러나 이는 회상하여 뒤돌아볼 때만 발견되는 사실이 된다는 점에 유념해야 한다. 우리는 그의 백성을 안전하게 지키시겠다는 하나님의 약속을 미리 알고 있다. 그러나 그가 약속을 성취하는 방법, 실제 사건 속에 있는 그의 섭리적 활동은 이야기의 과정에서만 나타난다.

이 책에서 우리가 우연의 핵심 역할을 관찰함으로 깨닫는 통찰에 비추어 볼 때, 우리는 비로소 인간의 행동이 두 가지 다른 방법으로 플롯의

162) D.J.A. Clines, *Ezra, Nehemiah, Esther*(New Century Bible; London: Marshall, Morgan & Scott, 1984), p. 269.

결과를 이루어내는 일에 기여하고 있음을 깨달아 알 수 있다. 한편으로는 플롯의 우연적 특징을 구성하는 인간의 행동이 있다. 불면증에 시달리는 아하수에로는 궁중의 연대기를 가져다가 읽으라 명령하였으며, 하만은 모르드개의 사형집행을 가능한 한 빨리 집행하기 위해 아침 일찍 궁궐에 도착한다. 이것은 행위자들이 어떠한 의도를 가지지 않은 채로 유대 민족의 생존을 위하여 하나님의 의도에 섭리적으로 기여하는 인간 행동이다. 사실 하만은 정반대의 의도를 가진다. 그러나 다른 한편으로 유대 민족의 보존을 의도적인 목표로 삼아 추진하는 인간의 행동이 있다. 이는 에스더 4-5장과 7-8장에서 모르드개와 에스더가 취한 행동이다. 이것은 우연한 사건만큼이나 줄거리의 구속적 결과를 이룸에 있어서 필수적이다. 데이빗 클라인스가 다시 말하듯이 '유대인 배역의 슬기와 용기가 없었다면 하나님의 영감을 받은 우연의 일치는 땅에 떨어졌을 것이며, 그리고 우연의 일치가 없었다면 세상의 모든 지혜가 유대 민족을 구하지 못했을 것이다.'[163] 에스더서는 그러므로 예측할 수 없는 사건으로 나타나는 하나님의 섭리와 모르드개와 에스더의 지혜롭고 용감한 행동 사이의 상호협력에 관한 이야기이다.[164]

이제 우리는 4장 14절의 유명한 핵심 구절의 완전한 의미를 이해할 수 있다. 여기서 모르드개는 에스더를 설득하여 그녀의 생명을 걸고 자기 백성을 위하여 왕에게 간청하라고 부탁한다. "이때에 네가 만일 잠잠하여 말이 없으면 유다인은 다른 데로 말미암아 구원을 얻으려니와 너와 네 아버지 집은 멸망하리라 네가 왕후의 자리를 얻은 것이 이때를 위함이 아닌지 누가 알겠느냐" 여기서 '다른 데로 말미암아' 라는 문구는 때때

163) Clines, *Ezra*, Nehemiah, *Esther*, p. 271.
164) 다음의 논의를 비교해 보라. Clines, *Esther Scroll*, pp. 145-46, 152-57.

로 주장되는 것처럼 하나님에 대한 은밀한 언급이 아니다.[165] 모르드개가 의미하는 바는 에스더가 무언가를 하지 않으면 하나님이 대신 하신다는 뜻이 아니다. 그는 여하튼 유대인의 구원이 일어나는데, 그것이 에스더의 행동을 통해서든 다른 방법을 통해서든 반드시 일어날 것을 의미하고 있다. 그가 확신하는 한 가지는 하나님께서 그의 백성을 보존하시리라는 것이다. 그러나 하나님의 메시지가 없는 상황에서 그는 하나님께서 어떻게 그리하실지 그 방법을 알지 못한다는 점이다. 그는 자신이나 에스더의 행동이 어떻게 하나님의 목적에 부합될지 알 수 없다고 한다. 왕비로서의 에스더의 지위는 섭리적인 일일지도 모르며, 유대인의 구원은 이 섭리적 사건과 함께 민족을 위한 에스더 자신의 용감한 행동의 결합을 통해 이루어질 수도 있다는 깨달음에 이르기 시작한다. 그러나 모르드개는 이것을 아직 확신할 수 없으며, 그것은 플롯의 전개를 통해서만 우리에게 분명히 나타난다. 그가 '누가 알겠느냐' 고 질문하는 것은 회의주의가 아니지만, 그렇다고 하여 예언의 확신도 아니다. 그것은 희망적 작업가설working hypothesis 일 뿐이다.

이것이 기독교인의 정치적 행동에서 일반적으로 취하는 모습이다. 정치인 자신의 행동이 사건의 결과를 결정하는 경우는 거의 없다. 그들이 가진 가장 효율적인 시간은 그들의 행동이 주어진 맥락과 상호작용을 하며, 동시에 매우 예측하기 힘든 사건과 상호작용을 하므로 섭리를 이룰 때이다. 기독교 정치인은 하나님의 섭리와 협력하기를 희망하지만, 동시에 자신이 수행해야 할 행동이 하나님의 큰 뜻 안에서 어떤 역할을 할지 대체로 어둠 속에 있음을 발견한다. 이러한 맥락에서 모르드개의 신중함은 일반적으로 역사를 형성하기 위해 하나님이 주신 운명을 확

165) Clines, *Ezra*, p. 302.

신하고 소극적이 되는 것보다 더 적절하다. 그러나 이것은 기독교 정치인의 행동이 과도하여야 함을 의미함이 아니다. 에스더의 용감한 행동은 하나님께서 자기 백성을 구원하시는 방법으로서 매우 중요한 요소임이 확인되었다. 기독 정치인은 에스더처럼 자신이 맡은 일에 책임을 지고, 그 결과는 하나님께 맡기며 책임 있게 행동해야 한다. 하나님의 지시가 없는 세상에서, 모르드개와 에스더는 모세와 아론보다도 더 좋은 기독교 정치인의 모델이다. 앞의 모르드개와 에스더는 현대적인 맥락에서 믿음으로 활동하였다면, 뒤의 지도자들은 하나님의 가시적 인도 안에서 행동하였다.

도덕과 권력

에스더서는 단 하나의 정치적 문제, 곧 반유대주의의 위협에 직면한 유대 민족의 생존이라는 주제에 집중한다. 이 책은 또한 하나님의 뜻이라는 한가지 요소, 곧 자기 백성 이스라엘의 생존에 대한 하나님의 결단을 전제로 한다. 그것은 하나님의 인도라는 섭리적 사건과 사람이 책임져야 할 정치적 행동이 이스라엘을 생존의 위협으로부터 구출하기 위해 어떻게 협력하는지를 보여준다. 에스더서는 정치윤리를 다루지 않는다. 이스라엘의 구원이 섭리적이었다는 사실로부터, 우리는 등장인물들이 이 목적을 위해 취한 단계들이 반드시 도덕적으로 정당하다고 결론 내릴 수 없다.[166] 이 책에 나타난 하나님의 숨으심, 즉 등장인물들이 하나님의 지시 없이 행동해야 한다는 사실은 이런 특성을 더욱 분명하게 한다. 이 책에는 어떤 것을 승인하는 하나님의 말씀이 없다. 따라서 많은 현대 정

---

166) 비교하라. G. McConville, 'Diversity and Obscurity in Old Testament Books: A Hermeneutical Exercise Based on Some Later Old Testament Books,' *Anvil* 3 (1986), pp. 45-46.

치의 사례에서와 마찬가지로 여기서도, 우리는 그 결과를 만들어낸 모든 수단을 승인할 수 없었기 때문에 그것에서 나온 명백히 좋은 정치적 결과도 환영할 수 없다고 가정하는 것을 경계해야 한다. 역사는 그런 흑백논리의 성격으로 이루어지지 않는다.

그럼에도 불구하고 에스더서에 대한 대부분의 도덕적 분노를 불러일으키는 유대인의 원수를 학살한 것에 대해 꼭 말해야 할 것이 있다. 첫째, 에스더서와 같은 책에서 이방인에 대한 유대인의 반감은 물론 없다. 유대인과 이방인 사이의 적대감은 유대인 자체에 대한 이방인의 적대감, 즉 반유대주의로부터 발생한다. 이 책은 반유대주의와는 별도로, 유대인과 이방인이 정치 생활에서 협력할 수 있다고 가정한다. 이러한 협력은 모르드개가 왕에 대한 음모를 저지하기 위한 행동[2:19-23]에서, 아울러 모르드개가 총리로 승진하는 것[10:2-3]에서 나타난다. 에스더서에 등장하는 이방인에 대한 반감에 대해 불평하는 사람들은, 주로 기독교인이 이 책에 대해 반대할 때 종종 나타나는데, 이들은 유대인과 이방인의 갈등을 본능적으로 이방인의 유대인에 대한 불관용보다는 유대인의 이방인에 대한 불관용의 탓으로 돌리는, 씻겨지지 않은 반유대주의를 드러낸다. 홀로코스트는 현대사에 대한 이러한 태도를 충격적인 것으로 만들었지만, 구약에 대한 판단에 있어서 반유대주의적 태도는 여전한 듯하다. 이러한 태도를 불식시킬 수 있도록, 바로 홀로코스트가 에스더서의 이해를 통해서 우리에게 도움을 준다. 홀로코스트를 기억할 때, 에스더에 나오는 유대인들도 인종청소의 위협을 받는 소수민족 집단임을 보여준다. 유대인에 대한 많은 이웃들의 적대감은 악의적인 정치인 한 사람에 의해 호전적인 사람들 모두를 삼켜버릴 수 있는 불로 쉽게 발화된다. 이방인에 대한 유대인의 적개심을 비난하는 것은 관점을 역전시키는 오해이다.

둘째로, 홀로코스트가 가져다준 관점의 변화와 마찬가지로 우리는 에스더서 9장에서 유대인의 '복수' 를 안이하게 비난하는 실수에 대해 반드시 경고하는 발상의 전환을 이루어야 한다는 점이다. 유대인이 대적을 패배시키는 것은 복수로 그려져서는 아니 되고, 오히려 자위의 차원[8:11]으로 그리고 응보 정의의 차원[8:13]으로 묘사되어야 한다.[167] 유대인이 죽이려는 사람들은 그들에 대한 인종청소의 명령을 실행할 준비가 된 사람들이다.[9:2] 응보 정의는 이 시점에서 조야하긴 하지만, 다른 많은 구약의 예보다 더하지는 않다. 이를 승인하지 않으려면, 우리는 가장 어려운 정치적 사건에서 용서가 무엇을 의미하는지에 대한 문제에 직면해야 할 필요가 생긴다.

셋째로, 에스더서는 일부 비평가들보다 권력에 대해 더 현실적이다. 이 책은 유대인과 같이 위협받는 소수민족은 정치권력에 접근하지 않고는 이웃의 적대감으로부터 안전할 수 없다는 것을 인식시키고 있다. 따라서 유대인의 구원은 권력 상황의 반전으로 성취되며,[9:1][168] 이것은 모르드개가 유대인을 보호하기 위해 새로 기초를 놓은 권력을 행사하므로 공고하게 된다.[10:3] 이 책의 마지막 구절인 10장 3절은 적어도 당분간 유대인들이 하만의 계획이 보여주는 유형의 위협으로부터 어떻게 안전할 수 있는지 보여주기 때문에, 적절한 결론이라 할 수 있다. '누가 왕의 총애를 받느냐' 에 많은 것이 좌우되는 절대적인 전제정치 아래에서는, 이것이 세상사가 돌아가는 방식인 경우가 많다.

---

167) 다음을 보라. J. Baldwin, *Esther* (Tyndale Old Testament Commentaries; Leicester: IVP, 1984), pp. 100-102.

168) 권력과 그것의 역전은 에스더서의 주요 주제이다. 이는 다음의 책에 의하여 강조된다. S.B. Berg. *The Book of Esther: Motifs, Themes and Structure*(Ph. D. thesis; Vanderbilt University, 1977), 4장 참조. 이 논문은 다음의 출판사, Scholars Press에서 SBL Dissertation Series 44로 출간되었다.

이러한 관점에서 우리는 홀로코스트의 생존자들이 이스라엘이라는 국가를 건국한 의의를 이해할 수 있다. 하나의 민족 집단이 그들 자신이 살아가는 국가의 영토에서 정치적 독립을 주장할 수 있다는 권리나 어떤 특정한 땅에서 유대인의 종교적 권리가 있음을 추정하는 것은 매우 의심스러운 일이 아닐 수 없다.[169] 그러나 홀로코스트의 관점에서 유대인 생존의 정치적 수단으로서 유대인 국가 회복의 중요성은 더욱 부인하기 어렵다. 현대 서구의 계몽된 사회가 반유대주의의 위협으로부터 유대인을 보호할 수 있다는 가설은 근본적인 회의에 부딪혔는데, 그 이유는 홀로코스트 그 자체의 발생뿐만 아니라 당시 나치 독일이 보여준 민주주의의 적들이 홀로코스트를 범죄적 무관심으로 대했기 때문이다. 모르드개 시대에 마치 유대인의 생존이 페르시아 제국의 권력 구조에 대한 유대인의 참여를 요구하는 것으로 보였던 것처럼, 현대 민족 국가의 세계에서 유대인의 생존은 유대 민족 국가의 형태로 자결권을 요구하는 것처럼 보였다. 이스라엘 국가는 매우 모호한 현상임을 인정할 수밖에 없는데, 그 이유는 이를 식민화와 이주로 경험한 팔레스타인인들에게 미칠 결과 때문만이 아니라, 유대인들 자신에게도 종교적으로 미칠 결과 때문이다. 무력함에서 벗어난 유대인의 출현은 사울 시대[삼상 8:5]처럼 이스라엘을 다시 한번 열방의 다른 나라와 같은 나라로 만들었고, 이스라엘의 종교적 소명은 세속 국가로서의 정체성을 가지는 것으로 타협되었다.[170] 그러나 생존의 요구를 위한 주장을 과소평가해서는 안 된다. 세상을 영구적 반유대주의라는 잠재성에 깊이 물들어 있는 것으로 보는 시온주의자의 경

---

169) 다음과 비교하라. A. Kirk, 'The Middle East Dilemma: A Personal Reflection', *Anvil* 3 (1986), pp. 231-258.

170) 다음과 비교하라. K. Cragg, *This Year in Jerusalem: Israel in Experience* (London: Darton, Longman & Todd, 1982), 2-3장.

향은 비유대인이 보기에는 쉽게 과장된 것처럼 보일 수 있다. 그러나 그 이면에는 에스더서에서 이미 예견하여 보여준 악의 역사가 있었을 뿐만 이 아니라, 한 세기도 되지 않은 과거에 정치 범죄 중 가장 극악한 범죄가 실제로 등장했기 때문이다.

에스더서의 정치적 조망이 가진 한계는 이 책의 목적이 기존의 정치 구조 내에서 풀어야 할 과제인 유대인의 취약성에 대한 해결책의 구상에 불과하다 할 만큼 협소하다는 점이다. 권력의 상황은 간단하게 역전된다. 반유대주의는 반유대주의자들의 제거로 제거되고, 모르드개는 하만의 권력을 대신한다. 따라서 이야기가 묘사하고 있는 페르시아 전제적 체제에 대한 암묵적이고 풍자적인 비판에도 불구하고, 결국 그 체제는 실용적으로 수용되고 유대인 보호를 위해 사용된다. 이것은 구약성경이 기존의 정치 제도와 구조를 수용하고 적응해가는 전형적인 모습과 다르지 않다. 더구나 이는 디아스포라 상황에서 유대인들에게 현실적으로 기대할 수 있는 최대치였음은 물론이다. 모르드개는 요셉과 다니엘의 전통에 서 있고, 그 유대인들은 불안한 정치적 기록을 가진 채로 이교도 제국에서 성실하게 직책을 맡았다. 그러나 현실주의는 장점과 함께 시각의 한계도 있다. 다른 한편으로 예수의 섬김에 대한 가르침에서 우리는 단순히 권력 상황의 반전이 아니라, 가치관의 반전을 요구하는 이방 제국이 행사한 권력의 양상에 대한 급진적인 비판을 발견한다.[막 10:42-44] 실용주의적 현실주의와 급진적 비전 사이의 긴장은 콘스탄티누스 시대 이래 기독교인들이 경험해 왔던 사항이다.

기독교 독자를 위한 유대인의 책

현대 유대인의 역사 그리고 이와 함께 현대의 반유대주의와 관련하여 에스더서를 읽을 때, 우리는 여기서 모두 답변할 수 없는 우리 범주 밖에 있는 신학적 주제들을 만나게 된다. 에스더서에 나오는 하나님께서 자기 백성에 대한 그의 섭리적 보호를 풀고, 현대에는 유대인을 홀로코스트에 던져 자기 백성이 됨을 명백하게 포기한 대조적 사건을 발견할 때, 우리는 그의 섭리에 관한 가장 당혹스럽고 고통스러운 신학적 질문을 제기하게 된다. 기독교인이 취한 반유대주의 역사를 통해서 볼 때, 구약뿐만 아니라 신약의 계시에 비추어 유대 민족이 가진 신학적 위치는 기독교인의 반유대주의적 경향을 회개하고 단절하는 시도를 하도록, 피할 수 없는 신학적 사유의 과제를 던져준다. 그러나 이러한 보다 광범위한 문제는 매우 중요하긴 하지만, 에스더서가 가진 구체적 정치적 의미에서 우리를 너무 멀어지게 할 뿐이다. 중요한 것은 주로 유대 민족의 생존권, 유대인의 생존에 대한 하나님의 관심에 뿌리를 둔 권리, 그리고 반유대주의에 직면하여 이 권리를 보호하기 위한 정치적 조치의 필요성 등이다.

물론 한가지 관점에서 보면, 이러한 주제들은 일반적으로 인종 차별과 대량 학살 문제의 사례 중 하나이다. 유대 민족은 다른 민족이 가지지 아니한 특별한 정치적 권리를 가질 수 없다. 심지어 구약도 그렇게 주장하지 않는다. 집시도 유대인과 마찬가지로 하나의 독특한 민족으로서 생존할 권리가 있다. 폴 포트 치하의 캄보디아 사람들은 나치 치하의 유대인들과 마찬가지로 대량 학살로부터 보호받을 권리가 있었다. 만일 한 민족 국가가 유대 민족의 생존권이 함축하는 정도의 차원으로 인정받게 된다면, 원칙적으로 우리는 아르메니아인, 쿠르드인 또는 팔레스타인 사람의 같은 주장도 수용하여야 한다. 에스더서가 명시적으로 어느 정도 구체화된 신학을 제공하지 않기 때문에, 오히려 보다 더 일반적인 적용을 위한 가능성을 열어 놓는다. 말하자면 아모스 9장 7절의 주장을 역으로 해석하여, 이스라엘의 생존권에 대한 옹호는 또한 다른 위협받는 인종적 집단의 생존권을 내포한다는 것이다.

그러나 반유대주의가 유대인에 대한 독특한 현상인 것도 사실이다. 이미 에스더서 3장 8절에서 암시한 것처럼 이 현상은 이스라엘의 하나님이 그들에게 주신 율법에 충실하려는 유대 민족의 노력과 관련이 있을 뿐 아니라, 이후에 유대 민족의 정통성에 대한 이방 기독교의 신학적 거부와도 연관되어있다. 이러한 특징은 위협을 받는 다른 집단에 비해 유대인에게 더욱 높은 정치적 특권을 부여하지는 않지만, 유대인 생존 문제라는 것에 독특성을 부여한다. 이것은 마치 아마존 인디언의 다른 특징이 그들의 생존을 위한 고유한 특수성을 부여하는 것과 같다. 에스더서의 메시지를 일반화하는 것이 아무리 타당할지라도, 우리는 에스더서를 연구하면서 반유대주의라는 특정 문제에 대한 주요한 적실성을 회피해서는 안 된다. 명백한 신학이 결여되었음에도 불구하고, 부림절 제정에 관한 설명에서 분명하게 알 수 있듯이,[9:23-32] 반유대주의가 이 책의 주된 언급이라는 것은 자명하다.

민족 구원의 다른 큰 축제인 유월절과 달리, 부림절은 결코 기독교적 해석의 대상이 되지 않았다. 에스더서가 신약에서 인용되지 않은 것처럼, 부림절도 신약에서 언급되지 않는다. 수 세기에 걸쳐 교회가 에스더서를 상대적으로 무시한 것은 이 책의 완고한 유대적 성격, 순수한 유대교 축제와의 관련성, 그리고 유대 민족에 대한 특별한 민족 정체성에 관한 관심과 무관하지 않다. 에스더의 메시지는 이스라엘의 종교적 소명에 대한 명백한 관심이 결여되었고, 유대인의 국가적 생존 문제에만 전적으로 집중되었기 때문에, 에스더의 메시지는 보편적으로 적용되는 종교적 메시지로 번역되는 것이 저지당했다. 그러나 에스더서에 대한 기독교인의 무시와 나중에 나타난 에스더에 대한 폄하가 유대인의 민족적 정체성을 최소화하거나 심지어 부인하려는 기독교인의 반유대주의적 성장과 동시에 일어났다는 사실을 우리가 절대로 간과해서는 안 된다. 에스더서가 그리스도인들과 관련이 있다는 사실은 무엇보다 구약의 다른 어떤 책보다 기독교적인 책은 아니지만, 에스더가 유대교의 책으로 남아 있었다는 사실에서 비롯되어야 한다. 에스더서는 수 세기에 걸친 박해 속에서 매년 부림절 마다 읽히는 유대인의 책으로 남았는데, 그들에게는 현대 경험과 관련시키기 위해 다른 해석이 필요하지 않았다. 이 역사에 비추어 볼 때 기독교인들은 에스더서를 비로소 기독교인의 관심을 끄는 기독교적 성경에 있는 유대인의 책으로 정확하게 읽는 것이 좋을 것이다. 기독교인은 에스더서를 나치 수용소의 유대인 수감자가 읽지 못하게 하였으나, 그들이 부림절에 암기하여 기록한 것으로 은밀히 읽었던 책이라는 것을 염두에 두고 우리는 읽어야 한다.[171]

171) R. Gordis, *Megillat Esther* (New York: Rabbinical Assembly, 1974), p. 13. 이 장은 내가 맨체스터 대학에서 에밀 파켄하임(Emil Fackenheim) 교수가 '오늘의 유대인과 유대인 성경'(The Jew of Today and the Jewish Bible)이라는 주제로 행한 1987년 셔먼(Sherman) 강의를 듣기 몇 주 전에 썼다. 이 강의는 출판 예정인데, 그중 하나에서 저자는 이 장에서 제공된 해석과 매우 유사하게 히틀러와 홀로코스트를 관련지어 에스더의 해석을 제공하였다.

토의문제8. 에스더서와 유대인 대학살

1. 에스더서 3장 1–11절을 읽으라. 에스더서는 다분히 유대주의적 전통을 가진 문서로, 페르시아에서 유대인들이 반유대주의적 대학살을 피해 살아남게 된 것을 기념하는 부림절에 읽혔던 책이다. 이 성경이 20세기에 들어와서 다시 읽히게 된 역사적 상황은 무엇인가?

2. 하나님이라는 명칭은 성경에서 4,000번 이상, 여호와라는 명칭은 2,000번 이상 나오지만, 에스더서에서는 이 두 호칭이 한 번도 나오지 않는다. 신적 호칭의 언급 없이 에스더서가 하나님의 섭리하심을 드러내는 두 가지 방법, 첫째 반복된 기이한 우연[에 2:22, 6:1, 6:4, 6:13], 둘째 지혜로운 에스더와 모르드개의 의도적 노력[4:14–16, 7:3–4]을 이야기해 보라.

3. 페르시아에서 인종청소의 도전을 받던 작은 인종 집단 유대인은 아하수에로 왕의 궁정 정치에 개입하여 생존을 유지하였다. 반대로 반유대주의적인 대적을 소탕하기 위하여 에스더가 아하수에로 왕에게 부가적으로 요청한 것은 무엇인가?[에 8:3–5, 8:11–13, 9:12–14] 그 행위의 불가피함은 자위[self-defense]와 응보[retribution]의 차원에서 이해할 수 있을

까?

4. 고대의 페르시아는 유대인을 보호했으나, 20세기 서구 유럽의 히틀러 정권은 반유대주의를 통해 약 600만에 달하는 사람이 학살당하도록 했다. 2차대전 이후, 유대인의 국가가 세워짐으로 유대 민족을 보호할 수 있다면, 팔레스타인 사람과 쿠르드족 아메리카의 원주민을 위한 어떤 배려가 필요한지 논의하여 보라.

5. 에스더서에 나타난 반유대주의는 기독교인의 반유대주의에 대한 성찰을 하도록 도움을 준다. 예수를 죽인 유대인에 대한 기독교인의 반유대주의적 성향을 평가해보라. 현대 무신론적, 진보적 지식인이 반기독교적 경향을 보이는 상황에서 특별한 민족이나 종교에 대한 반대 이데올로기의 우려할 점을 상의하여 보라.

9. 창세기 대홍수와 핵 홀로코스트[172]

가장 어려운 해석학적 과제는 아마도 성경이 직접적으로 언급하지 않는 현대 세계의 새로운 특징적 사건과 성경을 연관시키려는 작업일 것이다. 성경적 관점에서 세상을 보려고 노력하는 기독교인들은 너무나 자주 현대 세계를 성경의 세계라는 프로크루스테스의 침대에 올려놓으려고 강요하는 상황에 이른다. 다시 말하면, 현대적 사건을 성경이 원래 기록되어 전달되던 그 세계의 관점으로 해석하려는 것이다. 현대의 세계가 가진 진정으로 새로운 특징들을 성경적 세계의 어떤 모습으로 환원시킬 때, 그 참신함이 실제로 드러나지 않는 경우가 있다. 그렇지 않으면 그 참신한 해석들이 현대 세계의 정말 중요한 특징으로 여겨지지 않아서, 그것들이 새로워도 사소한 것으로 무시된다. 신자들은 현대 세계가 성경의 저자들이 상상하지 못한 근본적으로 새로운 특징에 영향을 받아 형성되었다는 사실을 인정하지 않으려는 것처럼 보인다. 그 이유는 성경이 현대 세계에 부합하도록 전달하는 능력이 훨씬 줄었다고 인정하기 싫기 때문이다.

우리는 성경의 원래 문맥과 현대적 문맥 사이의 유사성뿐만 아니라

172) 이 장의 대부분은 다음의 논문으로 처음 제출되었다. Bauckham, "The Genesis Flood and the Nuclear Holocaust: A Hermeneutical Reflection," *Churchman* 99 (1985), pp. 146-155.

대조를 통해, 그 문맥 사이의 간격을 메우는 해석학을 개발해야 하며, 바로 이러한 대조를 통해 성경이 현대 세계가 가진 신학적 중요성을 조명하는 수단이 될 수 있도록 해야 한다. 이 장에서 우리는 많은 사람이 이해하기 매우 어려운 현대의 문제, 즉 현대 핵무기의 위협과 관련하여, 성경의 언급과 시대의 과제가 어떻게 지평 융합이 이루어질 수 있는지 살펴볼 것이다. 성경의 많은 부분과 주제가 바로 이 문제와 유용하게 연관될 수 있다. 우리가 홍수 이야기[창 6-9장]를 선택한 이유는 이전 장에서와 마찬가지로 현대 문제와 관련하여 놀랍도록 새로운 관련성을 획득한 성경 구절의 예가 될 뿐만 아니라, 핵무기가 우리가 직면한 위협의 전체 규모를 조명해주는 데 도움이 될 것이기 때문이다.

대홍수

우리는 창세기의 문맥을 통해 이 대홍수 이야기가 가진 중요성을 이해하려는 노력을 시작하자. 우리의 목적을 위해, 홍수 이야기의 역사적 기원에 대한 어려운 질문은 덮어두겠다.[173] 일부 현대 학자들이 제기한 것처럼,[174] 성경 이야기와 전 세계의 많은 유사한 이야기들이 선사 시대에 인류를 멸망시킨 대격변 사건에 대한 원시적인 기억을 보존하고 있는지, 아니면 한 지방, 혹은 한 지역에서 일어난 재앙이[175] 세계적인 규모로 투영되었는지는 중요하지 않다. 여기서 중요하지 않다는 것은 이야기의 핵심 메시지가 하나님이 한때 지구상에 대홍수를 가져왔다는 사건의 가

173) 나는 창세기 6-9장 전체를 최종적 정경 형태로 다루고 있다. 자료-비평적(source-critical) 질문은 다른 문맥에서 중요할 수 있지만, 지금 우리의 목적과는 관련이 없다.

174) G. von Rad, *Genesis* (Old Testament Library; London: SCM Press, 1972), pp. 120-21.

175) 참조하라. C. Westermann, *Genesis* 1-11: A Commentary (London: SPCK, 1984), p. 477.

부보다는 하나님께서 다시는 홍수를 보내지 않으리라는 말씀을 생각해 보려는 때문이다.[176]

그 이야기의 출처가 무엇이든, 세계적인 많은 대홍수 이야기는 지상에서 인간의 삶을 가능하게 하는 조건의 취약성에 대하여 초기 인류가 심각하게 인식하고 있었음을 반영한다. 재앙적 파멸을 가능하게 한 자연의 거대한 힘이 인간의 생존을 위협했다. 인간의 삶이 지속되는 것을 보장할 만한 것이 자연계 자체 안에는 아무것도 없었다. 창세기 기록에 등장하는 관용구, 혼돈의 물은 창조 때 하나님이 생물에게 살 수 있는 공간을 만들어주기 위해 나누시고 막으신 것이며,[창 1:6-7] 그것이 폐지된 것이 아니라 억제되었을 뿐이다. "혼돈은 말하자면 위협적인 가능성으로서 창조의 가장자리에 남아 있다."[177] 오직 하나님이 창조 질서를 유지하셔야만, 이러한 파괴적 세력의 침입을 막을 수 있었다. 대홍수 이야기는 한 가지 사건을 자세히 설명함으로써 이 점을 생생하게 드러내는데, 그것은 하나님께서 땅 위와 아래에서 혼돈의 물을 풀어놓으므로,[7:11] 그들이 하나가 되어 다시 한번 땅을 물에 잠기게 하고, 사실상 피조물을 무너뜨리고, 다섯째 날과 여섯째 날의 작품을 파괴한 것이다.[7:21-23] 그러나 대홍수 이야기는 이것이 다시 일어나지 않을 것이라는 하나님의 약속에서 그 목표에 도달한다.[8:21-2; 9:8-17] "땅이 있을 동안" 하나님께서는 인간과 동물의 생명이 존속될 수 있도록 하는 자연조건의 안정성을 보장한다.[8:22] 다시는 인류의 생존 자체를 위협하는 자연의 대격변이 없을 것이다.[8:21; 9:11]

그러므로 대홍수 이야기가 보여주는 최초의 해석학적 열쇠는 초기의

---

176) G. Lambert, 'Il n'y aura plus jamais déluge', *Nouvelle Revue Théologique* 87(1955), pp. 601, 720.

177) B.W. Anderson. 'Creation and Ecology,' in *Creation in the Old Testament*, ed. B.W. Anderson (Issues in Religion and Theology 6; Philadelphia: Fortress Press/London: SPCK, 1984), p. 158.

인류가 우주의 통제할 수 없는 혼돈의 세력에 의하여 생명의 위협을 받을 때, 하나님의 약속을 인식하도록 하려는 것이다. 따라서 대홍수 이야기는 창조의 기록을 보완한다. 태초에 인간과 동물의 생명을 위한 조건을 세우신 창조주께서는, 대홍수 이야기에서 보여주듯이, 자신이 창조한 것을 철회할 수 있었다. 그러나 사실상 하나님 자신은 다시는 그렇게 하지 않겠다고 보증하셨다. 그 이야기를 처음 접한 사람들은 인간의 생존을 위한 자연적 조건이, 마치 그 안에 내재적 필연성이 존재하는 것처럼 당연하게 보장되는 것이 아님을 알았으나, 동시에 그것도 하나님의 뜻에 달려 있음을 알았다. 그들은 그러나 무지개로 상징된 창조주의 약속을 통해 창조주가 피조물을 보호하고 유지하신다는 약속도 신뢰할 수 있었다. 그의 건설적 의지, 즉 그의 피조물에 대한 약속은 신뢰할 만한 것이었다.

압도적인 재앙으로 위협을 받으며 느끼는 인간의 생존에 대한 실존적 감각은 인류 역사 초기에 가장 분명히 살아있었으며, 구약성경 시대에는 이미 쇠퇴하고 있었음에 틀림이 없다. 오랜 역사적 시대 속에서 인류의 생존은, 대홍수 이야기와 상당한 관련이 있는 묵시적 전통의 특별한 경우를 제외하고는, 자주 성찰해야 할 문제가 아니었다.[178] 정치적 발전을 따라 한 국민이나 민족의 생존은 압도적인 관심사로 등장했고, 그것을 넘어서는 인류 자체의 생존은 실제 문제가 되지도 않고 독립적인 관심사도 되지 않았다. 오직 최근 들어, 국가 존립의 위협과 인류 생존의 위협 사이에서 발생하는 새로운 그리고 괄목할 만한 긴장과 그 해소가 이 핵 위협이라는 형태로 등장했다. 더군다나 최근까지의 현대사 속에서, 자연의 통제할 수 없는 파괴력에 대한 공포가 팽배해지면서, 인간 삶의 환

178) 이러한 연결고리들은 중요하며 핵 위협과 무관하지 않다. 그러나 이 장에서 현재 취급하려는 범위에서 벗어나는 주제이다.

경과 조건에 대한 인간의 통제라는 의식이 꾸준히 증대되었다. 클라우스 베스터만Claus Westermann이 논평한 바와 같이, "결과적으로 창조는 항상 교회 가르침의 중요한 부분이 되는 동안, 홍수는 전혀 의미가 없게 되었고 모든 실용적인 목적 때문에 홍수는 선언문에서 완전히 사라졌다."[179] 물론 대홍수 이야기는 사람들에게 인간 생존의 위기감을 상기시키는 데 사용될 수 있었지만, 사실 홍수 이야기는 최근까지의 역사적 과거에 진행된 인간 생존에 대한 살아 있는 우려와 더 이상 일치하지 않기 때문에, 거의 고려되지 않았다. 그러나 베스터만의 추가적 관찰은 이러한 경향이 변할 수 있음을 시사한다. 그에 의하면, "인류 전체에 대한 현재보다 훨씬 더 많은 위험과 위협을 인식하게 될 미래에 홍수 이야기가 새롭게 들리게 될 가능성이 있다."[180]

이 가능성을 다루기 전에, 우리는 창세기 이야기의 몇 가지 다른 특징을 주목해야 한다. 그것은 세상의 멸망에 관한 이야기일 뿐만 아니라 세상의 심판에 관한 이야기이다. 대홍수는 하나님의 인간 창조가 다다른 종국의 상황에 대한 그의 슬픔에서 비롯되었는데, 그는 인간 창조를 후회하셨다.창 6:6-7 이 구절의 의미는 자기 피조물을 멸하기로 한 하나님의 결정이 고통스러운 것이었으며, 분노보다도 더욱 슬퍼했음을 의미한다.[181] 그러나 땅은 더 이상 하나님이 창조하신 때와 같지 않았기 때문에, 이를 향한 심판의 결정은 내려졌다. "하나님이 보신즉 땅이 부패하였으니"6:12라는 말씀은 의도적으로 창세기 1장 31절, "하나님이 지으신 그 모든 것을 보시니 보시기에 심히 좋았더라"와 대조되고 있다. 하나님의 피조물이 더 이상 좋을 수 없는 것은, 인간이 '부패' 했거나 땅을 '멸망'

179) Westermann, *Genesis* 1-11, p. 477.
180) *Ibid.*
181) 참조하라. Westermann, *Genesis* 1-11, pp. 410-11.

시켰기 때문이다. 그 결과 하나님은 "그들을 땅과 함께 멸망시킬 것이다."6:13. 동일한 단어 '부패' 와 '멸망' 이 반복적으로 사용된다. 6:11, 12, 13, 17. RSV

구체적으로 말해서 인간이 땅을 타락시킨 이유는 '폭력' 이다.6:11, 13 [182] 인간 문명의 발전은 창세기 4장에서 이 폭력이라는 주제를 강조하는 방식으로 묘사된다. 가인이 세운 도시에서 발생된 문명의 기원과 라멕의 아들들의 발명품4:17, 20-22이 비난받지는 않지만, 이것이 인간 문명의 성취를 무색하게 만드는 점증하는 폭력의 구조적 배경을 만들었다. 자기 형제를 살해한 가인은 폭력으로 모든 인간의 형제애를 와해시키기 시작했지만, 폭력의 확대를 막기 위해 하나님은 가인을 피의 복수로부터 보호하였는데, 가인을 죽이는 자에 대하여 일곱 배의 복수를 하겠노라 선언하였다.4:14-15 가인의 후손 라멕은 그러나, 폭력에 대한 하나님의 제한을 깨끗이 깨뜨리고, 자기의 아내에게 무제한의 복수를 공언하며 자신의 힘을 과시했다.4:23-4 라멕의 노래는 의심할 여지 없이 자기 아들의 벼려낸 무기와 쟁기 보습과 같은 기술적 발명품을 연상시키며 작사 되었을 뿐만 아니라, 또한 창세기 4:17-22의 문명 이야기를 집약하여 보여준다.

> 가인과 아벨 이야기가 전하는 바는 하나님에 의해 창조된 사람들이 형제애 속에서 나란히 함께 살 때라도 동시에 살인의 가능성이 또한 함께 있다는 것이다. 라멕의 노래는 인간의 잠재력에 의해 활성화된 진보가 상호 파괴의 가능성을 증대시킨다는 점을 가르쳐준다. 한 개인의 능력이 확대되면서, 아주 작은 상처에도 무한정

---

182) '모든 혈육 있는 자'(6:12, 13)에 동물을 포함시켜 동물들도 '폭력'의 죄를 범한 것으로 해석함은 옳지 않을 것이다. Westermann, *Genesis* 1-11, p. 416.

으로 보복을 추구하는 자기주장과 자존심의 증대가 있다.[183]

대홍수의 진정한 중요성은 폭력으로 땅을 부패시킨 인간에 대한 하나님의 심판이라는 점에 있다. 그런데 이런 이야기 속에서도 그 같은 심판은 다시금 일어나지 않으리라는 하나님의 반복된 약속이 재차 강조된다. 노아와 그의 가족의 보존은 대홍수 이후 가능하게 되어 창조의 새로운 시작과 같은 상황에 이르렀지만, 그러나 대홍수를 일으켰던 인간의 죄의 원인까지 제거하는 새로운 창조는 아니었다. 비록 신약성경에서 노아의 구원은 기독교 구원의 한 모형[벧전 3:20-21]으로 묘사되지만, 이것이 모형 이상이 아닌 이유는 대홍수가 죄가 아닌 죄인을 소멸시켰기 때문이다. 그러므로 홍수 후에 하나님[8:21]은 홍수 전에 말씀하셨던 것처럼[6:5] "사람의 마음에 계획하는 바가 어려서부터 악하다"고 말씀하신다. 그러나 홍수 전에 인간을 심판하는 원인이 되었던 인간의 한계가 이제 홍수 이후에는 하나님이 용납하시는 지점이 된다. 인간의 악함에도 불구하고 하나님은 다시는 인류를 멸망시키지 않기로 결심하신다.[8:21] 따라서,

> 세상이 이제 하나님의 자비 아래 있으므로, 대홍수는 반복될 수 없다. 대홍수가 더 이상 존재하지 않는 이유가 마치 홍수 세대의 사악함이 다음의 어느 세대보다 더 컸던 것처럼 오해하면 아니 된다. 대홍수 이후의 인류도 별로 다르지 않다.… 인간의 죄와 폭력에도 불구하고 하나님은 세상을 위해 자신을 주었다.[184]

---

183) Westermann, *Genesis 1-11*, p. 337.
184) D. Clines, 'Noah's Flood: I: The Theology of the Flood Narrative,' *Faith and Thought* 100 (1972-73), pp. 139-40.

이러한 관점에서 볼 때, 소위 '노아 언약' 9:8-17이 보이는 엄격한 일방적인 성격이 중요하다. 여기에는 어떤 인간적 조건이 붙어있지 않다. 이제부터 혼돈의 물을 막으시겠다는 하나님의 약속은 무조건적 은혜이다.

그러므로 대홍수 이야기가 계시하는 바는 인류의 생존이 하나님의 뜻 그 자체에 달려 있을 뿐만 아니라, 하나님의 자비와 인내에 달려 있다는 점이다.[185] 원칙적으로 반복된 죄에 의하여 상실된 것은 노아에게 약속하신 하나님의 신실한 은혜 안에서 반복적으로 다시 회복되고 있다. 이러한 보편적 자비의 배경에서, 우주적 구속을 위한 하나님의 뜻을 전하는 성경의 이야기가 펼쳐진다.

지금까지 우리는 대홍수를 인간의 생존에 관한 이야기로 생각했지만, 그것은 또한 동물의 생존에 관한 매우 두드러진 이야기이기도 하다. '생명을 위협하는 재난 앞에서 인간과 동물이 함께 서 있다'[186]는 점에서 이 둘은 하나로 묶여 있다. 가끔 동물에 대한 인간 중심적 해석과는 달리, 창세기는 동물이 인간을 위하여 창조된 것으로 묘사하지 않는다. 그러나 창세기는 동물을 지상의 지배적인 종인 인간의 책임감 아래에 두고, 자비로운 권위 아래 두며, 하나님은 인간에게 땅에 대한 자신의 권위의 어느 정도를 위임하셨음을 보인다. 창 1:26, 28 [187] 모든 성경의 인물 중에서, 노아는 환경에 대한 '보존주의자' 의 역할을 하며, 하나님이 만든 피조물을 향한 자신의 보살핌을 모방하여 인간 '다스림' 의 진정한 의미를 가장 잘 보여주는 사람이다. 비록 창세기 9장 2-5절이 동물의 생존보다 인간의 생존을 어느 정도 우선하지만, 여기서 조차 동물의 생명은 하나님 보

185) 참조하라. K. Barth, *Church Dogmatics IV/I* (Edinburgh: T. & T. Clark, 1956) p. 27.

186) Westermann, *Genesis* 1-11. p. 424.

187) 나의 논문을 보라. Bauckham, 'First Steps to a Theology of Nature,' *Evangelical Quarterly* 58 (1986), pp. 229-44.

시기에 그 자체의 가치가 있다는 것이 분명하다. 따라서 하나님의 허용 9:4 아래 동물이 도살될 때조차 그 생명을 경시하지 말아야 한다. 그러나 훨씬 더 놀라운 것은 노아 언약의 조건이 하나님보다 더 인간 중심적인 관점에서 세상을 보는 사람들의 성향에 대한 책망을 준비하신다는 점이다. 모든 동물은 명시적으로 노아와 그의 후손과 함께 언약의 수혜자이다. 창 9:10, 12, 15, 16 하나님은 인간뿐만 아니라 동물 피조물의 생존에 관심을 가지시며 맹세하신다.[188]

마지막으로 우리는 창세기 9장 1-7절에서 보여주는 인류에 대한 창조 명령의 갱신이 가진 두 가지 측면을 주목해야 한다. 그 첫째는 그 갱신의 명령이 대홍수 이후 창조에 대한 일종의 새로운 시작을 보여주는데, 이는 지상의 인류에 대한, 그리고 인간과 동물의 관계에 대한 하나님의 창의적 의지를 재확립하려는 것이다. 둘째로 그 명령은 또한 이제 인간 삶의 특징이 된 폭력에 의하여 조건 지워진 하나님의 창의적 의지를 명확히 표현한다. 하나님은 이제 이러한 폭력에도 불구하고 인간과 동물의 생명을 지키시겠다고 맹세하셨기 때문에, 창조 명령은 그것을 고려하여 재구성되었다. 폭력은 인간의 생존을 위협하지 않도록 억제되어야 한다. 제한된 정도의 폭력만이 이제 인간의 동물에 대한 지배 개념 속에 들어가지만, 9:2-5 그러나 그것도 인간의 생존을 위한 것일 뿐이다. 유사하게, 인간에 대한 인간의 폭력은 제한적 보복 9:6 만을 허락하시는 하나님에 의해 억제되어야만 하며, 그렇게 함으로 고대 사회에서 영속적으로 반복될 수 있는 가공한 피의 반목을 일으키는 무제한적 폭력을 막아야 한다. 그러므로 하나님은 이제 인류가 동물의 도살이나 살인적 폭력에 직

188) 이 주제에 대한 대홍수 이야기는 다음의 자료를 참고하라. W. Granberg-Michaelson, *A Worldly Spirituality: The Call to Redeem Life on Earth* (San Francisco: Harper & Row, 1984), 5장.

면하였음에도 불구하고 그 땅에서 생육하고 번성하도록[9:1, 7] 제한적인 폭력만을 허용한다. 물론 성경적 관점을 통하여 볼 때, 우리는 여기에서 인간의 마음을 변화시키기 위한 하나님의 구속 전략을 고려한 일종의 보존 작업을 인식할 수 있다. 이는 노아 언약의 조건적 은혜와 달리, 하나님께서 인간에게 맡겨 수행하도록 명령한 보존 작업이다. 그것이 영원히 작동한다는 보장은 없다.

핵 홀로코스트

아주 최근에 이르러, 지구상에 사는 인류의 생존이 실제로 위협받는다는 깨달음을 가지게 되었으며, 이러한 생각이 인간 조건에 대한 일반적인 인식의 일부로 다시 자리 잡기 시작했다. 그러나 이러한 깨달음은 원래 대홍수 이야기가 전한 고대의 형태와는 상당히 다른 모습으로 나타났다. 고대에 나타난 이야기는 통제할 수 없고 파괴적인 자연의 힘에 대한 인간의 취약함을 반영했던 반면, 현대에는 거꾸로 인간이 자연의 힘을 통제하는 전례 없는 과도한 능력을 반영하고 있다.

과학과 기술의 진보는 창세기 9장에서 예상한 것과 매우 달리, 자연계 및 창조된 동물과의 관계 속에 현대 인간을 새롭게 위치시켰다. 우리는 더 이상 처음에 주어진 자연계의 주된 조건 속에서 살지 아니하며, 자연의 힘을 조정하고 관리하며, 그 자연계를 인간 삶을 위한 좀 더 친화적인 환경으로 만들어내기 위하여 지속적으로 개조하고 있다. 우리는 여전히 자연재해에 취약하지만, 점점 더 그 재앙적 영향을 줄일 수 있다. 아프리카의 기근과 같은 파괴적인 현상은 실제로 그것을 예측하는 것이 가능하고, 예방할 수 있게 되었다. 그러나 자연의 힘 앞에서 문제가 되는 것은 더 이상 인간의 무력함이 아니라 오히려 인간의 이기심, 그리고 무관심과 탐욕이다. 그 결과 창세기 4장에 그 기원을 두고 있는 문명의 발전에서 이미 감지된 것처럼, 인간 문명의 심각한 양의성兩意性, ambiguity [189]은 현대 과학기술의 발달이 낳은 결과를 통해 점점 더 분명해졌다. 그토록 많은 인간의 고통을 덜어준 과학기술의 발전 과정이 다른 한편으로는 동시에 20세기 전쟁과 폭정의 지긋지긋한 잔인함을 가능하게 만들었다. 생태적 위기는 그러므로 양의적 특성을 가진다. 자연계의 통제할 수 없는 요소에 의존적이던 우리가 이제는 우리의 이익을 위해 자연을 길들이고, 그것에서 자유롭게 되어, 자연을 비로소 정복하였다. 그런데 이러한 자연에 대한 지배가 동시에 이제는 어떻게 우리의 생존이 달린 자연적 조건을 위협하게 되었는지를 드러내 보이는데, 바로 이것이 위기가 아닐 수 없다. 우리가 지구상에서 인간 삶의 조건을 스스로 관리하는 힘을 가지게 된 것이 이제는 그 자연조건을 유지하거나 파괴할 책임을 떠맡게 되는 위치로 우리를 격상시켰다.

현대 인류가 자연 지배를 확보함으로 가지게 된 무시무시한 양의성을 핵폭탄 이상으로 더 명백하게 보여주는 것은 없다. 우리는 이제 대홍수가 했던 일을 할 수 있다. 노아 시대에 오직 하나님의 통제 아래 있는 자연의 힘만이 할 수 있었던 일을 이제는 인간이 할 수 있다. 우리는 혼돈의 세력을 풀어 하나님의 피조물을 망가뜨릴 수 있다. 대홍수 이전에는 인간의 폭력이 지구를 '부패' 시킨다는 의미에서 땅을 '파괴' 하였다면,6:11-12 이제 인간의 폭력은 하나님이 대홍수로 지구를 멸망시키셨다는 차원에서 땅을 파괴하겠다고 위협하는6:13, 17 상황이 되었다. 인류의 생존에 대한 위협은 이제 바로 우리 자신에게서 직접 나온다. 조나단 셸Jonathan Schell이 말했듯이, 인간은 한 종으로서 자기 멸종 능력을 발명함으로써

189) 역자 주: 하나의 사건이나 사물이 이중적 의미로 해석되는 것을 일컬음.

'생명이 주어진 환경에 근본적인 변화를 일으키는 원인이 되었고, 이로써 우리는 인간의 조건을 변경했다'[190]고 말할 수 있다.

물론 핵무기가 상당한 규모로 사용될 때, 그것이 어떤 영향을 미칠지 완벽하게 확신할 수 있는 사람은 아무도 없다. 특히 북반구에서 핵전쟁이 일어난 후 발생한 황폐하게 하는 위력이 남반구의 얼마나 멀리까지 미칠지 명확하지 않다. 그러나 핵폭발과 방사능으로 인한 즉각적인 황폐화뿐만 아니라 이내 도래하는 '핵겨울' 이 대기에 미치는 대규모 영향과 오존층에 대한 돌이킬 수 없는 손상을 포함한 장기적인 환경 영향을 충분히 고려할 때, 상당한 양의 핵무기를 사용한 전쟁이 인간 생존에 실질적인 위협이 될 수 있다는 것은 분명하다. 가능한 모든 핵전쟁이 인류의 역사를 종식시키는 것은 아니지만, 지구를 더 이상 인간이 거주할 수 없는 곳으로, 또는 실제로 대부분의 다른 형태의 생명체가 살 수 없는 곳으로 만드는 것이 이제 인간의 능력 안에 있다는 사실은 의심할 수 없다.[191]

인간의 자기 파괴라는 이 위협의 급진적인 진기함은 성경이 상상하지 못한 정도의 사건이다. 세계 멸망이라는 성경의 묵시적 시나리오가 더 이상 인간의 자기 파괴가 아닌 것은, 대홍수도 인간의 자멸이 아니었던 것과 같다. 그러므로 우리는 이 지점에서 성경이 언급한 상황과 현대 상황 간의 차이점을 무시하면서 유사점만을 급하게 강조하려는 복음주의 해석학적인 유혹을 피해야 한다. 이렇게 하면 값싼 관련성이 만들어진다. 그것은 성경이 현대인에게 적실성을 가진 것처럼 보이게 하지만, 사실상 성경의 실제 메시지를 왜곡함으로써 그렇게 한다. 성경이 현대인에게 주는 진정한 관련성은 성경이 직접적으로 다루는 상황과 우리 자신의

---

190) J. Schell, *The Fate of the Earth* (London: Pan Books, 1982), p. 115.
191) J. Schell. *The Abolition* (London: Pan Books, 1984), pp. 13-23.

상황이 다른 정도를 충분히 구별함으로써만 제대로 인식될 수 있다. 잠시만 생각하면, 왜 하갈이 소위 지금 시행되고 있는 대리모에 대한 성경적 선례가 될 수 없는지 분명해질 것이다. 바로 이것처럼 핵 홀로코스트가 또 다른 종류의 대홍수가 될 수 없다는 것도 이미 분명해졌다. 그러나 다른 한편으로 대홍수와 핵 홀로코스트 사이의 대조적인 평행 구조에 주의를 기울이면서, 우리는 핵 위협을 성경적 관점에서 보는 데 도움을 얻을 수 있다.

다른 것보다 먼저 우리는 노아 언약이 핵 홀로코스트의 위협을 직접 다루지 않는 것, 즉 그 언약이 '핵 대학살이 절대로 일어나지 않는다'는 하나님의 보증을 전하지 않는다는 사실을 분명히 해야 한다. 하나님께서 땅을 멸하시지 않겠다는 결단은 인간이 스스로 자멸하는 것을 막으신다는 약속이 아니며, 아울러 인간이 그렇게 자멸할 가능성은 아직 창세기 9장의 지평에서 배제된 것이 아니다.[192] 반면에, 노아 언약은 땅에서의 인간 생존에 대한 하나님의 약속을 우리에게 확신시킨다는 점에서 핵 상황과도 간접적인 관련성이 있다. 이것은 중요한 함의를 가진다. 예를 들어, 인류의 멸종을 무릅쓰는 핵 정책은 자유와 원칙을 위해 기꺼이 희생하며 죽음을 선택하더라도 그것은 영웅적인 선택이 아님을 의미한다. 또한 그것은 하나님 자신이 그의 인간 피조물 위에 덧입혀주신 귀중한 가치를 직접적으로 거부하는 것을 의미한다. 핵 보복 정책으로 인간을 멸종의 위험에 빠뜨리는 것은 확실히 보복에 대한 하나님의 허락이라고 호소할 수도 없다.[9:6] 그 이유는 창세기의 보복에 대한 가르침이 폭력의 확산

192) Peter Selby, 'Apocalyptic Christian and Nuclear,' *Modern Churchman* 26 (1984), p. 9. 앞의 글에서 피터 셀비는 '노아와의 언약은 취소할 수 없을 정도로 분명히 우리 손에 놓여 있다'고 말한다. 인간 생존을 위협하는 다른 가능성이 있다는 것, 심지어 우리가 통제할 수 없는 위협이 아직도 있음을 깊이 염두에 두어야 하지만, 셀비의 주장은 어떤 면에서는 사실이다.

이란 위협을 저지하여 인간의 생존을 확보하려는 정반대의 목적을 위해 고안되었기 때문이다. 더욱이 적의 사악함을 추정하고 상상하여 핵 보복을 정당화하려는 모든 시도는 인간의 도덕적 범주를 이데올로기적으로 남용한 것일 뿐만 아니라, 노아 언약의 은혜로우신 배려를 제공하신 하나님에 대해서도 전혀 무지한 것이다. 그분은 피조물인 인간의 사악함에도 불구하고, 그들의 생존을 위하여 약속하신 분이시기 때문에, 인간의 죄를 용납하고 심판을 보류하신다.

인간의 생존을 위한 하나님 자신의 약속을 하나의 배경 삼아, 우리는 핵 문제에 대한 우리의 기독교적 사고와 우리의 기독교적 평화운동에 대한 사고를 발전시켜야 한다. 인간의 생존이 인간의 손에 달린 매우 비상한 이 같은 상황에서, 대학살을 막으시는 하나님의 섭리를 우리가 감히 대신한다고 생각해서는 아니 된다. 이런 상황에서 단순히 우리를 우리 죄의 결과 속에 내버려 두시는 하나님의 관용은 오히려 그분의 심판이 될 수 있다. 다시 말해서, 인간의 생존을 위한 하나님의 약속이 그것을 확보해야 할 인간 자신의 책임으로부터 분리될 수 없다는 점이다. 그러나 그 약속은 평화를 위해 노력하는 사람들에게 그들의 노력이 역사 속에서 하나님의 뜻을 이루는 방향이라는 확신을 준다. 그들의 책임 있는 활동은 그들의 편에 계시는 하나님께 기도하고 하나님을 신뢰하며 행동하는데 뿌리를 두어야만 한다. 그 이유는 하나님이 이처럼 인류의 편에 계셔서 자신의 편에 있는 사람들을 도우시기 때문이다.[193]

핵무기의 심각한 공포가 명백해지는 현재는 대홍수 이야기를 그것이 가진 신학적 의미에 비추어 성찰해 볼 수 있는 때이다. 핵무기는 하나님

193) 핵 상황에서 본 하나님의 섭리와 인간의 자유라는 주제를 더욱 연구한 나의 다음 논문을 보라. Bauckham, 'Theology after Hiroshima,' *Scottish Journal of Theology* 38 (1986), pp. 583-601.

의 피조물을 진멸하겠다고 위협하고 있는데, 이는 이미 인간의 죄로 인해 심각하게 훼손된 피조물에 대한 하나님의 슬픔에도 불구하고, 하나님 자신이 보존하겠다고 맹세하신 것들을 파괴하려는 것이다. 그것은 하나님의 형상으로 창조된 인간 피조물뿐만 위협하는 것이 아니라, 동물 피조물 곧 하나님이 인간에게 돌보라 책임을 주셨고 노아에게 대홍수를 통해서도 보존할 책임을 부여했던 동물 피조물을 위협한다. 지구상에서 인간의 지배가 이미 실현된 결과로 하루 평균 3종의 동물이 멸종당하게 된 현시점에서, 야생 동물이 인간의 생존에 주요 위협이 되었던 원시 인류의 상황은 우리에게 이제 까마득하게 멀리 떨어진 과거의 경험이 되었다.[9:2] 핵 문제를 논의하되 마치 인간만이 영향을 받는 것처럼 이를 정기적으로 논의하는 행위는 우리가 가진 비성경적인 인간중심주의[anthropocentrism]라는 척도 때문이다.[194] 우리는 하나님의 형상으로 창조된 존재로서의 인간의 존엄성이, 나머지 다른 피조물을 무시하는 우리의 자유에 있지 않고, 반대로 나머지 피조물 전체에 대한 책임감 있는 배려를 섬세하게 실천하는 데 있다는 것을 망각했다. 하나님의 세계를 연기 나는 유독성 쓰레기와 간단한 곤충만 서식할 수 있는 잿더미로 만들 수 있는 무기는 '정당한 전쟁'[Just War][195]의 윤리보다 훨씬 더 넓은 신학적 맥락에서 재평가되어야 한다. 핵무기의 사용에 관한 한, '인간의 피 이상의 것들이 하나님을 향해 부르짖는다.'[196]

---

194) 인본주의 작가 조나단 셸(Jonathan Schell)은 핵 위협의 의미를 대부분의 기독교인보다 더 명확하게 파악하고 있다: "핵의 위험은 보통 다른 형태의 생명체와 그 생태계에 대한 위협과 분리되어 보이지만, 사실 핵은 생태 위기의 핵심이라고 보아야 한다." J. Schell, *The Fate of the Earth*, p. 111.

195) 역자 주: 전쟁이론의 한가지로 거룩한 전쟁, 평화주의와 함께 거론됨. 일정한 조건을 갖춘 선택적 전쟁이 정의로울 수 있다는 주장.

196) D. Aukermann, *Darkening Valley: A Biblical Perspective on Nuclear War* (New York: Seabury Press, 1981), p. 127. 이 문단에서 다룬 주제를 더 살피기 위

핵 위협은 창세기 1:28의 원래 형태의 창조 명령과 창세기 9:1-7의 교정된 형태의 창조 명령에 역행하는 인간의 반역을 드러내고 있다. 핵은 하나님께서 인류에게 '책임을 지라' 명한 피조물을 오히려 위협한다. 그것은 마치 라멕의 교만함으로 무제한의 보복을 가하고 모든 폭력의 한계를 부수겠다는 위협과 같으며, 그렇게 함으로 창세기 9:2-6에 의해 엄격하게 제한적으로 허용된 폭력의 한계를 넘어서 폭력의 제한된 목적을 무너뜨리는 것이다. 인간이 하나님의 피조물을 파괴할 수 있는 신적인 힘을 가진다는 것은, 노아 언약을 통하여 볼 때 하나님 자신도 그러한 힘을 행사하지 않겠다고 이미 맹세한 바 있다. 그런데도 사람이 이제 핵무기를 사용하겠다는 것은 하나님의 형상인 인간이 하나님을 닮지 않겠다는 거부권의 행사일뿐 아니라, 이제는 그 자체로 신들처럼 되겠다는 인간 자신의 결단을 표명한 것이다. 핵겨울이 오면 무지개가 사라져 보이지 않는다는 말은 상징적으로 볼 때 아주 적절한 표현이다. 왜냐하면 인간의 핵전쟁은 인간 자신은 물론이고 인간이 아닌 피조물의 생존을 보존하기 위해 품은 하나님의 창조적 의지를 무시하여 빼앗아 버리는 찬탈 행위이기 때문이다.

마지막으로, 나는 대홍수 이야기가 하나님과 세상과 우리 자신에 대한 일종의 질적으로 새로운 인식을 향해 나아가도록 우리를 도울 수 있다고 주장한다. 이것은 핵 상황이 부여하는 새롭고 심각한 상황을 알도록 우리에게 요청한다. 대홍수 이야기를 원래 가진 의미에 충실하게 읽을 때, 우리는 하나님께서 우리에게 주신 선물인 이 세상을 새롭게 인식하면서 살아가도록 깨달음을 얻을 수 있다. 오직 하나님의 인내와 자비로

하여, 저자가 쓴 18장 전체를 보거나 마이클손의 다음 책도 참고하라. Granberg Michaelson. *A Worldly Spirituality*, pp. 175-77.

세상의 멸망이 보류되는 것을 깨달으며, 우리가 당연한 것으로 여겼던 세상이 다시 한번 하나님의 은혜로 우리에게 연속적으로 부여된 세상이 된다는 사실을 발견하게 된다. 노아와 함께 우리는 세상을 잃었다가 다시 찾았으며, 새롭게 경험한 하나님과의 관계 속에서 세상이 더욱 가치 있음을 발견한다. 핵 위협을 동반하는 심각한 대결은 일종의 상실과 발견의 유사 경험을 할 수 있는 기회가 될 수 있다. 무엇을 상실하는가를 묵상할 때, 불치병에서 회복된 사람이 새로운 강렬함으로 살아가는 기쁨을 경험하듯, 우리는 세상을 잃어버릴 수 있음을 생각하면서 하나님이 아직 파괴하지 않으신 세상의 선함과 아름다움을 새로운 현실로 경험한다. 그리고 소위 잠시 우리에게 다시 주어진 세상을 발견하게 됨을 묵상할 때, 우리는 세상의 보존을 위한 하나님의 약속을 공유하는 법을 다시 배우게 된다. 핵 위협에 직면하여 세상을 체험하면서 우리가 발견하게 되는 상대적으로 새로운 요소는 세상은 다시금 하나님의 선물임과 동시에 우리의 책임 아래에 있다는 것이다. 이런 방식의 통찰을 통해 우리가 가져야 하는 체험은 핵 시대의 긴급한 책임감 속에서 일종의 종교적 도피를 가르치는 것이 아니라, 우리가 그러한 책임을 적절하게 수행할 수 있는 기독교적 관점의 원천을 제공하는 것이 되어야 한다.

토의문제9. 창세기 대홍수와 핵 홀로코스트

1. 창세기 6장 5-12절을 읽으라. 창세기 9장 1-17절을 읽으라. 창세기 6장과 9장의 사이에는 어떠한 사건이 있었는지 이야기를 나누라. 창세기 6장과 9장에서 연속적으로 생존하게 된 생물은 어떠한 것이 있었는지 살펴보라.

2. 창세기의 대홍수는 생물의 화석이 포함된 퇴적암과 대규모의 화석연료를 통해서 볼 때, 국지적이 아닌 전지구적全地球的 사건이었음을 미루어 생각할 수 있다. 이러한 격변적 대재앙이 올 수밖에 없었던 이유로서 창세기 6장은 어떠한 이유를 제시하는가?창 6:1-2, 5-6, 11-13

3. 대홍수 이후, 인간의 악함과 탐욕과 폭력에도 불구하고 하나님은 다시 모든 생물을 멸망시키지 않겠다고 말씀하신다.창 8:21 이 약속은 노아 언약창 9:8-17으로 확인되는데, 그 언약의 내용은 무엇이며, 언약의 증거는 무엇인가? 이 약속은 언제까지 지속되는가?창 9:2

4. 대홍수 이후, 하나님은 인간과 생물을 보존하시겠다고 언약을 체결하였다. 하나님의 언약은 인간의 무책임한 환경파괴와 핵전쟁에도 불

구하고 일방적으로 지켜주시겠다는 것인가? 아니면 인간의 자연보호, 핵전쟁의 회피와 생명에 대한 외경畏敬과 같은 인간의 책임을 요청하는가?

5. 저자 보쿰은 핵 홀로코스트는 인간의 재앙일 뿐만이 아니라, 전적으로 하나님의 뜻에 어긋나는 것이라 말한다. 핵 홀로코스트의 상호 파멸과 핵겨울의 도래와 같은 비극을 피하기 위한 우리의 대안은 무엇인가? 인간과 생물의 생존을 위한 우리의 책임은 무엇인지 살피라?창 9:6-7, 9-11

10. 정치적 그리스도: 결론적 성찰

예수 그리스도는 성경 곧 정경canon [197]의 중심이다. 성경의 모든 주제는 예수께 수렴되며, 그와 관련하여 최종적이고 완전한 의미를 찾게 된다. 성경을 올바르게 읽기 원한다면, 모든 그리스도인의 성경 공부는, 끊임없이 예수께로 돌아가야만 한다. 그렇다면 우리는 복음서의 특정 구절뿐만 아니라 예수 자신도 정치적으로 읽을 수 있을까? 예수와 그의 중요성을 순전히 정치적인 용어로 해석하는 것은 예수를 축소하는 것이다. 그러나 그의 삶과 죽음에서 정치적 차원을 배제한다면, 우리는 또한 예수를 축소하는 것이다. 예수께서 섬긴 하나님의 나라는 인간의 삶 전체를 포용하기 때문에, 또한 그는 정치적 구조와 정책으로 자기 삶에 영향을 받는 사람들을 사랑함으로 자신과 동일시했기 때문에, 예수의 사명은 삶의 다른 차원과 함께 정치적인 측면에도 영향을 미쳤다. 우리가 여러 차례에 걸쳐 관찰한 것처럼, 정치가 전부는 아니다. 그리고 정치적인 차원은 물이 샐 틈이 없는 독립된 자율적인 삶의 영역도 아니다. 정치는 삶의 다른 모든 차원과 함께 상호작용한다. 그러므로 우리는 예수님의 삶과 죽음과 부활이 정치로 환원될 수는 없지만, 정치적인 차원이 있음을 발견하리라는 점을 기대할 수 있다.

---

197) 역자 주: 신앙의 척도가 되는 66권의 성경으로 외경, 위경과 대조를 이룸.

예수의 실천

예수님은 그의 사역을 통해 다가오는 하나님 나라를 선포하고 그 임재를 실천하였다. 즉 예수는 하나님의 통치를 현재 안으로 확장하고 사람들을 그 안에 살도록 초청함으로써, 제한되지 않고 도전도 할 수 없는 하나님의 주권이 성취되는 미래의 소망을 미리 내다보았다. 이것은 완성된 종말론적 의미에서의 하나님 나라가 아니라, 역사 안에 있는 나라의 예비적인 임재였다. 예비적이라고 말하는 것은 그 나라가 악과 고통과 죽음을 물리치고 승리함으로 느껴지지만, 아직 세상에서 그것들이 완전하게 제거되지는 않았기 때문이다. 그러나 나라의 실재적인 임재라 말함은 예수의 실천에서 하나님 통치의 특성을 확인할 수 있었기 때문이다. 요컨대 예수의 실천으로 구체화된 하나님의 통치는 하나님의 은혜롭고 아버지와 같은 사랑을 베푸시는 주권의 행사였다. 이를 더 자세하게 표현하면 다음과 같다.

> 마귀의 눌림과 관련하여, 정복.
> 하나님의 다스림에 대한 허위 진술과 관련하여, 날카로운 견책.
> 이기적인 자기만족에 관련하여, 경고.
> 죄와 실패에 관련하여, 용서와 사랑의 확신.
> 질병과 관련하여, 치유.
> 물질적 필요와 관련하여, 일용할 양식의 공급.
> 배제와 관련하여, 포용.
> 권력에 대한 욕망과 관련하여, 겸손과 사랑의 섬김이라는 본보기.
> 죽음에 관련하여, 생명.
> 거짓된 평화, 고통스러운 분열, 그러나 적대감과 관련하여, 화해.

전체 목록이 아닌 이러한 일반적인 특성은 복음서의 이야기와 말씀에서 수집한 것인데, 이 복음서 자체는 대체할 수 없는 하나님 나라의 본질을 드러낸다.

예수께서 하나님의 통치를 실현하는 방법의 핵심은 그가 자기 자신과 당시의 사람들을 사랑 안에서 동일시하는 것이다.[198] 하나님 아버지의 사랑을 직접 체험한 하나님의 아들이신 예수는 아버지의 사랑을 사람들의 삶에 강력하게 전할 수 있었다. 그러나 이 사랑은 모든 사람을 향한 하나님의 자비에 대한 무차별적인 메시지를 설교함으로써, 단순하게 일반화하는 방식으로는 전달될 수 없다. 예수를 통한 하나님의 사랑은 매우 실제적인 방식으로, 즉 다른 삶의 상황에 있는 사람들에게 조화되도록 도달되었다. 왜냐하면 예수께서 사랑 안에서 사람들과 자신을 동일시했고, 그들의 문제와 필요를 이해하고 느꼈기 때문이다. 오직 그렇게 할 때만 하나님의 사랑이 그들의 삶에 도달하고, 그들의 삶을 변화시킬 수 있다. 예수께서는 모든 사람을 향한 하나님의 보편적인 사랑을 실천하셨지만, 그는 각 개인의 특정한 상황을 파악하고, 이 사람이나 저 사람에 대한 하나님의 사랑을 끊임없이 구체화함으로서 각자에게 진정한 사랑을 전할 수 있었다.

이것은 한편으로 예수의 다른 사람을 향한 사랑의 동일시에는 한계가 없었지만, 다른 한편으로는 모든 사람에게 획일적인 방식으로 사랑의 동일시를 실천하지 않았다는 것을 의미한다. 여기서 동전의 양면을 염두에 두는 것이 중요하다. 첫째로, 예수님의 사랑은 그 누구도 배제하지 않았

198) 예수께서 사람들과 가졌던 사랑의 연대에 대하여는 나와 로완 윌리암스(Rowan Williams)가 쓴 부분을 참고하라. Bauckham, 'Jesus-God with Us,' in *Stepping Stones*, ed. C. Baxter (London: Hodder & Stoughton, 1987), pp. 21-41; 근간. Bauckham, 'Christology Today' in *Scriptura* (1988).

다. 예수는 사회의 소외된 사람들을 멀리하지 않으셨고, 예수가 사귄 집단 때문에 분개하는 존경받는 사람들로부터도 거리를 두려고 하지 않으셨다. 그는 세리와 죄인들과 함께 식사하셨을 뿐만 아니라, 바리새인들과도 함께 식사하셨다. 그의 고침을 받은 사람들은 눈먼 거지 바디매오, 사마리아인 문둥병자, 로마 백부장의 하인, 그를 체포하기 위해 파견된 대제사장의 종이었다. 예수는 남자 친척도 없고 모든 경제적 지원이 부족했던 나인성 과부의 아들만 살리신 것이 아니다. 그는 의심할 여지 없이 부유한 야이로의 딸을 살리기도 했는데, 예수는 그의 사회적 중요성 때문에 야이로의 슬픔을 비난하지 않았다. 예수의 제자이자 충성스러운 친구들은 작은 고기잡이 사업의 동업자들, 세리, 이전에 귀신 들렸던 사람, 헤롯 재산 관리인의 아내, 그리고 부유한 귀족을 포함했다. 심지어 종교 지도자들에 대하여 예수께서 매우 비판적인 대립을 보일 때조차도, 예수는 그들을 모든 사람을 포함하는 그의 사랑의 연대성에서 밖으로 쫓아내지 않았다. 그 이유는 이 대립이 그러한 사람들의 특별한 상황에 영향을 미치는 하나님 사랑의 특성과 요구를 깨닫게 할 수 있는 유일한 방법이었기 때문이다. 그리하여 예수께서 실천한 사랑의 동일시는 모든 장벽을 넘어 인간 조건의 모든 다양성을 가진 사람들, 곧 신체적 사회적 경제적 정치적 차이로 말미암아 성별, 계급, 인종, 연령, 건강 상태 등으로 나누어진 모든 사람에게 전달되었다.

그러나 두 번째로, 예수가 이 모든 사람과 획일적인 방식으로 동일시하지 않았다는 점을 주목하는 것도 똑같이 중요하다. 예수는 그들이 당한 상황의 실재를 그대로 잘 이해하는 차원에서 가장 실제적이고 아주 다양한 방법으로 하나님과 그들 사이의 연대성을 충족시켜 주셨다. 그는 나병환자를 만져서 고쳤다. 그는 부자 청년 관원을 착하고 정직한 사람으로 여겼기 때문에, 그에게 재산을 가난한 사람들에게 나눠주라고 부탁했다. 그는 간음 중에 잡힌 여자를 정죄하기를 거부했지만, 바리새인에 대한 그의 공격은 자제하지 않았다. 예수께서 다양한 사람들에 대하여 다양한 방식으로 하나님의 사랑을 어떻게 구체화 시켰는지 고려할 때, 우리가 가진 정치적 관심과 특별한 관련성이 있는 세 가지 측면을 발견하게 된다.

첫째, 예수께서는 인간 삶의 차원을 인위적으로 구별하지 않으셨고, 삶의 한 차원 또는 다른 차원에 있는 사람들에게 다가가는 경직된 정책은 없으셨으나, 사람들의 삶의 상황을 전체적으로 수용하심으로 적절하게 행동하셨다. 나병환자의 치유는 이 점을 잘 예시해 준다. 질병을 치유하심으로써 예수는 나병환자의 삶을 여러 면에서 변화시키셨다. 나병은 질병의 전염성으로, 그리고 관련된 의식적儀式的, ritual 부정함으로 사회의 나머지 부분으로부터 격리를 수반했기 때문에, 신체적 건강의 회복은 사회 및 종교적 공동체와의 회복을 가져왔다. 예수는 의식상으로 자신을 더럽히는 위험을 무릅쓰고 문둥병자를 만지심으로, 질병뿐만 아니라 인간 공동체의 치유를 드러내셨다. 더욱이 사마리아 출신의 문둥병자와 같이 적어도 하나님을 인정하고 감사함으로 응답한 사람의 경우, 예수의 치유 행위를 매개로 신체적, 사회적, 경제적 효과를 가져온 것은 삶의 모든 총체적 차원을 아우르는 하나님의 사랑에 대한 신선한 경험이었다. 문둥병자의 경우, 말하자면 하나님 사랑의 진입 지점이 신체적인 치유였다면, 사마리아 여인의 경우 그 진입 지점이 다른 곳임을 예시한다. 이 경우 먼저 예수는 여성에 대한 남성, 사마리아인에 대한 유대인의 사회적 우월성이라는 장벽을 뛰어넘었고, 그는 결혼 생활에서 여성의 실패를 표면화시키는 방법을 택했다.

둘째, 예수께서는 확실히 사람들을 개별적으로 만났지만, 그들이 특정 사회 집단에 속해 있는 범주를 인식하고 있었다. 예수가 만난 사람 중 일부는 복음서 이야기에서 개인으로 등장하고, 일부는 사회 집단의 대표자로 우리에게 남아 있다. 복음서는 예수께서 교제했던 사람들이 특정한 집단의 사람, 즉 세리, 불구가 된 걸인, 문둥병자, 사두개인, 창녀, 부자, 가난한 자 등이라고 한다. 이 집단 구성원의 삶이 어떤 것인지는 그 집단의 성원이 됨에 따라 매우 크게 결정되었으므로, 예수의 이 같은 사람들을 향한 사랑에 기반한 동일시는 1세기 팔레스타인의 사회 및 경제 구조 속에서 그들의 위치에 대한 예수의 인식을 포함하고 있음을 부인할 수 없다. 하나님의 사랑이 이러한 세리 삭개오나 레위가 아닌, 단순히 한 세리일 뿐인 개인에게 표현되었다면, 그 사랑은 완전히 구체화 되지 않았을 것이다. 그러나 다른 한편으로 삭개오나 레위가 세리라는 사실을 사회 구조적 차원에서 충분히 고려하지 않고서는, 또한 그들에게 하나님의 사랑을 충분히 깨닫게 할 수 없다. 그러므로 정치, 즉 개인을 개인으로 보는 것보다 구조와 사회 집단의 일부로 다루는 정치는 예수님의 제자도 속에서 그 독특한 자리를 차지한다. 정치는 예수가 만난 각 개인에 대한 예수님의 특별한 관심을 완전히 구현할 수 없지만, 그러나 사회 구조에 의해 삶이 형성되는 사회 집단의 구성원에 대한 예수의 관심을 구현하는 수단이 될 수 있다.

셋째, 예수께서 다양한 방식으로 모든 사람을 사랑으로 동일시했다는 맥락에서, 우리는 예수의 실천이 가난한 사람들에 대한 편파적인 관심을 보여주었다는 주장을 고려해야 한다. 예수의 관심사가 된 이 모든 사람이 결코 경제적으로만 가난한 사람들이 아니었기 때문에, 소외된 사람들, 즉 사회에서 어느 정도 배제된 사람들에 대한 예수의 특별한 관심을 이야기하는 것이 더 나을 것이다. 특히 세리, 즉 세금 징수원은 확실히 가난하지 않은 것이 분명한데, 실제로 그들이 사회에서 멸시받았던 이유는 부분적으로는 다른 사람들의 희생이라는 의심스러운 방법으로 부자가 되었기 때문이다. 그러나 세리는 예수께서 엄청난 오명을 뒤집어쓰면서 의도적으로 어울렸던 현저하게 눈에 띄는 사람들이었다. 예수께서 다양한 집단을 '편애하신' 핵심 이유는 그들이 틀림없이 사회적, 경제적, 종교적 이유로 하나님 백성이라는 바로 그 공동체에서 상대적으로 배제되었기 때문이다. 그러므로 예수는 당시 유대 사회에서 2등 시민으로 취급받지 않을 수가 없었던 여성을 예외적인 존중함을 가지고 대했으며, 이스라엘에서 그들의 온전하고 동등한 지위를 암묵적으로 인정하였다. 그가 치유한 사람들 사이에서 두드러지게 드러난 사람들은 영구적인 장애를 가짐으로 걸인으로 전락된 결과, 공동체로부터 사회, 경제적인 주변부로 내몰렸던 처지의 주민들이다. 그러나 예수는 또한 세리와 매춘부와 같은 도덕적으로 버림받은 자들과 친구가 되었고, 그들의 환대를 받아들이고, 음식을 함께 나누어 먹음으로써, 그가 마음속에 그렸던 갱신된 이스라엘의 사회적 유대 속에 그들을 포함하는 특별한 계기를 만들었다. 다른 모든 사람에게 외면당하고 잊혀진 사람들에게 다가가려는 예수의 의도적인 시도를 볼 때, 그는 모든 경우 속에서 가장 절망적인 경우를 잊지 않고 찾았는데 그 예는 다음과 같다. 첫째로는 사회가 이미 거의 시체로 취급하는 나병환자였으며, 둘째는 사실상 모두 사람이라고 보기도 어려워 실제로 배척되고 있는 귀신 들린 자였다.

소외된 사람들에 대한 예수님의 특별한 관심은 다른 사람들을 무시하는 것이 아니었다. 오히려 예수님의 사명은 하나님의 사랑이라는 연대를 통해 모든 사람에게 다가가서 모든 사람 사이에 그 사랑의 연대를 건설하는 것이었다. 그러나 이 목적을 위한 예수의 특별한 관심은 인간의 연대에서 제외된 사람과, 다른 한편으로는 그들이 하나님의 연대에서 제외되었다고 정죄하는 바로 교만한 그 사람들을 그 안에 포함시키는 것이었다. 하나님 백성의 연대에서 다른 사람을 배제했던 사람들은 그들이 배제했던 사람들과 함께 연대를 이룰 때만 비로소 그들도 자신과 하나님의 연대를 제대로 배울 수 있었다. 이런 맥락에서 볼 때, 예수는 세리와 죄인들을 위해서 뿐만 아니라 실제로 바리새인들을 위해서라도 자신을 세리와 죄인들과 동일시하셨다.

예수의 하나님 나라에 대한 비전은 자신의 사역을 통해 상황에 따라 잠정적으로 단편적으로 드러났는데, 그 비전은 어떤 사람은 편애하고 어떤 사람은 배제하는 집단이 보여주는 것과 같지 아니한 특권과 지위가 없는 그러한 사회였다. 그리하여 당시 사회에서 아무런 지위를 갖지 못했던 사람들은 하나님의 통치가 예수님을 통해 사회를 재구성하면서 사회에서 눈에 띄는 위치를 차지하게 되었다. 이것은 부자와 특권층의 사람이 가난하고 소외된 사람들 옆에서만 동등하게 그들의 자리를 찾을 수 있도록 만들었다. 먼저 된 자가 나중 되고 나중 된 자가 먼저 되는 상황 속에서, 아무 지위나 특권이 전혀 필요 없게 되었다. 마찬가지로, 어떤 사람들은 [종교적] 의righteousness를 특권으로 여기고 이로써 다른 사람들을 배제하는 지위로 생각하는 사회 속에서, 예수는 의로운 지위를 주장할 수 없는 악명 높은 죄인들이 하나님의 용서가 역사하는 은혜의 왕국에서 정당한 자리를 차지할 수 있음을 분명히 하셨다. 자신을 의롭다고 여기는 사람들은 은혜의 연대 안에서 의의 특권을 포기함으로써만 그 자리를 차지할 수 있었다. 마지막으로 어린이를 사랑하신 예수는 어린아이를 하나님 나라의 시민권의 모범으로 삼으셨는데, 그 이유는 어린이가 사회적 지위가 전혀 없었기 때문이다. 하나님 나라에 들어가려면 모두가 어린아이처럼 되어야 한다. 자녀에 대한 하나님의 편애와 마찬가지로, 세리와 걸인에 대한 예수님의 편애는 다른 사람들을 배제하는 것이 아니라 그들을 포용하기 위한 것이다. 다른 이들은 예수와 함께 불의한 이들, 가난한 이들, 어린이들과의 연대에 들어가기 위해 자신의 지위를 포기해야 한다. 하나님의 나라로 들어가는 유일한 길은 누구도 다른 모든 사람의 이웃보다 자신을 낮게 여기지도 않으며, 자신을 타인보다 높이 생각하지 않는 겸손함 가운데 있다.

예수의 십자가

십자가 처형은 고대 세계의 흔한 형벌이었다. 그러나 예수의 십자가 처형에 대한 복음서 이야기가 고대 문학에서 찾을 수 있는 십자가 처형에 관한 가장 길고 상세한 설명이라는 것은 주목할 만한 사실이다.[199] 고대의 작가들은 보통 십자가형을 간략하게 서술하거나, 자세한 것을 길게 언급하지 않았으며, 그것을 언급할 기회를 가진 많은 저자들에게서조차 그것에 대한 전체적인 그림을 얻을 수 없었다.

이러한 무시의 이유는 숙고할 가치가 있다. 첫째, 십자가형은 가장 끔찍한 죽음의 방식으로 간주되었다. 그것은 의도적으로 가능한 한 고통스럽게 만들어진 처형의 한 형태로서, 극도로 느린 고문을 동반한 죽음,

199) 이후의 논의는 헹겔의 다음 작품으로 특별한 도움을 얻었다. M. Hengel, *Crucifixion* (London: SCM Press, 1977).

그리고 대중의 수치와 조롱에 노출되도록 만든 것이다. 교양 있고 문학적인 소양을 가진 세계는 그것과 아무 상관을 가지지 않으려 했다. 로마는 그것이 폐지되기를 원한 것이 아니었으며, 그들은 이 가장 잔인한 사법적 제재가 문명사회를 유지하기 위한 억지력으로써 필수적인 수단이라고 당연하게 여겼다. 그러나 그들은 십자가 형벌이 인도적이고 자비로운 로마 문명의 이미지를 망치지 않도록 하려고, 그것을 일부러 염두에 두지 않았다. 그들은 많은 사회가 견지하는 일종의 이중적 사고의 특성을 유지하고 있었다. 그들은 한편으로 문명화된 가치의 고향으로서 로마 사회에 대한 이상화된 그림을 전파하고, 그러한 로마를 진정으로 신뢰하며, 다른 한편으로는 이 문명이 고문과 공포의 시스템에 의해 유지된다는 사실을 묵인하고 있었다. 십자가형은 민중을 향해 공격적으로 공개됐고 또 그렇게 되어야 했다. 그만큼 로마제국이 그 영광을 찬양했던 문학과 문화에서 십자가는 훨씬 더 단호하게 추방당했다. 율리우스 카이사르와 같은 위대한 장군들, 정기적으로 십자가 처형을 명령했던 플리니우스와 같은 위대한 지방 총독들은 그들의 회고록을 쓰는 가운데 그 십자가형이 존재한다는 사실을 한 번도 언급하지 않았다. 그 이유는 그 형벌을 기억하거나, 기억되기를 바라지 않았기 때문이다.

그러나 고대 문학에서 십자가 처형에 대해 거의 다루지 않는 두 번째 이유는 첫 번째 이유를 강화하는 것으로서, 십자가에 못 박힌 사람들은 중요한 사람들이 아니었다는 이유 때문이다. 십자가 처형은 하층 계급, 외국인, 노예를 위한 것이었다. 그것은 국가에 반역하는 정치적 범죄에 대한 처벌이자, 폭력적인 강도 그리고 반역하는 노예에 대한 형벌이었다. 그것이 국가의 권위와 노예를 소유하는 사회 구조를 유지시켰다. 그것은 다른 사람들을 야만적으로 취급하여, 다수의 평화와 번영을 보장했다. 십자가 처형이 잊혀질 수 있었던 이유는 그것이 사람을 잊는 방법, 사회의 양심이나 안전을 방해하는 사람을 사회에서 배제하는 방법, '타자'의 인간성을 부정하는 방법이자, 그들의 인간성을 오물로 만들어 소멸하는 방법이었기 때문이다.

문명사회라는 환상은 희생자를 망각함으로써 유지되어야 했다. 십자가형은 희생자를 제거하여 그들이 아무것도 아닌 것이 되게 하는 방법이었다. 아울러 그들이 평안한 가운데 진정으로 잊힐 수 있도록, 십자가 처형 자체는 논의되지 않았다. 그러므로 십자가에 못 박힌 하나님 예수라는 기독교 메시지에는 독특한 불쾌함이 있었는데, 즉 반역자나 노예처럼 사형당하신 하나님, 중요하지 도 않고 속히 잊어버려야 할 희생자 중의 하나가 되신 하나님이라는 메시지가 그러하였다. 그러한 하나님은 터무니없을 뿐 아니라 잔인할 정도로 공격적이어서, 로마 사회의 환상을 정면으로 공격했기 때문이다.

예수는 십자가에 못 박히심으로 자신을 명백히 그리고 궁극적으로 희생자들과 동일시했다. 인간을 존귀한 존재로 만들어 그 인간성을 회복시키기 위하여, 그 자신은 아무것도 아닌 존재가 되는 운명을 겪었다. 그는 잊혀진 자들과 합류했지만, 그 자신과 그의 십자가에 못 박힌 이야기는 사람들에게 기억되었다. 로마 사회와 국가는 다른 사람들의 기억을 억누르듯 십자가에 못 박힌 이 사람의 기억을 억누르려고 애썼지만, 예수의 경우에 그들은 실패하고 말았다. 그의 십자가 처형은 로마 역사에서 가장 잘 알려진 사실이 되었다. 예수는 기억되었을 뿐 아니라, 이미 모든 잊혀진 희생자들도 그 자신과의 연대성 속에서 다시 사람들에게 기억되었다.

예수는 십자가의 고난을 피할 수 있었지만, 그는 하나님의 사랑을 전달하는 사명에 순종함으로 필연적으로 자신을 희생양으로 삼는 길을 선택하였다. 이처럼 그는 다른 많은 사람과 같은 방식으로 고통을 겪었다. 그는 인간의 모든 존엄성을 박탈당하고, 계속되는 고통에 지칠 대로 지쳐, 사형 집행자들과 야유하는 구경꾼들 앞에서 속수무책이 되고, 친구들과 함께 자신의 하나님으로부터 버림받음으로, 예수는 스스로 완전한 희생양이 되고 말았다. 종종 고통은 사람으로 하여금 자신에게만 관심을 기울이도록 만들고, 다른 사람들을 돌볼 영적 힘을 빼앗지만, 그러나 예수에게 주어진 고통은 그를 환경으로부터 격리시키는데 실패했다. 그와 반대로 오히려 그의 사랑 어린 관심은 그가 십자가에 매달려 죽어가는 동안에도, 주변의 모든 사람에게 전달되었다. 그의 옆에서 십자가에 매달려 죽어가는 희생자들, 슬픔에 잠긴 그의 어머니, 심지어 그가 하나님께 용서를 빌었던 사형 집행자들까지도 그의 사랑에서 끊을 수 없었다. 십자가에 못 박히신 예수는 사랑 때문에 고난 당하셨고 고난 가운데서 사랑하셨기 때문에, 그는 희생당하는 모든 이들과 함께하는 하나님의 사랑의 연대 그 자체가 되었다.

물론 십자가에 못 박히신 예수께서 희생자는 물론이고, 사형 집행인과 방관자와 그리고 우리 모두를 포함한 사람들과 사랑의 연대 속에서 돌아가셨다는 사실은 지금도 기독교 복음에서 가장 중요한 의미를 지닌다. 십자가 위에서 예수는 우리의 범죄, 실패, 고난, 죽음과 같은 인간 조건의 최종적 현실 속에 붙들려 있는 우리 모두를 만나신다. 그러나 그가 정치체제의 희생자로 죽었다는 것도 중요하다. 우리는 예수의 죽음이 일부 인간이 다른 인간을 희생자로 만드는 사회적 과정과 구조에 상관없이 돌아가신 것으로 생각하는 무관심으로 그 의미를 격하해서는 안 된다. 우리는 모든 사람과의 사랑의 연대성이 그를 희생양으로 만들어 다른 사람의 손에 희생된 사람과 자리를 같이하였다는 사실을 잊지 말아야 한다.

바로 예수는 희생자 중 한 사람이 되어, 그의 사랑 안에서 우리 모두에게 다가온다.

우리 자신이 피해자가 되어본 경험이 없는 사람들에게, 그것은 다음과 같은 시사점을 던져준다. 예수는 오늘날 세상에 있는 동료 희생자들을 기억하지 않고서는 결국 올바르게 기억될 수 없다는 점이다. 예수는 사람들을 고통에 방치하고, 배제하고, 그리고 그들을 잊어버리는 수많은 방법이 있는 사회의 편안한 관점을 버리고, 피해자의 관점에서 세상을 바라볼 것을 요구한다. 피해자를 향한 그분의 연대는 우리가 잊어버린 희생자들의 고통을 외면하는 것을 금하고, 자기 정당화라는 환상을 통해 그들의 고통을 왜곡하는 것 또한 금지한다. 예를 들어, 어떤 사람들에게 고통을 부과하는 것이 우리 나머지 사람의 더 큰 이익을 위해 가치가 있다는 구실은 예수의 십자가가 가진 환상을 박멸하는 효과를 이겨낼 수 없다. 우리가 피해자를 기억하고 그들의 관점을 채택해야 한다고 주장함으로써, 십자가는 고통을 정당화하는 우파, 좌파, 중도의 끔찍한 이데올로기가 무엇인지 폭로한다. 이러한 이데올로기는 '당연히' 진보에는 피해자가 있고, '당연히' 약자는 벽에 부딪힐 것이며, '당연히' 우리 사회를 방어하는 것은 무고한 고통을 초래하며, '당연히' 혁명의 대가는 무고한 고통을 낳을 것이라고 간주한다. 다른 사람들의 이익을 위해 일부의 고통을 무시하거나 고통을 감추어 최소화시키려고 부추기는 모든 이데올로기는 십자가에 의해 그 사용이 금지되었다. 십자가에 달리신 하나님은 언제나 피해자와 함께하며, 심지어 피해자의 피해자들과 같이한다.

예수의 부활

예수는 말씀의 선포와 실천을 포함하는 그의 지상 사역 동안, 구약의 많은 예언적 소망을 성취하셨다. 그는 예비적인 방식으로 하나님의 통치를 통해 모든 악과 고통에 대해 결정적으로 승리하는 순간의 도래를 소망하면서, 그 순간이 이미 실현되고 있음을 알렸다. 그러나 예언적 희망의 절정은 죽은 자의 부활에 대한 희망으로서, 하나님께서 새 창조 안에서 '마지막 원수' 인 죽음까지도 이기심으로 더 이상 사망의 운명에 굴복하지 않는 것이었다. 이것은 우리가 상상할 수 있는 하나님의 통치가 가장 최종적으로 완성되는 궁극적 범위였으며, 따라서 부활의 소망은 미래에 대한 구약의 모든 약속을 포함하고 대표했다. 그러므로 예수 부활의 중요성은 일종의 종말론적 왕국의 돌파breakthrough로 존재하며, 하나님의 피조물에 대한 완전한 뜻이 세상 속에서 최종 상태로 구현되는 것이다. 예수께서 이루시는 사역에서 드러난 왕국에 대한 단편적인 기대는 이 모든 악과 고통과 죽음을 초월한 영광 속으로의 진입을 통하여 압도적으로 성취되었다. 그러나 물론 새 창조의 영광에 들어가신 분은 예수뿐이셨고, 이 한 사람이 나머지 인간을 위한 선구자였다. 그의 부활은 다른 이들의 부활과 모든 피조물이 들어갈 영광의 왕국에 대한 하나님의 결정적인 약속이다.

부활하신 예수는 우리의 미래이다. 그분은 창조의 목표를 향해 우리를 손짓하여 부르시고, 모든 그리스도인의 활동에 하나님께서 약속하신 미래를 향한 희망찬 움직임을 향한 특성을 부여한다. 우리 자신이 그 미래를 달성할 수 있는 것은 아니다. 부활은 그것을 분명히 한다. 왜냐하면 스스로 죽음으로 끝나는 우리가 죽음을 이기는 새 창조를 이룰 수 없다. 하나님 나라의 최종 영광은 우리 역사의 손길이 닿지 않는 저 너머에 있으며, 예수를 죽음에서 일으키심으로 우리 역사로 침투하신 하나님의 손 안에 있다. 우리는 우리 자신의 성취를 넘어서는 하나님 나라의 초월성을 반드시 기억해야 한다. 그러나 예수 안에서 하나님은 우리에게 마지막 미래에 대한 희망으로 뿐만 아니라, 현재에도 그 임재가 기대되는 하나님 나라를 주셨다. 부활은 피조물에 대한 하나님의 완전한 뜻을 보이는 비전으로서, 그것은 세상을 더 아름답게 변화시키려는 모든 기독교인의 노력에 영감을 준다. 우리의 정치 활동과 관련하여, 그것은 우리의 가식과 변명 모두를 잘라내는 양날의 검이다. 한편으로 그것은 우리가 도달하지 못한 목표로서 우리의 모든 정치적 계획과 성취를 판단하고, 우리로 하여금 손에 닿는 곳에 낙원이 있다는 위험한 유토피아적 환상에 빠지도록 허용하지 않고, 우리를 인간적이고 현실적이며 겸손하게 만들며, 현상에 불만족한 상태를 유지하도록 한다. 다른 한편으로 그것은 우리가 예상해야 하는 목표로서 그것은 우리를 우리의 모든 정치적 성취 너머로 유도하고, 우리가 현상 유지에 빠져 환멸에 찬 체념에 이르도록 허용하지 않고, 우리를 현상에 불만스럽게 만들고, 희망적이고 상상력이 풍부하게 하며, 새로운 가능성에 열려 있도록 소망을 지속시킨다.

그러나 예수의 부활에 근거한 기독교의 희망 또한 예수님의 십자가에 의해 중단되었다가, 오직 십자가에 못 박혀 돌아가시므로 자신과 동일시하신 희생자들을 위하여 재건된 희망이다. 희생자를 만들어내는 진보나 희생자를 뒤처지게 버려두는 진보는 예수께서 정의하신 하나님의 나라와 전혀 상관이 없다. 오직 희생자와의 연대성 속에서만 예수의 미래가 우리의 미래가 될 수 있다.

토의문제10. 정치적 그리스도: 결론적 성찰

1. 요한복음 18장 28-40절을 읽으라. 빌라도 법정에서 예수 그리스도는 자신을 "유대인의 왕"으로 소개하고, 빌라도 또한 그를 "유대인의 왕"18:39으로 공중 앞에서 지칭한다. "유대인의 왕"이라는 명칭이 가진 정치적 함의는 무엇인가?

2. 예수 그리스도의 사역은 "하나님 나라"의 도래와 그 확장, 그리고 완성을 향한 결정적 사건, 십자가와 부활로 정리할 수 있다. 하나님 나라의 도래는 그리스도에 의하여 어떻게 실천되었는지, 보큼이 정리한 목록 10가지를 참조하여 나누어 보라.

3. 예수께서 하나님의 나라를 드러내시는 방법의 핵심은 자신과 만나는 사람들을 "사랑 안에서 동일시"하는 것이다. 이러한 측면에서도 사회의 많은 차별을 뛰어넘었다. 나이, 성별, 연령, 인종 그리고 사회적 지위를 초월하여 사랑의 연대를 확장시킨 사례를 이야기해 보라. 예: 회당장 야이로, 세리 삭개오와 마태, 니고데모, 사마리아 여인, 음행 중에 잡힌 여자, 맹인, 문둥병자 등

4. 예수 그리스도의 십자가는 사랑의 동일시와 사랑의 연대성을 결정적으로 확장시킨 사건이다. 십자가 형벌은 세상에서 배제당한 사람인 하층 계급, 외국인, 노예, 반역하는 정치범과 폭력적인 강도를 어떻게 포용하는가? 십자가의 구속과 사랑은 우리의 믿음을 통해 어디까지 확장되는가?

5. 이 세상의 국가는 죽이는 권세는 있지만, 죽은 자를 부활시키는 능력은 없다. 예수의 부활은 부활의 첫 열매로서 우리의 부활을 미리 보여준다. 부활 신앙은 죽음을 무기로 사용하는 국가를 향하여 어떤 담대함을 주는가? 부활하신 예수는 어떤 권세를 가졌는가?[마 28:18-20]

성구 색인

민수기

신명기

사사기

사무엘상

사무엘하

열왕기상

주제색인

ㅈ

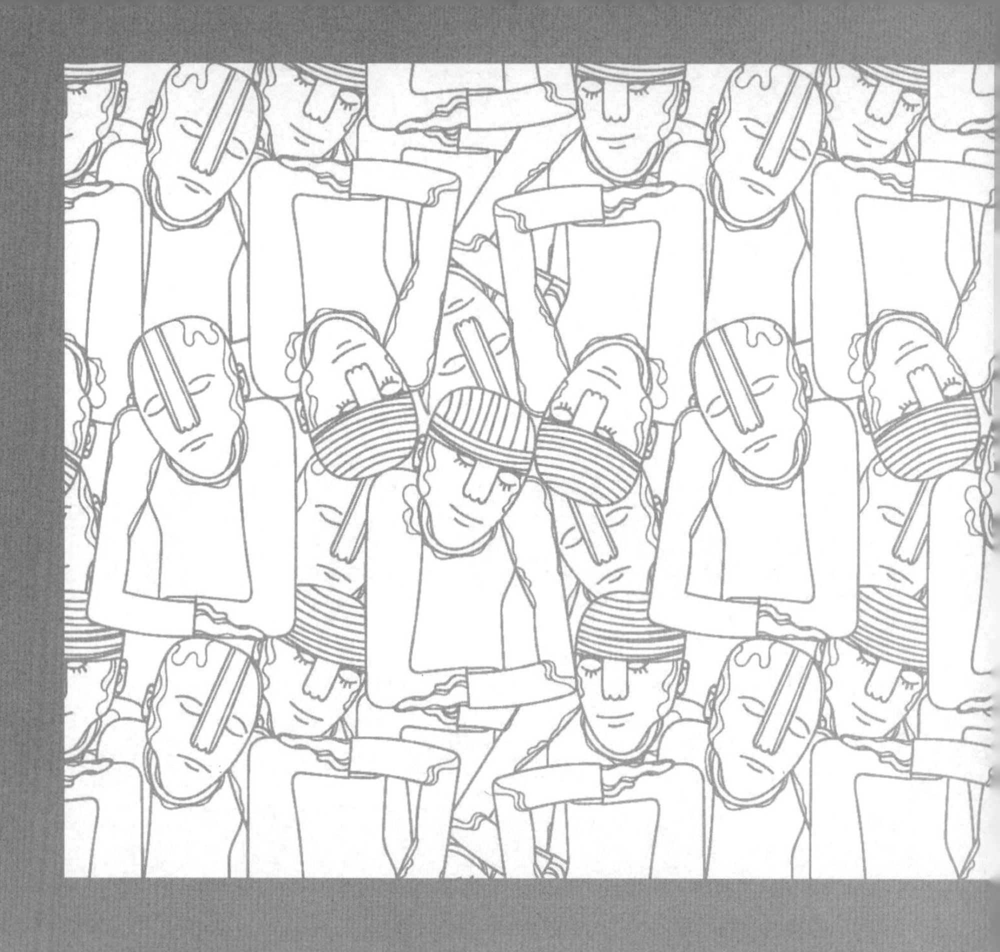